江苏省高等学校重点教材（编号：2021-2-113）

信息资源管理

曹 杰 李 琼 主 编

陈 扬 郁 宇 朱鹏羽 王 磊 副主编

科学出版社

北 京

内 容 简 介

本书围绕应用型本科院校人才培养目标和社会行业需求，系统而全面地介绍了信息资源管理的基本概念和基础理论、信息资源管理的过程及其在不同领域的具体应用，着力于引导学习者认知和把握信息资源管理的内涵和外延，掌握信息资源管理的基础理论、方法与技能，站在时代发展的角度去了解信息资源管理在实践中的具体应用，有利于学习者培养在实践中的综合应用能力，提升信息素养。

本书适用于应用型本科院校信息管理与信息系统专业以及其他相关专业的本科生或同等层次学习者，也可以作为各种信息化人才培训和有关的职业资格认证考试的参考教材。

图书在版编目(CIP)数据

信息资源管理/曹杰，李琼主编；陈扬等副主编. —北京：科学出版社，2022.6

江苏省高等学校重点教材

ISBN 978-7-03-072054-2

Ⅰ.①信… Ⅱ.①曹… ②李… ③陈… Ⅲ.①信息资源–高等学校–教材 Ⅳ.①G203

中国版本图书馆 CIP 数据核字(2022)第 059093 号

责任编辑：许 蕾 曾佳佳/责任校对：任苗苗
责任印制：赵 博/封面设计：许 瑞

科学出版社 出版
北京东黄城根北街 16 号
邮政编码：100717
http://www.sciencep.com
北京厚诚则铭印刷科技有限公司印刷
科学出版社发行 各地新华书店经销
*
2022 年 6 月第 一 版 开本：787×1092 1/16
2025 年 1 月第三次印刷 印张：14 1/4
字数：338 000
定价：89.00 元
(如有印装质量问题，我社负责调换)

前　言

20 世纪 70 年代以来，知识和信息逐渐成为后工业社会的战略资源和创新动力。各种信息技术的融合引起社会的巨大变化，信息作为经济资源所能发挥的作用日益重要。信息资源的管理与开发利用改变了社会资源的配置方式，改变了人们的工作与生活方式，也使各领域的实践不断地革新，使管理决策更加科学高效。

信息资源管理作为一门涉及多学科、多专业、应用广泛的课程，有着广阔的需求和前景。本教材的编写与出版围绕应用型本科院校人才培养目标和社会行业需求，有利于学习者认知和把握信息资源管理的内涵和外延，掌握信息资源管理的基础理论、方法与技能，站在时代发展的角度去了解信息资源管理在实践中的具体应用，既为相关课程的学习奠定坚实的基础，又有利于学习者培养在实践中的综合应用能力，提升信息素养。

本书内容围绕理论篇、信息资源管理篇、应用篇与政策法规篇进行组织。教材结构完整、体系严谨、难易程度适中，内容编排通俗易懂、图文并茂，具有较强的可读性，既适用于应用型本科院校信息管理与信息系统专业以及其他相关专业的本科生或同等层次学习者，也可以作为各种信息化人才培训和有关的职业资格认证考试的参考教材。

本书由曹杰、李琼主编，李琼、陈扬、郁宇、朱鹏羽、王磊、刘一男、刘振等负责具体的资料收集与编写工作。本书在编写过程中参考了大量文献，部分罗列在书后的参考文献中，如有遗漏谨表歉意，并向所有的作者表示诚挚的感谢。本书被列为江苏省高等学校重点教材、徐州工程学院重点教材，同时得到信息管理与信息系统国家一流专业建设点和江苏省高校品牌专业建设工程的资助，特此感谢！

编　者

2021 年 10 月

目　录

理　论　篇

信息资源管理篇

应 用 篇

政策法规篇

第1章 信息资源管理概述

学习目标
  ➤ 信息
  ➤ 信息社会
  ➤ 信息资源
  ➤ 信息资源管理

导入案例：信息技术革命正带给人类社会怎样的改变？

网络使世界变得更"小"，大数据使世界变得更精确，人工智能使世界变得更智慧。

中国互联网络信息中心（CNNIC）发布的第 48 次《中国互联网络发展状况统计报告》显示，截至 2021 年 6 月，我国网民规模达 10.11 亿，较 2020 年 12 月增长 2175 万，互联网普及率达 71.6%。超 10 亿用户接入互联网，形成了全球最庞大、生机勃勃的数字社会。

● **信息基础设施日趋完善**

时光回溯。中华人民共和国成立初期，我国通信基础设施陈旧、技术落后，全国市内电话交换机总容量仅 31 万门，长途联络主要靠书信、电报，无论通信技术还是装备，都比发达国家落后二三十年。

截至 2021 年 6 月，我国移动电话基站总数达 948 万个，三家基础电信企业的移动电话用户总数达 16.14 亿户，较 2020 年 12 月净增 1985 万户。

互联网基础资源加速建设，农村互联网普及率不断提升且实现与城市"同网同速"。截至 2021 年 6 月，我国农村网民规模达 2.97 亿，农村地区互联网普及率为 59.2%。较 2020 年 12 月，城乡地区互联网普及率差异缩小 4.8%。

● **信息社会新生态逐渐形成**

随着互联网应用和服务的广泛渗透和我国人民群众信息素养的不断提高，我国信息社会新生态已逐渐形成。截至 2021 年 6 月，8.88 亿用户看短视频、6.38 亿用户看直播，短视频、直播正在成为全民新的生活方式；8.12 亿用户网购、4.69 亿用户叫外卖，人们的购物方式、餐饮方式发生了明显变化；3.25 亿用户用在线教育、2.39 亿用户用在线医疗，在线公共服务进一步便利民众。

随着网络基础设施不断完善，网络正成为更普惠的发展方式。一方面，农村互联网基础设施建设不断完善。全国行政村通光纤和通 4G 比例均超过 99%，农村和城市"同网同速"，让城乡互联网接入鸿沟逐步缩小。另一方面，互联网及科技企业不断向小城市及乡村下沉，消费流通、生活服务、文娱内容、医疗教育等领域的数字应用基础服务愈加丰富，农村数字经济新业态不断形成。

特殊群体的无障碍服务也进一步得到完善。2020 年以来，相关部门大力推动互联网应用适老化水平及特殊群体的无障碍普及，首批优先推动 115 家网站、43 个移动互联网应用 APP 进行适老化及无障碍改造，着力解决老年人、障碍人士上网遇到的困难。到 2021 年初，健康码适老化相关功能已覆盖全国至少 3000 万老年群体，科技和互联网企业在地图、新闻等应用中开通针对障碍人士的便捷功能，推动科技创新成果惠及全民。截至 2021 年 6 月，中国 50 岁及以上网民占比为 28.0%，较 2020 年 6 月增长 5.2 个百分点。

● **数字化成为引领经济高质量发展的核心动力**

"数字产业化"和"产业数字化"蓬勃发展，呈现强劲加速势头。

数字产业规模持续扩大，2021 年上半年，规模以上电子信息制造业、软件业务及信息技术服务业、规模以上互联网及相关服务企业业务收入同比增长均超 20%。数字化产品及服务释放出巨大的隐性价值和社会福利，对满足人民美好生活需要产生重要影响。

产业数字化如火如荼，数字技术与实体经济深度融合。在工业制造领域，工业互联网平台体系基本形成，智慧工厂、远程设备操控、柔性生产制造、无人机巡检等产业数字化应用场景不断加速拓展。在服务业方面，从餐饮、旅游到办公、教育、医疗等各类传统服务市场因数字化赋能实现了线上线下共融，进一步带动服务业繁荣发展。

互联网政务服务水平持续提升，数字惠民迈上新台阶。截至 2021 年 7 月，我国正在运行的各级政府网站数达 14537 个。在省级行政许可事项中，99.6%的事项实现网上可办，89.8%的事项实现线上受理和"最多跑一次"。数字治理立法及监管的方向日益清晰，有助于进一步规范市场和产业发展，也将对互联网的商业模式和发展轨迹产生深远影响。

当前，快速发展的数字经济已成为经济增长的核心动力，庞大的网民规模、完善的基础设施、成熟的应用场景，将为市场带来更多新机遇。

案例启示： 随着信息技术的发展，信息化和全球化已成为当代世界经济不可逆转的大趋势。应正确认识全球信息化发展的大趋势，增强数字意识、数字思维。我们应抓住信息化发展历史机遇，积极推进国民经济和社会信息化，缩小数字鸿沟，提高信息安全保障水平，为创新型国家和社会主义和谐社会建设做出更大贡献。

1.1 信 息 概 述

1.1.1 信息的含义、类型及其特征

1.1.1.1 信息的含义

信息、物质和能量是人类社会发展的三大资源。工业革命使人类在开发、利用物质和能量两种资源上取得巨大的成功，其结果是创造了工业时代。

随着以计算机技术、通信技术、网络技术为代表的现代信息技术的飞速发展，人类社会正从工业时代阔步迈向信息时代，人们越来越重视信息技术对传统产业的改造以及对信息资源的开发和利用，"信息化"已成为一个国家经济和社会发展的关键环节，信息化水平的高低已经成为衡量一个国家、一个地区现代化水平和综合实力的重要标志。

对于"信息"的概念,不同的学者有不同的解释和理解。信息源于物质运动与能量转换,它反映事物和能量的特征及变化,体现对事物的认识与理解程度。同时,信息是一种经过加工处理的数据,可以保存和传递,具有知识的含义,具有价值,但它只能通过接受者的决策或者行为才能得以体现。

"信息"一词作为科学术语最早出现在哈特莱(R. V. L. Hartley)于 1928 年撰写的《信息传输》一文中。20 世纪 40 年代,信息论的奠基人香农(C. E. Shannon)给出了信息的明确定义。此后许多研究者从各自的研究领域出发,给出了不同的定义。具有代表性的表述如下。

(1)信息论奠基人香农认为"信息是事物运动状态或存在方式的不确定性的描述,信息量的大小由消除的不确定性的多少来决定",这被人们看作是信息的经典定义而加以引用。

(2)控制论创始人维纳(N. Wiener)认为"信息是人们在适应外部世界,并使这种适应反作用于外部世界的过程中,同外部世界进行互相交换的内容的名称"。

(3)经济管理学家认为"信息是提供给决策者的有效数据"。

(4)物理学家提出了"信息熵"的概念,用信息熵描述系统与环境交流信息的程度。

(5)电子学家、计算机科学家认为"信息是电子线路中传输的信号"。

(6)美国信息管理专家霍顿(F. W. Horton)给信息下的定义是:"信息是满足用户决策的需要经过加工处理的数据。"简单地说,信息是经过加工的数据,或者说,信息是数据处理的结果。

(7)我国著名的信息专家钟义信教授认为"信息是事物存在方式或运动状态以及这种方式或状态直接或间接的表述"。

根据近年来人们对信息的研究成果,科学的信息概念可以概括如下:信息是客观世界中各种事物的运动状态和变化的反映,是客观事物之间相互联系和相互作用的表征,表现的是客观事物运动状态和变化的实质内容。

1.1.1.2　数据、信息和知识的关系

在日常生活中,我们经常遇到"数据""信息""知识"这三个词,它们之间有什么联系和区别呢?美国学者史密斯(A. N. Smith)和梅德利(D. B. Medley)在其所著的《信息资源管理》中认为,信息是数据处理的最终产品。

关于数据、信息、知识关系的论述可用图 1-1 的模型来表示,这也是计算机领域常见的陈述。

数据是基础,信息寓于数据之中,知识隐含于数据与信息之中。

数据是对物质、事件、活动和事务的客观记录、分类和存储,它不被用来传递任何特定意义。构成数据的内容可以是数值、字符(串)、图形、声音、图像等。

信息是被组织起来、对接受者有特定意义的数据。它包含一些接受者可能知道,也可能令接受者大吃一惊的预先未知的内容,接受者自己能够理解这种意义。

知识是通过对数据和信息的加工与提取形成的,它有重要的应用前景,能反映过去的经验,具有价值性,其应用效果取决于使用者对于这些知识的掌握程度。

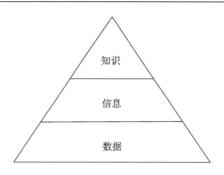

图 1-1　数据、信息和知识的关系

1.1.1.3　信息的特征

（1）客观性。信息是事物变化和运动状态的反映，以客观存在为前提，其实质内容具有客观性。信息的客观性特征是由信息源的客观性决定的。信息一旦形成，本身就具有客观实用性。

（2）普遍性。世界是物质的，物质是运动的，物质及其运动的普遍性决定了信息的普遍性。由于信息是对事物运动的状态和方式的表述，而宇宙万物又都在不停地运动着，因此信息无处不在，无时不有。

（3）不完全性。人们对客观事物的认识是随社会和科学的发展而不断深入和发展的，因此描述这种认识的信息也是不断发展的，即信息对客观事物的描述具有不完全性。

（4）依附性。依附性又称为寄载性。信息必须依附于一定的载体而存在，并且这种载体可以变换。其载体有纸、磁介质、电流、声波和光波等。人类通过视觉、听觉、嗅觉等感官感知、识别和利用信息。可以说，没有载体，信息就不会被人们感知，信息也就不存在，因此，信息必须依附载体，依靠载体的传输和记忆实现信息的传输和存储。

（5）价值性。信息与其他物质一样，是商品，是价值和使用价值的统一。信息的使用价值是指信息对人们的有用性，即特定的信息能够满足人类特定的需要的属性，例如信息能满足人们学习、研究、购物等方面的需求。信息的价值则是指凝结在信息产品中的人类一般劳动，这是信息商品的社会属性，体现出信息生产者和信息需求者之间的关系，也就是他们之间交换劳动的关系。

（6）时效性。信息的时效性是指从信源发送信息，经过采集、加工、传递和使用的时间间隔和效率。信息的使用价值与信息经历的时间间隔成反比，即信息经历的时间越短，使用价值就越大；反之，经历的时间越长，使用价值就越小。

（7）可传递性。任何信息从信源发出到被信宿接收和利用必须经过传输，不能传输的信息是无用的。信息传输方式影响着传输的速率和传输的质量，这对信息的效用和价值是很重要的。

（8）可存储性。所谓存储，实质上是指信息在时间上的传递。信息的依附性使信息可以通过各种载体储存实现信息存储，从而使得信息具有可存储性。信息的可存储性使信息可以积累，信息经过记录存储起来，以便今后使用。

（9）可扩散性。所谓扩散，是指信息在空间上的传递。信息富有渗透性，它总是力求冲破自然的约束（如保密措施等），通过各种渠道和传输手段迅速扩散，扩大其影响。正是这种扩散性，使信息能够成为全人类共同的财富。

（10）共享性。由于信息可以在不同的载体间转换和传播，并且在转换和传播的过程中不会丢失，所以谁拥有了某信息的载体谁就拥有了该信息。它与物质不同，物质从甲方传给乙方后，乙方得到了该物质，甲方就失去了该物质。而信息在传递和使用过程中，允许多次和多方共享使用，原拥有者只会失去信息的原创价值，不会失去信息的使用价值和潜在价值。因此信息不会因为共享而消失，也不会因为共享而损失。这是信息与物质和能量资源的本质区别。

（11）可加工性。信息可以通过各种手段和方法进行加工、选择、精炼，排除无用的信息，使其具有更大的价值。信息的可加工性使得人们能够从大量而又繁杂的信息中提取出其感兴趣的信息资源。

（12）相对性。从信息定义可知，信息是对人们决策有用的一种特殊数据，但信息的有用性是相对的，某信息对 A 决策有用，对 B 决策未必有用甚至有害。同一信息在不同时间、不同地点对不同人的效用是不同的。

1.1.1.4　信息的常见分类

同其他事物的分类问题一样，信息的类型也取决于其分类的准则和方法，常见的信息分类有以下几种。

（1）按空间状态分类：宏观信息（如国家的）、中观信息（如行业的）、微观信息（如企业的）。

（2）按信息源类型分类：内源性信息和外源性信息。

（3）按价值分类：有用信息、无害信息和有害信息。

（4）按时间分类：历史信息、现时信息和未来信息。

（5）按载体分类：文字信息、声像信息和实物信息。

（6）按信息的性质分类：语法信息、语义信息和语用信息。

（7）按照管理的层次分类：战略信息、战术信息和作业信息。

（8）按照加工顺序分类：一次信息、二次信息和三次信息等。

1.1.2　信息社会

1.1.2.1　信息社会的提出

1959 年，美国哈佛大学社会学家丹尼尔·贝尔（Daniel Bell）开始探讨信息社会问题，并首次提出了"后工业社会"的概念。他指出，前工业社会依靠原始劳动力并从自然界提取初级资源，工业社会是围绕生产和机器这个轴心并为了制造商品而组织起来的，后工业社会则是围绕着知识组织起来的，其目的在于进行社会管理和指导革新与变革，这反过来又产生新的社会关系和新的结构。他将后工业社会的基本特征归纳为五个方面：在经济上，由制造业经济转向服务型经济；在职业上，专业人员与科技人员取代企业主而居于社会的主导地位；在中轴原理上，理论知识居于中心，是社会革新和政策制定的资源；在未来方向上，技术发展是有计划、有节制的，重视技术鉴定；在决策上，依靠新的"智能技术"。

1963 年，日本社会学家梅棹忠夫在《信息产业论》中首次提出了"信息社会"的概念，其后又有多位学者提到"信息社会"。至 1979 年贝尔认为"信息社会"的概念比"后工业社会"更确切，其后"信息社会"被人们广泛接受。

1.1.2.2　信息社会的特点

美国学者阿尔文·托夫勒（Alvin Toffler）和日本学者增田米二分别在他们的著作《第三次浪潮》和《信息化社会》中总结了信息社会的特点。综合起来，信息社会具有以下特点。

（1）在信息社会中，信息、知识成为重要的生产力要素，和物质、能量一起构成社会赖以生存的三大资源。农业社会，主要依赖物质、土地和劳动力；工业社会，主要依靠机械设备、能量、劳动力和资本；信息社会，主要依赖信息和知识。

（2）信息社会是以信息经济、知识经济为主导的，它有别于农业社会以农业经济为主导、工业社会以工业经济为主导。

（3）在信息社会，劳动者的知识成为基本要求。在农业社会，劳动者是农民和手工业者，劳动对象以土地为基础，劳动工具是手工工具；在工业社会，主体劳动者是工人，劳动对象以矿山等非再生资源为基础，劳动工具是机器；在信息社会，劳动对象以信息资源为基础，劳动工具主要是信息技术控制的智能化系统，劳动者不再划分为体力劳动者和脑力劳动者，而是以体力为主的知识劳动者和以脑力为主的知识劳动者，并且，以后者为社会劳动者的主体，信息与高素质知识劳动者的结合，促进社会的知识创新。信息社会是学习型社会，任何个人和组织都需要学习。社会的竞争主要表现为人才、知识和技术的竞争。

（4）科技与人文在信息、知识的作用下更加紧密地结合起来。农业社会与工业社会的文化被追求科学精神和人文关怀的新的社会规范和文化取代。政治多极化、经济全球化、信息网络化、社会多样化和人类个性化开始出现。

（5）人类生活不断趋向和谐，社会可持续发展。与农业社会、工业社会不同的是，信息社会由于信息和知识减少了人类对有限物质、能量的消耗和对环境的破坏，人类生活更加美好，人与自然更加和谐。

1.1.2.3　信息社会存在的问题

（1）信息污染：信息污染主要表现为信息虚假、信息垃圾、信息干扰、信息无序、信息缺损、信息过时、信息冗余、信息误导、信息泛滥、信息不健康等。信息污染是一种社会现象，它像环境污染一样应当引起人们的高度重视。

（2）信息犯罪：信息犯罪主要表现为黑客攻击、网上"黄赌毒"、网上诈骗、窃取信息等。

（3）信息侵权：信息侵权主要是指知识产权侵权，还包括侵犯个人隐私权。

（4）计算机病毒：计算机病毒是具有破坏性的程序，通过复制、网络传输潜伏于计算机的存储器中，时机成熟时发作。发作时轻者消耗计算机资源，使效率降低，重者破坏数据、软件系统，有的甚至破坏计算机硬件或使整个网络瘫痪。

（5）信息侵略：信息侵略是指信息强势国家通过信息垄断和大肆宣扬自己的价值观，用自己的文化和生活方式影响其他国家。

1.2　信 息 资 源

1.2.1　信息资源的概念

如图 1-2 所示，随着社会的不断发展和进步，物质、能量和信息已成为构成现实世界的三大要素。美国哈佛大学的研究小组提出了著名的资源三角形（图 1-3）。作为资源，物质、能量、信息是人类社会赖以生存、发展的三大基础：世界由物质组成，能量是一切物质运动的动力，信息是人类了解自然及人类社会的凭据。

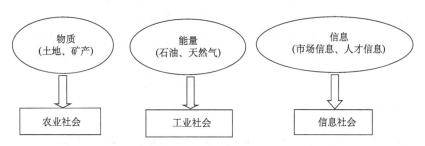

图 1-2　社会不同阶段资源的主要形式

图 1-3　资源三角形

信息是普遍存在的，但并非所有信息都是资源，只有经过人类开发、组织与利用的信息才能称为信息资源。

"信息资源"最早是由罗尔科（J. O'Rourke）在刊载于 *Special Libraries* 1970 年 2 月号（61 卷 2 期）的 *Information Resources in Canada* 一文中提出的。之后，学术界和官方文献均对信息资源的概念给出了多样的理解和界定，至今尚未达成共识，但多数包含了基于人类的实践活动、实用性、集合性等基本思想和要素，而且认为信息是信息社会的重要资源，应从狭义和广义两种角度来认识其含义。

（1）狭义信息资源。狭义信息资源指信息本身或信息内容，即经过加工处理，对决策有用的数据。例如政策法规信息、金融信息、市场信息等。从狭义角度出发理解信息资源，有助于把握信息资源的核心和实质，即开发利用信息资源的目的就是充分发挥信息的效用，实现信息的价值。

狭义的观点突出了信息是信息资源的核心要素，但忽视了"系统"。事实上，如果只有核心要素，而没有"支持"部分（技术、设备、人等），就不能进行有机的配置，不能发挥信息资源的最大效用。

（2）广义信息资源。广义信息资源是指信息及其生产者以及信息技术的集合，即广义信息资源由信息生产者、信息和信息技术三大要素组成。从广义角度出发，有助于全面把握信息资源的内涵。作为一个系统的三要素，只有将它们按一定原则加以配置组成一个信息系统，才能显示出价值。

信息生产者是为某种目的生产信息的劳动者，包括原始信息生产者、信息加工者或信息再生产者。

信息本身既是信息生产的原料，也是信息生产的产品，是信息生产者的劳动成果，对社会各种活动直接产生效用，是信息资源的目标要素。

信息技术是能够延长或扩展人的信息能力的各种技术的总称，是对声音、图像、文字等数据和各种传感信号的信息进行收集、加工、存储、传递和利用的技术。信息技术作为生产工具，对信息收集、加工、存储与传递提供支持与保障。

1.2.2 信息资源的特征

信息资源是经济资源的一种，与物质资源和能源资源一样，具有经济资源的一般特征，但也有其自身特有的特征。

1.2.2.1 信息资源的一般特征

（1）需求性。信息时代，信息资源不仅本身作为经济活动中的一种生产要素投入实现增值，也是非信息生产要素的"润滑剂"，促进非信息生产要素互相作用使其价值倍增。

（2）稀缺性。稀缺性是经济资源最基本的特征。首先，信息资源的开发需要成本投入，在既定的时间空间及人力、物力、财力等其他条件约束下，人们获取的信息资源是有限的。其次，任何信息资源都有一定的总效用，随着被使用次数的增多，这个总效用会减少直至减少到零，该信息资源不再具有经济意义。

（3）使用方向可选性。信息资源的开发利用对使用对象有一定的选择性，同一信息资源可以作用于不同的作用对象上并产生多种不同的作用效果，因此会产生信息资源的有效配置问题。

1.2.2.2　信息资源的特殊特征

（1）共享性。物质资源和能源资源的利用表现为占有和消耗，但信息资源的利用不存在这种竞争关系。信息对物质载体有相对独立性，信息资源可以反复交换、多次分配、共享使用，而且此过程中还可能带来信息资源的扩充和升华。共享性作为信息资源的一种本质特性，主要是指信息资源的利用不受人为干扰。但随着市场和政府作用的增强，这种天然的共享性已增添了一定人为色彩，即"共享"实质上是相对的。比如专利制度对专利信息资源的保护使得"共享"需要付出相应的代价。

（2）时效性。信息资源比其他任何资源都更具有时效性，但这并不意味着信息资源越早投入利用越好。时效性更多是指对时机的把握，只有在合适的时机，才能发挥信息资源最佳的效益。

（3）不可分性。首先，信息资源在生产过程中是不可分的。信息生产者为某个用户生产一组信息与为许多用户生产同一组信息所花费的努力几乎是一样的。因此，信息资源的生产在理论上具有潜在的、无限大的规模性。其次，信息资源在使用过程中也是不可分的。有时，即使信息资源在交换中是可分的，某一组信息资源的一部分亦具有市场价值。但对于某一特定目的而言，如果整个信息资源集合都是必需的，缺一不可，只有整个信息资源集合都使用，其使用价值才能得到最直接的发挥。

（4）不同一性。作为资源的信息必定是完全不同一的。对信息资源而言，如果需要更多的信息时，就意味着需要更详细的异质信息。因此，就既定的信息资源而言，它必定是不同内容的信息集合，集合中的每一信息都具有独特的性质。

（5）驾驭性。信息资源具有开发和驾驭其他资源的能力。信息是主导的、不可替代的，不论是物质资源还是能源资源，其开发和利用都有赖于信息资源的支持。

（6）动态累积与再生性。信息资源是动态资源，总处在不断产生、积累的过程中，并呈现出不断丰富、不断增长的趋势。比如后人在继承前人成果的基础上工作，形成自己的成果。一般而言，信息资源利用范围越广，其效用就越能得到充分发挥，创造出的新信息就越多。

1.2.3　信息资源的分类

由于信息资源的内容十分广泛，人们根据不同的分类依据，将信息资源划分成不同的类型。其中，从科学、简明、实用的三个原则出发，可以将信息资源进行一个基础的划分，分为广义信息资源和狭义信息资源两大类。狭义信息资源指信息内容本身，广义信息资源则不仅包括信息内容本身，还包括了与信息相关的技术设施、技术软件、机构、网络、人员、资金等。但一般对信息资源分类时，更多的是基于信息资源各种特征进行的。

（1）按信息资源的组成关系划分，可分为元信息资源、本信息资源、表信息资源。元信息资源是信息生产者的集合，是信息产生的源泉，是信息资源的基础。本信息资源是指信息内容本身，是信息的集合，是构成信息资源的核心部分，是信息资源的根本，也是信息资源管理的重要内容。表信息资源是指为信息的收集、存储、加工、处理、传递、开发、利用而运用的一切技术和设备的集合。表信息资源是非物质形态存在的信息得以显现的重要基础，也是信息得以充分开发利用的必要条件，既包括以计算机技术和通信技术为核心的信息技术、网络技术，也包括计算机与通信设备以及纸张光盘、胶片、磁盘、磁带、闪存等各种介质，甚至还包括人脑。

（2）按信息资源的具体形态划分，可分为有形信息资源和无形信息资源。有形信息资源包括人、信息的存储介质、自然物质的生产与存储者、人工产品、信息设备设施、信息机构等。无形信息资源包括信息内容本身、信息处理技术软件、网络技术软件、信息系统管理软件以及信息系统或者信息机构的运行机制等。

（3）按信息资源所处的空间区域划分，可分为国际信息资源、国家信息资源、地区信息资源、单位信息资源等。国际信息资源是指通过网络将部分在世界各国的信息资源连接起来的全球信息共享联合体。国家信息资源是指某个国家信息资源的总和。地区信息资源是指某个省、市、部门或系统的信息资源的总和。单位信息资源是指企业、院校或机关信息资源的总和，是实现国家信息资源、地区信息资源、专业系统信息资源共享的最基本的条件。

（4）按信息资源所有权划分，可以分为公共信息资源、私有信息资源和个人信息资源。公共信息不等于公开信息，它包括公开和不公开的信息。私有信息指属于某个组织机构所专有并打算自己单独使用的信息，又称"专有信息"。比如许多商务信息都是严格专用的。虽然有些财务信息按法律必须公开，但大部分公司档案可以免于公开，受法律保护。个人信息是指以任何形式记载的、有关个人的某个可识别的信息，包括其民族、种族、肤色、性别、年龄、婚姻状况、宗教信仰、受教育情况、财产状况、血型、指纹、医疗史、犯罪史、职业经历、身份证号码、住址、立场观点、他人对其的评论等。

（5）从便于管理和开发信息资源角度划分，通常将信息资源划分为记录型信息资源、实物型信息资源、智力型信息资源、零次信息资源。

记录型信息资源是信息资源存在的基本形式，也是信息资源的主体，占人类信息资源总量的80%以上。它包括由传统介质（如纸、竹）和各种现代介质（如磁盘、光盘、缩微胶片）记录和存储的数据、信息和知识，如图书、期刊、数据库和网站等。记录型信息资源又分为非数字化信息资源和数字化信息资源，前者占比现在逐渐减少，后者的占比和数量越来越多且内容也越来越丰富。

实物型信息资源是实物本身存储和表现的知识信息，许多技术信息是通过实物本身来传递和保存的，有的信息本身就是用实物来实现的，如艺术品等。实物型信息资源虽然不能直接进入信息系统进行管理，但为了对其进行存储、管理、开发和利用，必要时还必须对其进行转换、处理和记录，否则它携带的信息就可能随着实物载体的损毁而永远消失。数字化的手段为这类信息的处理、转换和记录提供了支持。

智力型信息资源是由人脑存储的未编码的知识信息，包括人们掌握的诀窍、技能和经验，也称为隐性知识。它由人的活动携带，分布极为广泛、数量十分庞大，而且价值很高。但由于这类信息资源未经编码，难以表达和记录，对其管理和开发利用难度较大。

零次信息资源是指在各种渠道中由口头传播的信息，是人们通过交流获得的信息，是信息客体的内容直接作用于人的感觉（包括听、视、嗅、摸等）的结果。零次信息的产生形式有聊天、电视、广播、会议等。因此，零次信息具有随机性、直观便捷、难准确、同理解力有关、难以保存、取决于记忆等特征。由于零次信息的存在形式和传播渠道具有较大的随机性，使得其难以存储和系统积累，给这类信息资源的管理带来了困难，需要采用特殊的方法进行搜集、记录、整理和存储。

1.2.4 信息资源的功能

1.2.4.1 经济功能

信息资源所具有的多种经济特性使之具有多种经济功能，其中最重要的是它对社会生产力系统的功能。信息要素和信息技术要素是信息资源的两个重要因素，信息资源的生产力功能是在信息要素和信息技术要素的有机结合下实现的。在信息技术的支持下，信息能有效地改善其对生产力各个要素施加影响的条件，它给社会生产力带来的变化不是一般意义上的效率提高和功能的改善，而是由量到质的深刻变革。

在信息化社会的生产力系统中（图 1-4），劳动者通过感测技术获得劳动对象的信息，通过通信技术把这些信息传到"指挥中心"，在这里通过计算机和人工智能技术进行处理分析后形成改造劳动对象的策略信息，再通过通信技术把这些策略信息送到控制系统，控制系统再将这些策略信息通过劳动工具，反作用于劳动对象。整个劳动的过程在信息技术的支持下和信息的润滑下运行，这是一个完全自动化和智能化的系统。劳动者不再是生产过程的一部分，而是位于生产过程之外，对生产过程进行管理和监督，从而使人类得以从大部分简单的生产过程中解放出来，去从事更富有创造意义的劳动和学习，创造和发展更高水平的社会生产力。

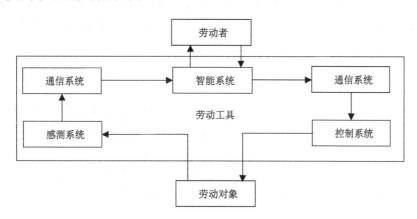

图 1-4 信息化社会的生产力系统

可见，信息资源对于社会生产力系统具有举足轻重的作用。信息资源的开发利用程度是衡量现代国家信息化和社会生产力水平高低的重要标志。同时，信息资源还具有直接创造财富、放大经济效益的功能。信息不但本身是财富的象征和源泉，还可以通过流通和利用直接创造财富。

1.2.4.2 决策功能

信息是决策的基础，决策的过程就是对信息进行加工和利用的过程。没有信息就无法做出决策，没有信息反馈就无法优化决策。信息的决策功能广泛作用于人类决策活动的各个环节，并优化人类的决策行为，从而实现预期目标。决策的目标、限制条件以及多种方案都必须依赖信息的支持。决策的实施，还必须依赖反馈信息的不断修正，这样才能达到决策结果的优化。信息在人类的决策活动中还可以发挥预见性功能。信息是人类认识未来环境的依据，是人类适应未来环境的手段，是通向未来的桥梁。人类的决策活动实际上就是处在对信息的不断利用和对未来的预测之中的。预测不是先知先觉，更不是胡思乱想，而是在深入调查、周密研究、系统利用信息的基础上对客观事物发展规律的认识。信息反映了事物演变的历史和现状，隐含着事物的发展趋势。因此，充分利用信息，结合人类的经验，运用科学的方法，经过推理和逻辑判断，可以将被研究对象的不确定性极小化，从而对其未来发展的必然趋势和可能性做出预计、推断和设想。

1.2.4.3 管理与协调功能

在人类社会中，物质和能源不断从生产者向使用者流动，这种客观存在的物质流和能源流的运动表现为相应的文献和信号的运动，它的总汇便构成了信息流。信息流所反映的是物质和能源的流动，社会可以借助信息流来控制和管理物质能源流的运动来进行合理配置，从而发挥其最大效益。企业中的"5M"资源（人、财、物、设备和管理方法）都是通过有关这些资源的信息（如记录在图纸、账单、订货单、统计表上的数据）来协调控制的。可见，信息的管理与协调功能在企业活动中的作用主要体现在：传递整个企业系统的运行目的，有效管理"5M"资源；调节和控制物质流与能源流的数量、方向和速度；传递外界对系统的作用，保持企业系统的内部环境稳定。

1.2.4.4 研究与开发功能

人们可以借助信息资源来认识客观世界和人类自身。在人类科学研究和技术创新的活动中，信息具有活化知识和生产新知识的功能。信息的这种功能实际上是信息的科学功能的具体体现。科学研究和技术开发是在前人已经取得的成果的基础上进行的，因此在人类从事科学研究和技术开发的各个阶段，都需要获取和利用相关信息，掌握方向、开阔视野、启迪思维，生产出新知识、新技术和新产品。发挥这一功能的信息基本上是科学技术信息。

1.2.5 信息资源的分布规律

信息资源的分布存在着一定的规律和特征，研究其规律和特征不仅可以揭示信息资源管理的内在规律，而且对实际中的信息资源管理工作具有指导意义。

1.2.5.1　信息资源集中与分散规律

信息生产具有多目的性和无序性，信息的分布情况复杂多变，信息分布研究难度较大。由于文献具有较好的可计量性和稳定性，是信息的主要载体，且有关信息分布规律的研究大多是以文献（信息）为对象。因此本节也以文献为研究对象，先介绍信息分布集中与分散规律中的"马太效应"，然后分别从信息本身和信息生产者的角度介绍信息资源分布的特征和规律。

1. "马太效应"

"马太效应"是罗伯特·莫顿在 1973 年首先提出的，信息资源产生与分布中的"马太效应"指信息的产生与分布过程中表现出明显的核心趋势和集中取向。例如某研究领域少数的作者因写的文章被引率最高，从而成为该领域的核心作者。信息资源的流动过程是一种社会活动过程，社会活动必然会受到"马太效应"的支配，信息资源分布中的"马太效应"实际上是人类社会特有的选择机制支配的结果。当同类对象被选择时，有的经常被选择，有的几乎不被选择，这种不均匀的选择结果，其本身又可以反过来影响再次选择的结果。优势选择结果的累积必然使得该对象具有更突出的优势，从而招致新的选择。

"马太效应"导致信息资源的分布出现富集的现象具有一定的积极意义。在理论上，"马太效应"可以帮助人们认识和理解信息资源的集中和分散的特征、趋势和规律，发现信息学中的相关基础性定律；在信息处理的实际过程中，"马太效应"的富集现象为信息资源的选择和利用提供依据，可以帮助我们摒弃平均，抓住信息采集的重点，降低信息管理成本，从而提高信息资源的有效利用率。

"马太效应"对信息资源分布的负面影响也是不可忽视的，在信息的应用中有时候需要对"马太效应"加以约束控制。信息对象在过度积累劣势的过程中容易诱导信息工作者走入极端，信息工作者如果不求创新变革，在复杂多变的信息工作环境中按简单的日常规则和经验从事信息管理工作，他们在对信息的判断、评估、选择、传播和利用过程中可能会做出错误的决定。

"马太效应"产生的信息资源分布富集可能只是表面现象，信息出现富集现象有时候也具有一定的偶然因素。信息对象优势积累的过程有可能受统计学因素或者突发性因素影响，这种情况下会出现信息价值失真。

信息资源中部分信息所含相关信息密度较大，被称为核心信息源，核心信息源是"马太效应"优势积累的结果，也是信息处理的重点对象，但在信息处理中如果过分注重核心信息源往往是一件不明智的事情，因为过分注重核心信息源会忽略分布在其他信息源中有价值的信息。如果任由核心信息源过度积累，不对核心信息源的优势集中加以控制，其信息就会出现高度专门化，所产生的信息价值会日渐单一，这种情况可能对部分信息用户有利，但也可能会失去更多的信息用户，得不偿失。信息资源产生与分布的"马太效应"优势积累要适度，不能任由其发展，当信息出现不合理和不科学的分布时，就有必要对信息的优势积累进行适当的干预和调整。

2. 布拉德福定律

20世纪30年代，英国著名文献信息学家布拉德福提出了有名的"布拉德福文献分散定律"（Bradford's law of scattering），简称布拉德福定律或布氏定律。该定律描述了文献分散和集中的经验定律。布拉德福定律指出如果将科学期刊按其刊载某个学科主题的论文数量，以递减顺序排列起来，就可以在所有这些期刊中区分出载文率最高的"核心"部分和包含着与核心部分同等数量论文的随后几区，这时核心区和后继各区中所含的期刊数成 $1:a:a^2$ 的关系（$a>1$）。

利用布拉德福定律应注意三点：首先是排序，将要研究的期刊种类按刊载论文数量递减排序。其次，划分区域，规定每个区域含有的论文数量大致相等，论文刊载率最高的期刊为核心区，刊载率较高的为相关区，刊载率一般的为非相关区。最后，确定各区域比例关系，各区域内所含的期刊数比例约为 $1:a:a^2$。

3. 词汇分布的齐夫定律

美国哈佛大学教授齐夫（G. K. Zipf）在1935年通过对文献词频规律的研究提出了齐夫定律，他认为把一篇较长的文章中每个词出现的频次按递减顺序排列，其数量关系特征呈双曲线分布。该定律是计量学的基本定律，广泛应用于情报检索用词表的编制和情报检索系统中文档结构的设计。

在自然语言的语料库里，一个单词出现的频率与它在频率表里的排名成反比。所以，频率最高的单词出现的频率大约是出现频率第二位的单词的2倍，而出现频率第二位的单词则是出现频率第四位的单词的2倍。这个定律被作为任何与幂定律概率分布有关的事物的参考。

在生活中，单词的出现频率、网页访问频率、城市人口、收入前3%的人的收入、地震震级、固体破碎时的碎片大小等都基本遵循该规律。

但是，齐夫定律是一个纯粹的经验定律，仅仅使用了一般的统计方法，对出现频率特别高和特别低的词都不能完全满足，其后美国学者朱斯、数学家曼德尔布罗特（B. B. Mandelbrot）都对齐夫定律做了修正和拓展研究。

4. 信息生产者分布规律

1）洛特卡定律

洛特卡定律又称科学论文作者分布定律，是指科学论文作者频率与所写论文篇数间数量关系的定律。该定律主要用以预测特定学科的论文的作者数量和文献数量，掌握文献的增长趋势和交流规律，以利文献情报的科学管理和情报学的理论研究；亦可用以研究科学家的活动规律，研究人才的著述特征，以利科学学的理论研究和科技史的探讨。

根据洛特卡的理论，写作 n 篇文章的作者数量约为写作1篇文章作者数量的 $1/n^a$，其中 $a \approx 2$，故称为"倒数平方定律"或"平方反比律"。

洛特卡考察物理、化学两学科作者频率与所发表的论文数量间的关系，并以对数坐标画出作者频率 $\log f(x)$ 和论文数 $\log x$ 的关系，得到二者基本上成直线关系，如图1-5所示。

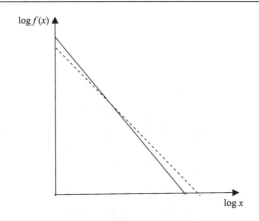

图 1-5　洛特卡分布曲线

在应用洛特卡定律时，需要注意以下问题。第一，洛特卡定律毕竟只是从两组实际统计数据中总结出来的经验定律，尽管许多学者进行了有益的探讨，但至今还需要进一步从理论上进行严格的论证。第二，平方反比律并不能很好地反映各个学科各种文献统计范围的著者与文献的分布规律，然而，当 n 取一定范围浮动值时，还是比较好地反映了作者与其撰写的论文数量上的规律。第三，洛特卡当年得出平方反比律形式时，对高产作者部分进行了删节，摒弃了与平方反比律相悖的因素。

2）普赖斯定律

普赖斯定律用以衡量各个学科领域文献作者分布规律，因为科技情报学起源于文献计量学，科学计量学和文献计量学有很多的研究方法是类似的，所以普赖斯定律也成了研究科技情报学的方法之一。

1949 年，普赖斯研究物理学论文数量增长现象，发现了科学文献指数增长规律，在《小科学，大科学》一书中论述"在同一主题中，半数的论文为一群高生产能力作者所撰，这些高产作者的集合数量上约等于全部作者总数的平方根"。核心生产者分布的"平方根定律"，表达式为

$$\sum_{m+1}^{I} n(x) = \sqrt{N}$$

其中，$n(x)$ 为撰写 x 篇论文的作者数；$I=n_{max}$ 为该学科规定时间内最高产的作者发表的论文数；N 为该学科领域全部作者总数。m 可由下式确定：

$$\sum_{I}^{m} x \cdot n(x) = \sum_{m+1}^{I} x \cdot n(x)$$

一般认为，在一定统计条件下，普赖斯定律在大多数学科领域是适用的，能够描述科学文献作者分布规律和科学家著述的行为模式。

1.2.5.2　信息资源随时间的分布规律

信息资源随时间的动态分布规律揭示了信息资源的产生、传播、发展、演化与老化等过程，学习信息资源随时间的分布规律有助于信息管理者把握信息的变化，对信息资

源进行有效合理的动态管理。

1. 指数增长律

在互联网时代，随着信息爆炸式的增长，信息充斥着社会生活的每一个角落，随着大数据时代的到来，信息的定义改变了传统上的有用即信息的观点。学习信息的增长规律有利于信息的利用和吸收，信息的增长规律也是学术界一直关注的重要课题。

1）普赖斯曲线

普赖斯曲线是该研究领域的典型代表之一。经过对不同年限的文献数量的分析，普赖斯得到文献增长与时间成指数函数关系的结论。如图 1-6 所示，普赖斯曲线以文献数量为纵坐标，以年份为横坐标，绘制不同年份的文献数量的坐标点，然后拟合成一条光滑曲线，该曲线可以近似地描述文献数量随时间增长的规律。

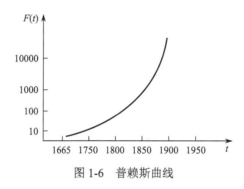

图 1-6 普赖斯曲线

信息成指数增长是社会信息流的传播和影响的结果。随着时间的推移，信息受体接受新信息的概率会增大。实际上，掌握新信息的人数本身是按指数增加的，他们从事信息的生产和传播，这就必然引致信息量按指数增长。

2）生长曲线

文献信息的增长会受到多方面的影响，比如经济、物质、时间、技术等因素的影响。普赖斯认为文献信息的增长更趋近于生物的生长曲线（logistic curve），最开始的时候信息的增长很快，随着时间的推移，增长速度越来越慢，最终几乎不增长了（图 1-7）。数学方程为

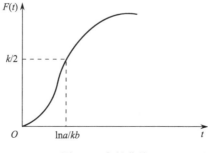

图 1-7 生长曲线

$$F(t)=k/(1+ae^{-kbt})$$

其中，$F(t)$ 为文献量，是时间 t 的函数；k 表示文献增长的最大值；a 表示 $t=0$（统计的初始时刻）时的文献数量；b 表示持续增长率。

生长曲线能很好地描述某一学科领域内文献的增长规律，该曲线对学科文献增长规律的研究具有重要的理论意义，但在一般情况下，学科文献在不同时期的增长态势有所不同。从图 1-7 生长曲线可以看出，只有在文献信息增长的初始阶段，信息的增长才符合指数增长规律；当文献信息量增至最大值的一半时，增长率就开始变小，最终增长的极限为 k 值。

2. 逐渐过时规律

文献信息的老化一般指下列四种表现情形。第一，文献中所含的信息仍然有用，但信息存在于更新的其他论著中。第二，文献中所含的信息仍然有用，但人们对该文献信息的学科的兴趣下降了。第三，文献中所含的信息仍然有用，但被后来的著作超越。第四，文献中所含的信息不再有用。

文献老化往往用文献半衰期和普赖斯指数进行评价。文献半衰期指某学科领域现在仍旧有用的全部文献中的半数文献的发表时间，普赖斯指数是指某学科领域 5 年内发表的文献的引用次数与所有文献的引用次数之比值。一般而言，半衰期越大、普赖斯指数越小，文献老化的速度越慢。文献信息老化的影响因素主要包括文献增长、学科差异、学科发展阶段的差异、信息环境和需求。

如果用纵轴表示文献现在正被引用的次数，横轴表示文献出版年龄，则可得到文献信息老化曲线，如图 1-8 所示。

方程为：$C(t)=ke^{-at}$，其中，k 是常数，随学科不同而不同；a 为老化率；$C(t)$ 表示发表了 t 年的文献的被引次数。

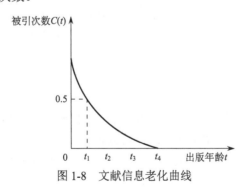

图 1-8　文献信息老化曲线

1.2.5.3　信息资源在空间上的分布规律

1. 信息的扩散与分布

1）信息扩散的多向对称性

在信息的传播过程中，如果信息源 S 所处的外围介质（包括自然介质、社会介质）

是同质均匀分布的话，则 S 的信息传递就成一种各向对称结构，这就是信息扩散的多向对称性。多向对称中传递的速度、内容、空间和信息强度都是对称的。

当介质不均匀或者不同质时，就出现了多向对称的引申原则，包括信息传递的拓扑原则和多路传递法则。拓扑原则是指信息从信息源 S 传递到信息受体 R 时，如果介质非均匀，S→R 信息流在传递过程中会利用"信息栈"来传递信息，即拓扑变换，因为信息介质的每一次改变都要经过一次转换，都要经过"信息栈"予以变换。多路传递法则，又称多通道原则，指在信息源 S 到信息受体 R 的信息传递过程中，除了 S 与 R 的直接沟通之外，还可以通过其他通道将信息传递给受体 R。无论是在均匀介质中还是在非均匀介质中，原则上信息都可以通过无限种渠道传递给信息受体。

2）信息传递的密度递减法则

由于介质吸收和干扰，任何信息流都要发生衰减。由于信息传递涉及时间和空间两方面，因此衰减也就发生在这两个方面。

从时间上来说，信息源 S 所发生的信息会随着时间的流逝而衰减，时间越久，衰减越严重。从空间方面来说，设 S 为信息源，在 t 时刻 S 以声音形式向外传递信息。此时的信息是以各向对称形式发送的，呈球面对称形状。如果以音量为信息强度，音量大，则表明信息被感受的可能性就大，当音量减小到一定程度时，S 发出的信息就无法被信息受体感知到。

2. 传统文献信息资源分布格局

信息源和信息受体的目的和需求具有差异性，信息资源在不断扩散和传递的过程中，信息资源的分布会呈现出复杂的格局。

传统文献信息资源离散分布的差异化主要体现为地区差异、行业或机构差异、内容差异等方面。而主要的分布机构则包括了作为主要存储地的图书馆、档案馆；负责交流和咨询的情报中心；作为国家重要的基础性信息资源的政府部门；提供专门技术知识、信息服务内容的协会和学会；编辑、出版、印刷和发行机构；广播、电视及新闻机构；科研机构；企业等。

3. 网络信息资源分布格局

首先，从地域分布来看，信息资源的分布与地区经济发展水平相称，与各地的互联网信息化水平匹配。据第 48 次中国互联网络发展状况统计报告的数据显示，我国大多数网络信息资源集中在东部和中部地区，西部地区等网络信息资源相对较少。造成网络信息资源分布不均衡的原因有很多，如经济水平、技术水平、受教育程度、社会文化心理等，但其中经济水平和技术水平是最直接也是最重要的原因。

其次，从行业和内容分布来看，网络信息资源从行业上大概可以分为计算机与网络、休闲、家庭、新闻、生活服务、社会文化、政府机构、教育、商业、健康、农业、艺术等。网络信息资源从内容上大概可以分为政治活动、经济活动、军事活动、生产活动、技术开发、科学研究活动、文化和教育活动、医疗卫生活动、艺术体育和娱乐活动、人类生活等。

1.3　信息资源管理

1.3.1　信息资源管理的概念

信息资源管理（information resource management，IRM）首先在美国兴起，美国学者霍顿、迪博尔德（J. Diebold）等是信息资源管理形成与发展过程中的代表人物。霍顿最早使用了信息资源管理这一术语，而以迪博尔德为首的研究小组在 1979 年发表了两组以信息资源管理为题的研究报告，从而拉开了信息资源管理的研究帷幕。学者们对信息资源管理从不同的角度给出不同的定义，但尚未形成完全统一的定义。

迪博尔德认为信息资源管理是一种新的思想方法，它将信息作为一种资源进行管理；组织中的信息政策已成为管理的必要手段；明确公司范围内的信息资源管理目标内容。霍顿 1979 年提出，信息资源管理是对一个机构的信息内容及支持工具（信息设备、人员、资金等）的管理。1985 年，他对信息资源管理给出了一个较全面的定义：一门把信息视为与资金、物质、人力和自然资源同等重要的资源管理学科，研究如何有效地处理信息资源（原始数据）和产出信息资产（知识）。霍顿还编写过不少通俗读物，为信息资源管理在全球的普及与推广做出了重大贡献。美国学者怀特（M. S. White）在 1982 年提出，信息资源管理是有效地识别、采集、整合和利用各种信息资源以满足当前和未来信息需求的过程。除美国外，其他国家的专家和学者在信息资源管理领域也取得了许多研究成果。比如 1985 年由克罗尼（B. Cronin）主编的《信息管理：从策略到行动》一书集中反映了英国学者在信息资源管理领域的研究情况。1987 年，山田进撰写出版了日本第一部系统研究信息资源管理的著作《信息资源管理概论》。1988 年，第一届国际信息资源管理学术会议在荷兰召开，14 个国家约 100 名代表参加了会议，这次会议为信息资源管理研究在全球范围的发展打下了基础。信息资源管理的概念进入我国以后，人们对它也有很多不同的理解。有些人从词义本身来解释信息资源管理，认为是"信息＋资源管理"或者等于"信息资源＋管理"。由于人们对信息资源有不同的理解，所以倾向于"信息资源＋管理"的观点的人对它又有不同的解释，如有人认为它等于数据管理，或等于文献管理，也有人认为信息资源管理就是综合运用各种方法和手段进行信息资源规划、组织、利用和控制的过程。

综合国内外种种观点，信息资源管理既是一种管理思想，又是一种管理模式。就其管理对象而言，信息资源管理是对信息资源及其信息活动中各种要素的管理；就其根本内容而言，信息资源管理是对信息资源生命周期全过程的管理；就其目的而言，信息资源管理是为了有效满足社会各方面的各种信息需求；就其管理手段而言，信息资源管理是借助信息技术实现信息资源的最佳配置。

信息资源管理的主体是一种人类管理活动，管理哲学是这种活动的升华，同时又是这种活动的指南，系统方法是这种活动的规则和实施程序，管理过程则是这种活动在某一组织机构内部的具体体现。信息资源管理一般被认为是一个集成领域，是由多种人类信息活动所整合而成的特殊形式的管理活动。

总之，信息资源管理是为了确保信息资源的有效利用并以现代信息技术为手段，对信息资源实施计划、预算、组织、指挥、控制、协调的一种人类管理活动。

1.3.2 信息资源管理的目标

信息资源管理的总目标是开发和运行一个集成的信息基础结构，使一个组织的沟通、合作、业务和服务达到新的水平，使它的信息资源的质量、可用性和价值达到最大化，并在整个机构中实现信息共享。

一般认为，信息资源管理有三个主要目标：数据和信息、管理功能、整合。第一个目标，对组织的数据应当持有一种全局性的观点，包含数据库系统和文献。这种数据的管理应当首先面向组织的目标，然后才是个人的和操作层的利益。应当有质量保证，包括成本可核算性和完整性。第二个目标，管理功能。应当设置在组织管理结构的高层，将首席信息官（CIO）职能定位为组织高层规划者，这种人应当具有技术和管理技能。这种管理功能以一种现实的方式来平衡控制、协调和集中化。第三个目标，将信息处理技术、管理功能和数据整合在一起。这意味着要调和各个方面的需要，包括工具的提供者和用户（使用者）。

信息资源管理的目标要通过各种角色和技术的互动来达到，以下几点对信息资源管理来说是很重要的：

第一，信息资源管理首先是一个宏观的概念，并与大型复杂组织一起发挥最好的作用。这种组织拥有非常多的资本和运行投资，并在信息技术方面花费很大。

第二，信息资源管理要理解该组织及其客户的总目标，理解该组织及行为问题，要有为战略决策所需信息而生产充足信息的能力。信息资源管理更加注意 IT 支持机制的定义：把 IRM 与组织的计划和活动链接起来。

第三，信息资源管理主要关心正规的信息流和库藏，而不是非正式的信息流，如偶然的人际交流或电话、会议等。信息资源管理涵盖内部和外部的资源，不像管理信息系统那样主要关心内部信息资源。信息资源管理更加注意论证组织内信息网络的合理性。信息资源管理要把信息资产列入平衡表和损益表中，作为公司的战略资源，而不仅是一般的生产成本。

第四，信息资源管理在组织中有一个新的位置和角度：CIO，把他放在高层管理者之一的位置上，主要负责是否把信息传送给用户、伙伴或客户。信息资源管理要阐明信息资源管理小组的重要性，要全面了解全局性信息资源管理和信息资源管理小组。

第五，信息资源管理越来越关注隐私权、安全和知识产权问题。

1.3.3 信息资源管理的研究对象

在宏观方面，信息资源管理的研究对象可以概括为以下几个方面：信息资源管理的历史和发展；信息资源管理的基本理论、技术和方法；有关的信息政策和法规及其研究；政府信息资源管理；企业信息资源管理；网络信息资源管理；公益性信息机构和其他机构的信息资源管理；信息技术和信息系统管理；信息资源配置和信息资源开发利用。

在宏观和微观方面，它的研究对象是很丰富多样的。如信息需求、信息生命周期、信息资源和信息经济。

1.3.4 信息资源管理的形成与发展

1.3.4.1 信息资源管理形成的领域

信息资源管理形成于不同的领域，可以根据不同的标准进行划分。比如按实践领域划分，信息资源管理形成于政府文书管理、企业信息管理、图书情报管理以及民间信息服务等领域；再如按技术手段划分，信息资源管理的形成领域分为数据库管理和数据处理管理。信息资源管理每个领域的特定管理仅解决某个方面的信息资源管理问题，并不能完全解决信息资源的综合管理。从某种角度看，信息资源管理是各个领域、各种信息处理相关技术的汇合，它的目标是通过现代信息技术、信息政策等来实现数据的完整性、可靠性，消除信息冗余，以满足组织机构的信息需求。信息资源管理涉及的学科知识背景包括了计算机科学、管理学、经济学等，其应用领域包括政府公共管理部门、组织机构等。

1.3.4.2 信息资源管理的发展阶段

当代的信息资源管理是在经济和科学技术高度发展的条件下，对文献、知识和信息管理的延伸和拓展，是文献、知识和信息管理由古代到现代不断演变和发展的产物。

1. 三阶段说

信息资源管理的历史变革可以分为三个发展阶段，即传统管理阶段、技术管理阶段和信息资源管理阶段。每个阶段对应不同的管理内容和方法。

传统管理阶段以信息源的搜集、管理为重点，这一阶段的管理核心是信息源，管理机构主要是图书馆、档案馆、文献馆（科技信息）等。虽然人类对知识信息的保存与管理早已有之，但作为一项专门的工作和事业则是在图书馆出现之后才兴起和发展起来的。图书馆、档案馆、文献馆主要为社会公益性事业机构，在国家财政拨款或公民税收支持下，从事以文献为载体的信息的搜集、加工、存储、检索和提供，着眼于"文件信息源"的管理。

技术管理阶段以利用信息技术控制信息流为核心，技术因素占据主导地位。以计算机为工具，以自动化信息处理和信息系统建设为主要工作内容。这是在计算机技术及相关信息技术高度发展和广泛应用的背景之下发展起来的新兴信息管理模式。在技术管理阶段，着眼于用计算机技术处理信息并对信息流进行控制。这一阶段围绕计算机应用创造了许多信息加工处理方法、系统设计开发理论。人们希望在高度发展的信息技术的支持下，克服由"信息爆炸"带来的利用方面的困难，以实现有效管理和开发利用。当信息技术无能为力，达不到预期的目标时，人们便误以为是技术不够先进，于是拼命追求更先进的技术，却忽视了信息管理中其他因素的作用。

信息资源管理阶段强调从多种角度对人类社会信息利用过程及相关要素实行综合管理。该阶段的特色是将信息看作资源，对信息实施资源性管理。一方面，信息管理阶段（包括传统管理阶段和技术管理阶段）纯粹的技术手段不能实现对信息的有效控制和作用，所以 20 世纪 60 年代以后，随着信息技术的高度发展和广泛应用，滋生出许多新的、复杂的问题。20 世纪 70 年代以后，人们从微观与宏观结合上协调社会信息化进程中的各种关系，逐渐形成了信息资源管理的思想和观念。另一方面，当代社会经济发展使得信息成为一种重要的资源，迫切需要从经济学的角度思考问题，并进行优化配置和管理。

2. 四阶段说

美国的信息资源管理专家马钱德（D. A. Marchand）和克雷斯林（J. C. Kresslein）等提出了信息资源管理发展的"四阶段说"，认为信息资源管理始于 19 世纪末，从那时起到 20 世纪 90 年代，信息资源管理先后经历了四个阶段（表 1-1）：

第一阶段（19 世纪末～20 世纪 50 年代末）：信息的物理控制。

第二阶段（20 世纪 60 年代～70 年代中）：自动化技术的管理。

第三阶段（20 世纪 70 年代中～80 年代）：信息资源管理。

第四阶段（20 世纪 90 年代至今）：知识管理。

表 1-1　信息资源管理发展的四阶段

阶段	推动力量	战略目标	基本技术	管理方法	组织状态
1.信息的物理控制	商业与政府组织的增长和多样化远距离管理	程序效率和物理控制	纸张、打字机、电话、文件柜、制表机、缩微胶卷	文书管理、记录管理、通信管理、邮件管理、指令和指示管理、重要记录的保护、办公室设计和陈设	监督和中低水平的管理；分化、松散的协作
2.自动化技术的管理	数据处理、电子通信和办公系统的独立发展和改进	技术效率和控制	第 2 代/第 3 代计算机、电子复印机、独立的组合式文字处理机；语音通信的改进，"技术搜寻利用"是操作技术管理的主导状态	集中的数据处理部门；电子通信协作者和管理者；文字处理中心和独立的工作站；复制中心和独立单元	中级水平管理分化、不合作，认为手工信息管理不同于自动化管理；信息技术用户和提供者之间存在分歧
3.信息资源管理	数据处理、电子通信和办公自动化系统的聚合	信息技术的集成管理；视信息为战略资源	分布式数据处理集成通信网络；多功能工作站；个人计算机	传统资源管理技术的应用；信息技术的水平管理；商业规划和信息资源规划的密切联系	中高水平的管理
4.知识管理	信息技术越来越多地渗入公司各层操作和管理决策制定过程中	信息资源的物质/技术管理与决策层、管理层和操作层的信息管理的整合	专家系统或基于知识的系统；决策支持系统；办公智能系统	信息利用和价值与信息技术的集成；内部和外部信息处理的集成；信息规划和商业规划的紧密联系	管理知识资源已成为所有管理层所采纳的管理哲学的基本部分

3. 五阶段说

美国信息资源管理学家史密斯和梅德利认为信息资源管理从 20 世纪 30 年代起经历了五个阶段（表 1-2），分别是数据处理（DP）阶段、信息系统（IS）阶段、管理信息系统（MIS）阶段、终端用户（end-user）及战略影响阶段、信息资源管理（IRM）阶段。

表 1-2　信息资源管理发展的五阶段

阶段	系统类型	管理者类型	用户角色	技术重点	信息存储技术
1.数据处理	财政系统	未受过培训	信息处理者	批处理	打孔卡片
2.信息系统	财务系统和操作系统	受过计算机培训	项目参与者	应用	磁盘
3.管理信息系统	管理信息系统	受过管理培训	项目管理者	数据库、应用集成	随机存取、数据库终端
4.终端用户及战略影响	决策支持系统、集成系统	有广泛背景的合作伙伴	小型系统建立者	第4代语言	数据管理、第4代语言
5.信息资源管理	专家系统、战略系统	主管阶层	全面的合作者	第5代系统	激光视盘、超级芯片

习　题　1

一、单项选择题

1. 下列关于信息的叙述，不正确的是（　　　）。

    A. 信息是可以处理的　　　　　　　　　B. 信息的价值不会改变

    C. 信息可以在不同形态间转化　　　　　D. 信息具有时效性

2. 从信息处理的工作量来看，信息处理所需资源的概括性随管理任务的层次而变化，层次越高，所需信息的概括性（　　　）。

    A. 越高　　　　　　B. 越低　　　　　　C. 相同　　　　　　D. 不一定

3. 下列选项中不属于信息的特性的是（　　　）。

    A. 客观性　　　　　B. 时效性　　　　　C. 完全性　　　　　D. 共享性

4. 广义的信息资源包括信息、信息技术和（　　　）。

    A. 信息分析　　　　B. 信息挖掘　　　　C. 信息组织　　　　D. 信息生产者

5. 信息扩散的多向对称性原则适用于（　　　）。

    A. 同质均匀介质　　B. 同质不均匀介质　C. 不同质介质　　　D. 任意情况

6. 按照空间状态划分，信息可分为（　　　）。

    A. 历史信息、当前信息、未来信息　　　B. 宏观信息、中观信息、微观信息

    C. 战略信息、战术信息、作业信息　　　D. 一次信息、二次信息、三次信息

7. 信息虚假、信息垃圾、信息干扰等属于信息社会存在的（　　　）问题。

    A. 信息污染　　　　B. 信息犯罪　　　　C. 信息侵权　　　　D. 信息侵略

8. （　　　）是计算机犯罪的一种新的演化形式，它是干扰或破坏系统正常工作的一种手段。

    A. 计算机信息系统　B. 计算机病毒　　　C. 计算机犯罪　　　D. 计算机控制

9. "马太效应"是指信息资源的（　　　）规律。

    A. 集中与分散　　　B. 时间分布　　　　C. 空间分布　　　　D. 生命周期

10. 支配人类社会发展的三大基本要素是（　　　）。

    A. 物质、人力、资本　　　　　　　　　B. 物质、能量、信息

    C. 物质、人力、信息　　　　　　　　　D. 材料、能量、信息

二、问答题

1. 简述数据、信息和知识之间的关系。

2. 信息资源具有哪些自然特性和经济特性?

3. 试分析信息资源管理的研究范围、研究对象及研究目标。

4. 什么是"马太效应"? 简述其正面及负面效应。

5. 请描述信息资源管理发展的四阶段说和五阶段说,并加以比较。

第 2 章　信息资源管理理论基础

学习目标
- ➢ 信息科学
- ➢ 管理科学
- ➢ 传播科学
- ➢ 信息生命周期理论

一门学科的建立发展离不开科学理论的指导，信息资源管理理论是在长期的、大量的实践的基础上，通过不断的总结、提炼、升华，并借鉴相关学科的理论研究成果逐渐建立起来的。它综合了信息管理、信息科学、管理学等学科的有关理论知识，是当前管理学和信息管理学的研究热点。此外，它又是目前信息资源管理中较薄弱的部分，其理论研究成果不够完善，尚未形成完整的理论体系。因此，本书尝试梳理理论基础，以推动信息资源管理理论的研究和发展。

2.1　信息科学理论

2.1.1　信息论

信息论是 20 世纪 40 年代后期从长期通信实践中总结出来的一门学科，是一门用数理统计方法研究信息的度量、传递和交换规律的科学，主要研究通信和控制系统中普遍存在着的信息传递的共同规律以及研究最佳地解决信息的获取、度量、变换、存储、传递等问题的基础理论。

20 世纪 20 年代，奈奎斯特（H. Nyquist）和哈特莱最早研究了通信系统传输信息的能力，并试图度量系统的信道容量，现代信息论开始出现。1948 年，香农在借鉴和吸收奈奎斯特和哈特莱等思想的基础上，发表了著名的论文《通信的数学理论》，首次将通信过程建立了数学模型。这篇论文和 1949 年发表的另一篇论文《噪声中的通信》以及维纳 1949 年出版的《控制论：或关于在动物和机器中控制和通信的科学》（后文简称《控制法》）一书一起奠定了现代信息论的基础。

由于现代通信技术的飞速发展以及与其他学科的交叉渗透，信息论的研究已经从香农当年仅限于通信系统的数学理论的狭义范围扩展开来，而成为现在被称为信息科学的庞大体系。

2.1.1.1 狭义信息论

由于早期香农等的信息论仅限于研究通信领域的信息问题,故又被称为狭义信息论,这种信息论的研究范围以编码理论为中心,主要研究通信过程中的信息系统模型、信息的度量、信息容量和编码理论等内容。因其主要从量的方面描述信息的传输和提取,所以也称这种信息论为统计信息论。

1. 信息系统一般模式

如图 2-1 所示,信源产生消息,消息是信息的载体,其表现形式多种多样,如字母、文字、数据、声音、图形以及图像等。消息经过编码转化为适合信道传输的信号(即信息的载体)。信号经过信道的传输到达信宿之前必须加以解码,即还原为原来的消息才能被信宿接收。信号在传输过程中会受到一些干扰,这些干扰一般被称为噪声。噪声的存在,往往使得消息在传输过程中出现失真或错误,即失去部分信息。这就是简单的通信系统模型,如果将它推广到多个信源或信宿,传输方向也是多向的,就可以得到各种多用户的通信系统模型。

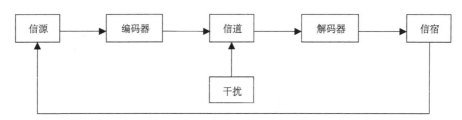

图 2-1 信息系统模型

2. 狭义信息的度量

1928 年,哈特莱提出了信息定量化的初步设想,他将符号取值数 m 的对数定义为信息量,即 $I=\log_2 m$。香农接受了哈特莱关于信息的形式化的思想,并把他的信息度量公式加以进一步推广。他提出了"信息就是用来消除事物不确定性东西"的思想。认为通信的作用就是提供信息来消除收信者的不确定性,消息中包含的信息量就可以用收信者收到信息后被消除的对某事物了解的不确定性数量来表示。而事物的不确定性是与"多种结果的可能性"相联系的,由于通信系统所处理的信息在本质上的这种随机性,因此必须采用适当的概率统计方法来处理问题。于是他得出了这样一个结论,如果某事物具有 n 种独立的可能结果或状态:$x_1, x_2, x_3, \cdots, x_n$,每一种结果或状态出现的概率分别为:$P(x_1)$,$P(x_2), P(x_3), \cdots, P(x_n)$,且有

$$-\sum_{i=1}^{n} P(x_i) = 1$$

那么,该事物所具有的不定性数量 $H(x)$ 为

$$H(x) = -\sum_{i=1}^{n} P(x_i) \cdot \log_2 P(x_i)$$

这就是著名的香农信息量公式。式中的对数以 2 为底，当 $n=2$，且 $P_1=P_2=1/2$ 时，$H(x)=1$比特。由此可见，一个等概率的二中择一事件具有 1 比特的不确定性。因此，可将一个等概率的二中择一事件所具有的信息量规定为信息量的单位，若一个事件能够分解成几个可能的二中择一事件，则它的信息量就是 n 比特。如果式中的对数取 e 为底，则信息量的单位称为奈特；若对数取 10 为底，则信息量的单位称为哈特莱。这些不同的单位可以根据实际情况进行选择和交换。

在上述信息量的定义上，香农还进一步导出了信息传输率的表达式和信息容量公式，并利用这些结果得到了关于信息传输的一系列重要的编码定理，如信源编码、信息编码等，同时他还揭示了信息传输过程中数量和质量的辩证关系，从而初步认识和把握了信息及其传递的规律，并使对信息问题的研究逐步由经验变为科学。

2.1.1.2 一般信息论

一般信息论在香农狭义信息论的基础上，新增加了噪声理论，信号的滤波、检测、调制解调，信息处理等问题，在研究的范围上有了很大拓展。

一般信息论重视信号的解调问题。目的是使信宿接收到的信息消除信源所发出信息的不确定性，使其具有确定性。为此，需要对在信道中传播的经过编码和调制的信号进行解调和译码。

此外，一般信息论极为关注信号的干扰问题。

2.1.1.3 广义信息论

20 世纪 70 年代起就陆续有一些学者开始了广义信息论的研究。例如，1972 年，德鲁卡（A. Deluca）和特尔米尼（S. Termini）提出了用来测度模糊事件的信息量的模糊信息熵公式。

我国学者钟义信 1981 年针对香农信息论的熵公式只能度量概率信息的缺陷，提出了一种"广义信息函数"，试图用它来描述概率信息和非概率信息。1985 年，他又把该公式推广到语义信息和语用信息的度量，得到了语法、语义和语用信息的综合测度公式，即"全信息"计量模型。

广义信息论发展到最高阶段时，纵向上突破了香农信息论的局限性，进行语义信息和语用信息的探索；横向上将有关信息论的研究成果广泛应用于其他自然科学和社会科学的研究中，从而使信息论研究得到深化和拓展。

2.1.2 控制论

维纳的《控制论》揭示了机器、生物和人所遵循的共同规律——信息变化和反馈控制规律。为机器模拟人和动物的行为或功能提供了理论依据，由此诞生了一门新的学科——控制论，并在实践中得到了广泛应用和巨大发展。

（1）反馈机制。在研究中，维纳发现自控装置在行为上与人和动物的某些行为十分相似，并找到了自控装置模拟人的有目的性行为的机制。生物系统与外界联系并达到一定目的的手段是信息反馈，依靠反馈信息对外界事物进行控制。反馈是控制论的一个基本概念。反馈是指控制系统把输入的目标信息输送出去，又把输出信息作用的结果（效果信息）返送到原输入端，并对信息的再输出产生影响，起到控制的作用，以达到预期目的。一个控制系统就是通过信息变换和反馈原理实现的，维纳还发现人的神经控制系统和工程控制系统都是建立在对周围环境和自身状态种种信息的获取、传递、变换和处理的基础上的，而这种信息过程又都是随机过程，必须抛弃机械决定论，用概率和统计的方法才能定量地把握它们。

（2）功能模拟和黑箱方法。控制论的特点还在于它特有的功能模拟和黑箱方法。功能模拟法不求系统结构相同而只求系统的行为和功能的相似。黑箱方法是一种通过对系统外部行为的分析来研究系统内部结构的方法，如投入产出分析。掌握了输入、输出的关系，就能控制某种经济系统，使之达到目标。

控制论认为，控制是指事物之间的一种不对称的相互作用，系统事物之间构成控制关系，其间必然存在一个或几个主动施加作用的事物，称为主控事物或控制者；同时也存在一个或多个被作用的事物，称为被控事物或控制对象。

2.1.3 系统论

美籍奥地利生物学家贝塔朗菲（L. V. Bertalanffy）于1945年发表了《关于一般系统论》的论文，宣告了系统论这门学科的诞生。他在批判生物学中长期存在的机械论的基础上建立了一般系统论。他把生物及其环境作为一个大系统来研究，认为整体的属性大于其各组成部分属性的简单总和。他还发现生命与非生命存在一个明显的矛盾，即热力学的"退化论"和生物学的"进化论"相对立。也就是说，热力学中研究的非生命系统随着时间的推移，系统的熵越来越大，走向无序状态；而生命系统则是向增加有序（即进化）方向发展的。其原因是，前一种系统是无限大的封闭系统，而后者则是一种开放系统，能不断与环境进行物质、能量和信息交换。

系统论以复杂系统为主要研究对象，强调整体性原则、层次结构原则、动态性原则和综合优化原则。它还研究系统的最优组织问题，即一般意义上的从无序转变为有序的问题，认为要达到此目的，其方法之一就是吸收负熵（即信息），并使信息对系统各组成部分发生相互的作用。一个好的系统，必然是一个能够充分利用信息的系统。

现代的系统方法是一种使整体与部分、综合与分析辩证统一的一种思维方法，可以指导人们正确地认识世界和有效地解决问题。

信息论、控制论和系统论都是研究信息、控制和系统的横断学科，其基本思想、基本方法有许多一致之处。它们都具有浓厚的方法论特征，提供了适合现代信息管理的方法论基础。

2.2 管理学理论

信息资源管理从诞生开始就大量汲取管理科学的理论与方法来不断充实自己。由于管理理论和实践的发展，作为组织资源之一的信息资源日益成为影响组织管理效果和效率的重要因素。因此，如何更加合理地管理和利用信息资源，使其发挥更大的作用就成为管理学研究的新领域，由此促进了信息资源管理学科的形成和发展。

2.2.1 古典管理理论

18 世纪至 19 世纪工业革命后，自动化和计算机技术的应用是对人类产生重大影响的一次变革，人们称之为第二次工业革命。从 20 世纪初开始，资本主义的生产力和生产关系都发生了重大的变化，企业规模不断扩大，生产技术更加复杂，竞争空前激烈，资本主义的发展迫切要求提高企业的管理水平，要求把过去积累起来的管理经验进一步标准化、制度化和科学化，用科学的管理理论代替传统的经验管理，伴随着资本主义从自由竞争阶段向垄断阶段的过渡，古典管理理论逐渐形成。

古典管理理论阶段是管理理论的最初形成阶段，以泰勒的"科学管理理论"、法约尔的"一般管理理论"、韦伯的"行政组织理论"为代表。

1. 泰勒的科学管理理论

科学管理理论诞生的主要标志是泰勒于 1911 年出版了《科学管理原理》。泰勒科学管理理论的要点是：科学管理的中心问题是提高劳动生产率，需要制定科学的工作定额，实施标准化，挑选一流的工人，实行差别计件工资制，将计划职能与执行职能相分离，实行"职能工长制"和例外原则，工人和雇主都必须进行一场精神革命，变对抗为信任，共同为提高劳动生产率而努力。科学管理是对已有知识加以收集、整理、分析，总结出规律并以标准形式体现出来。

2. 法约尔的一般管理理论

法约尔把企业的全部活动归纳为六种：①技术活动（生产、制造、加工）；②商业活动（购、销、交换）；③财务活动（筹资）；④安全活动（保护财产的人员）；⑤会计活动（财产清点、资产负债表、成本、统计等）；⑥管理活动（计划、组织、指挥、协调、控制）。他认为管理就是实行计划、组织、指挥、协调和控制，并区分了领导与管理，认为领导就是从企业拥有的全部资源中获取尽可能大的利益以引导企业达到目标，即保证上述六项基本职能的顺利完成。

他还提出了 14 条管理原则，即劳动分工、权力与责任、纪律、统一指挥、统一领导、个人利益服从集体利益、报酬合理、集权与分权、等级制度、秩序、公平、人员稳定、首创精神和集体精神。其中第九条等级制度，他认为这是组织内部传递信息和信息反馈的正常渠道，对统一指挥非常重要，但不是最快的途径。法约尔的 14 条管理原则包含了许多成功的经验和失败的教训，为后人的管理研究与实践指明了方向，但是它所提出的管理原则缺乏弹性，要真正使管理有效，还必须积累自己的经验，并掌握使用这些原则的尺度。

3. 韦伯的行政组织理论

马克斯·韦伯（1864～1920 年，德国人）提出只有法定权力才宜于作为理想行政组织体系的基础。行政组织机构不是通过"世袭"或"个人魅力"，而是通过"公职"或"职位"来管理的理想组织制度，这个理想的行政组织机构是进行理论分析的一种标准模式。高度结构化的、正式的、非人格化的理想行政组织体系是强制控制的合理手段，是达到目标、提高效率的最有效形式。这种组织形式在精确性、稳定性、纪律性和可靠性等方面都优于其他形式，能适用于各种行政管理工作及当时日益增多的各种大型组织。

2.2.2　现代管理理论

第二次世界大战之后，许多学者和管理学家提出了各自的理论和新学说，其中很多人对信息问题都进行了不同程度的探讨。

1. 经验管理学派

经验管理学派代表人物有美国的彼得·德鲁克（Pter F. Drucker）和戴尔（Ernest Dale）等。该学派认为企业管理的科学应该从企业管理的实际出发，以大企业的管理经验为主要研究对象，加以概括和理论化，向企业管理人员提供实际的建议。他们主张案例研究经验，只要研究分析一些管理人员的各种成功与失败的管理案例和他们解决特殊问题的方法就能理解管理问题，就可以在相仿的情况下进行有效的管理。

该学派提出的管理技巧中包含所谓"有效地进行信息联系"，提出了信息联系的四原则：①信息联系是知觉的；②信息联系是期待的；③信息联系提出要求；④信息联系不同于信息。

2. 社会系统学派

社会系统学派把组织看成是一种开放式协作系统，信息沟通是组织存在的条件。该学派提出信息沟通的原则：①沟通渠道为成员所了解；②每个成员要有一条正式的沟通渠道；③必须依照正式的渠道沟通信息；④沟通渠道须尽可能直接和便捷；⑤作为沟通中心的各级管理人员必须称职；⑥组织运作期间沟通渠道不能中断；⑦每一次信息沟通都必须具有权威性。

3. 决策理论学派

决策理论学派的代表人物是诺贝尔经济学奖获得者——美国教授西蒙（Harbert A. Simon）。该学派认为决策是管理者的主要任务，因而应集中研究决策问题。西蒙提出的行为决策理论为现代管理理论做出了卓越贡献，其主要观点包括：①"有限的理性"和"满意准则"，即认为管理者的理性是有局限的，由于实际中的决策情况非常复杂，而管理者的判断力又受各种主客观条件的限制，不可能预知在给定的情形下所有备择方案的各种可能结果，因此，管理人员应寻求简单的、尚"满意"的结果，而非"最佳方案"；②决策科学化，指决策时要以充足的事实为依据，采取严密的逻辑思维方式，按照事物的内在联系对大量的资料和数据进行系统分析和计算，遵循科学程序，做出正确决策。同时，该理论所使用的先进工具——电子计算机和管理信息系统，也为决策科学化提供了可能和依据。

西蒙指出，在信息联系的三个阶段（发出信息、传递信息、接受信息）都可能发生阻塞或歪曲现象，故有必要成立一个专门的信息联系服务中心和良好的信息系统，这主要借助于计算机。他们认为，当今是"信息爆炸"时代，重要的不是获得信息，而是信息的加工和分析，使之对决策有用。决策者需要的是对决策有意义的新信息，决策者的注意力是一种最宝贵的资源，不能无谓地消耗在大量无知信息上。所以，信息系统应当包括一个筛选系统。

4. 系统管理学派

该学派的主要代表人物是美国的约翰逊、卡斯特、罗森茨韦克等，认为企业是一个开放系统，与周围环境互动，有内外部信息反馈网络，能自我调节和自适应。企业系统可以分为传感子系统、信息处理子系统、决策子系统、生产子系统，控制子系统、记忆和存储信息子系统。

5. 权变管理学派

权变管理理论是 20 世纪 70 年代在美国形成的一种管理理论。这一理论的核心是力图研究组织的各子系统内部和各子系统之间的相互联系以及组织和其所处的环境之间的联系，并确定各种变数的关系类型和结构类型。它强调在管理中要根据组织所处的内外部环境随机应变，针对不同的具体条件寻求不同的、最合适的管理模式、方案或方法。该学派代表人物有弗雷德·卢桑斯（Fred Luthans）、弗雷德·菲德勒（Fred E. Fiedler）等。

权变管理理论着重考察有关环境的变数与相应的管理观念和技术之间的关系，以使采用的管理观念和技术有效地达到目标。在通常情况下，环境是自变量，而管理观念和技术是因变量，这就是说，组织所处的环境决定着何种管理观念和技术更适合组织。环境变量与管理变量之间的函数关系就是权变关系，这是权变管理理论的核心内容。

6. 学习型组织与虚拟组织

20 世纪 80 年代末以来，信息化和全球化浪潮迅速席卷世界，知识经济的到来使信息与知识成为重要的战略资源，而信息技术的发展又为获取这些资源提供了可能；顾客需求的个性化、消费的多元化决定了企业必须合理组织全球资源，在全球市场上争得顾客的投票，才有生存和发展的可能。这一阶段的管理理论研究主要针对学习型组织及虚拟组织问题而展开。

1990 年，彼德·圣吉（P. M. Senge）所著的《第五项修炼》出版。该书的主要内容旨在说明：企业唯一持久的竞争优势源于比竞争对手学得更快更好的能力，学习型组织正是人们从工作中获得生命意义，实现共同愿望和获取竞争优势的组织蓝图；要想建立学习型组织，系统思考是必不可少的"修炼"。管理者的一个主要责任就是培育学习的环境，以建立整个组织的学习能力，包括从组织的最底层到组织的最高层和组织的所有领域。管理者如何完成这个任务，一个重要的步骤是理解知识作为一种重要资源的价值。知识管理（knowledge management）包括培育一种学习文化，在这种文化中组织成员能够系统地收集知识并与其他组织成员共享，以便取得更好的绩效。

虚拟组织与传统的实体组织不同，它是围绕核心能力，利用计算机信息技术、网络技术及通信技术与全球企业进行互补、互利的合作，合作目的达到后，合作关系随即解散。此种形式能够快速获取全球各处的资源并为我所用，从而缩短"观念到现金流"的周期；而且，灵活的"虚拟组织"可避免环境的剧烈变动给组织带来的冲击。

2.3　信息传播科学

信息资源的利用、存储等离不开传播科学。传播科学包括图书馆学、档案学、情报学、传播学等。

2.3.1　图书馆学

图书馆学是以图书馆实体作为研究对象的一门科学，可以进一步细分为微观图书馆学、中观图书馆学和宏观图书馆学三个层次。

微观图书馆学的研究对象是经过抽象形成的科学概念的图书馆，其研究内容主要包括图书采购、图书分类、目录学、读者服务、文献检索、参考咨询等。

中观图书馆学的研究对象是中观层次的图书馆网络系统，该系统是指一定数量的图书馆依据某种共同的标准相互联系而形成的图书馆统一体。

宏观图书馆学的研究对象是宏观层次的图书馆系统，该系统通常是针对一个国家的所有图书馆而言的，不仅包括各种类型的图书馆，而且包括图书馆事业的宏观调控与管理、图书馆学教育、图书馆社会学等。

2.3.2　档案学

档案学是研究档案和档案事业发展规律的一门科学，可以进一步细分为微观档案学、中观档案学和宏观档案学三个层次。

微观档案学研究档案和档案管理过程，包括档案的收集、整理、价值鉴定、保管、统计、检索、编纂和提供利用等。

中观档案学的研究对象是档案系统以及组织，主要包括档案馆学和档案类型学。其中，档案馆学主要研究档案馆及其发展规律、档案馆的布局与资源共享、档案馆管理体制、档案馆网络建设等内容；档案类型学主要研究不同类型的档案及其组织体系，包括科技档案管理学、家庭档案学、会计档案学、人事档案学、诉讼档案学等。

宏观档案学研究国家档案事业的组织、管理和发展规律，主要包括国家档案管理体制、档案政策与法规、档案的开发与研究、档案现代化、档案教育学等内容。

2.3.3　情报学

情报学是研究有关情报的生产、搜集、整理、存储检索、报道服务和分析研究的原理原则与方式方法的科学，可以进一步细分为微观情报学、中观情报学和宏观情报学三个层次。

微观情报学主要研究情报过程，包括情报的产生、传播、收集、组织、存储、检索、解释和利用等内容。

中观情报学的研究对象是情报系统，研究重点包括计算机情报系统的分析、设计、实施和评价；情报系统资源的布局、开发、利用与管理；情报网络的建设与管理；国家情报系统的建设与管理。

宏观情报学的研究对象是国家情报事业，主要包括国家情报管理体制、国家情报政策与法规、情报产业与情报经济、情报教育。

2.3.4　传播学

传播学是研究人类信息传播活动的学科，可以进一步细分为微观传播学、中观传播学和宏观传播学三个层次。

微观传播学的研究对象是传播和传播过程，主要包括传播现象、传播模式、传播者、传播内容、传播工具和方法、受传者、传播效果等内容。

中观传播学的研究对象是传播类型，主要包括舆论学、广告学、民意测验和公共关系等内容。舆论学研究舆论的产生和形成过程、构成因素、类别与特性等内容；广告学研究广告的产生和发挥效用的基本规律；民意测验主要研究民意测验的起源与发展、特点与功能、主观态度的测量等内容；公共关系主要研究公共关系的性质、功能模式、传播和公共人员的素质等内容。

宏观传播学从战略高度来研究传播活动与事业，主要包括传播与国家发展、传播与现代化、传播与国际信息新秩序、传播的社会作用与社会责任等内容。

2.4　信息生命周期理论

生命周期管理的概念是基于"分担式管理"（shared management）的思想，其目的是明确有关人员（包括用户）的角色和任务。辛诺特和格卢博提出了信息系统开发过程中项目生命周期管理的概念。他们认为，有效的项目管理必须根据生命周期来进行，因为系统开发是一个复杂的过程，每一步的错误都可能导致系统失败。

信息生命周期（information lifecycle management，ILM）的概念来源于记录管理。文件生命周期是记录管理过程的核心概念。1977 年，美国联邦文书工作委员会提出了一个基本的信息生命周期，分为五个阶段：确定需求、控制、处理、利用和处置。1985 年，美国联邦政府管理与预算局（OMB）正式引入并给出了信息生命周期的概念：信息生命周期指信息经过的阶段，典型的周期是生产或收集、处理、传播、使用、存储、保存。同时，它把信息管理定义为：在信息生命周期内，有关的计划、预算、处置和控制。

综上所述，信息是一种具有生命周期的资源，信息生命周期是信息运动的自然规律，它一般由信息需求的确定和信息资源的采集、传输、处理、存储、传播与利用等阶段组成。

信息资源管理就是基于信息生命周期的一种人类管理活动，从收集信息到使用信息的过程，是一个完整的生命周期。在使用信息的过程中，又了解到新的信息，产生了新的信息需求并进行新的信息采集，从而开始了新的生命周期。只有将上述过程所有环节的工作都做好了，才能在用户需要信息的时候，以对用户最为有利的时间、地点和方式，顺畅流利地获取信息和使用信息。

习 题 2

一、单项选择题

1. 下列不属于信息管理理论的三大支柱的是（　　　）。

　　A. 信息论　　　　　　B. 系统论　　　　　　C. 管理科学　　　　　　D. 控制论

2. 以下哪个属于经验管理学派提出的管理技巧?（　　　）

　　A. 个人魅力　　　　B. 开放协作　　　　C. 有效的信息联系　　D. 满意决策准则

3. 西蒙认为重要的不是获得信息，而是（　　　）。

　　A. 信息加工　　　　B. 信息整理　　　　C. 信息分析　　　　　D. 以上都对

4. 信息生命周期是信息运动的自然规律，下列属于信息生命周期的是（　　　）。

　　A. 信息资源的采集　　　　　　　　　　B. 信息资源的传输

　　C. 信息资源的传播与利用　　　　　　　D. 以上都属于

二、问答题

1. 阐述信息论、控制论和系统论对信息资源管理的指导意义。

2. 阐述信息生命周期理论的基本思想、价值、局限性和应用前景。

3. 试分析总结管理学理论与实践发展过程中人们对信息作用的认识的变化。

第3章　信息资源采集

学习目标

➢ 信息需求分析

➢ 信息源分析

➢ 信息采集及其技术

导入案例：低价航空市场调研的信息采集计划与信息源

某航空公司做一个有关亚洲低成本航空公司发展情况的研究，想收集如下资料：

（1）亚洲低成本航空公司发展情况、产生背景、运行现状。

（2）低成本航空公司目前对中国航空业造成的竞争影响。

（3）相关亚洲国家政府对于发展低成本航空实行的优惠政策、举措等。

● **信息采集计划**

主题：低成本航空＝航空运营＋低成本运营（航空运营——产品特性、营销模式、市场格局、成本构成等；低成本运营——采用成本领先战略、波特的竞争理论等）。

问题分析思路：成本入手、战略入手、营销入手、框架与指标。

分析框架：五力模型、生命周期模型等。

指标体系：Tyson 体系、上市公司年报体系、年鉴体系、参考报告体系等。

调查对象：亚洲低成本航空公司。选择亚洲各国具有代表性的采用成本领先战略的航空公司展开调查。

分析内容：战略、营运模式、资本与财务、营销措施、人力资源等。

● **信息源**

图书来源：全国总书目（新书目）、图书馆、主要书店等。

报刊来源：报刊数据库、各图书馆、网络、报刊出版单位网站等。

数据库：相关数据库等。

网页信息：各航空公司网站、航空管理机构网站、航空类综合网站、搜索引擎等。

人际渠道：统计部门、航空公司、航空院校、空管中心、机场、旅行社等。

案例启示：信息采集在生产生活中应用十分广泛。信息采集要根据特定的需求和目的，按照一定的原则和方法，有计划地寻找、选择相关信息并加以聚合和集中。

3.1　用户信息需求分析

信息资源管理过程始于对用户信息需求的分析，是围绕用户信息需求的产生和满足而形成的闭环系统（图 3-1）。以用户信息需求分析为起点，通过信源分析、信息采集、信息组织、信息存储、信息检索、信息开发和信息传递等环节，最终满足用户对信息的需求。

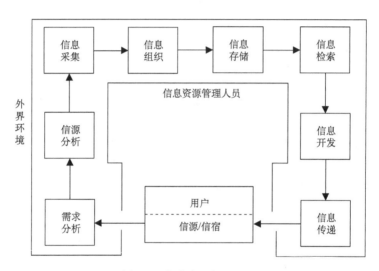

图 3-1　信息资源管理过程

信息领域的用户指既具备信息需求又有信息行为的人，包含个人用户和团体用户。信息需求是信息用户最为本质的特征。信息需求是用户在从事各种社会活动的过程中，为解决不同问题所产生的信息需要，是引发信息行为的原动力。在分析用户信息需求时，需要先分析影响信息需求的自然环境和社会条件等综合因素及其与信息需求的关系。这样不仅可以了解用户信息需求结构，还能对信息需求进行预测，更准确及时地组织信息资源，满足用户的信息需求。

3.1.1　用户信息需求

3.1.1.1　用户信息需求的定义

泰勒（Taylor）首先提出了信息学角度的信息需求观点，认为信息需求是个人的、心理的、有时难以形容的、模糊的和无意识的状况。他确定了信息需求的四个层次：发自内心的需要、有意识的需要、正式的需要、妥协的需要。Faibisoff 和 Ely 提出信息需求形成于活动中，如解决问题或决策，或者表现在被动地接收存储为知识的信息。威尔逊提出，信息需求是为满足人的理想、感情和认知所产生的需求，有需求就有寻求信息的可能。贝尔金（Belkin，1977）在其 ASK（anomalous state of knowledge）理论中认为信息需求产生于知识非正常状态。按照这一理论，人们在信息接收、感知和生成的过程中，感知到头脑中既有的知识体系发生异常或呈现不寻常状况，即现有知识架构不足以或难以运用于目前任务的状况，通过知识获取和利用来改变知识结构。贝尔金将 ASK 概念融入信息系统的设计中，形成信息生产者和接收者的有效沟通，以帮助信息系统认识用户。

可见，信息需求指人们在从事各种社会活动的过程中，为了解决不同问题所产生的对信息的不足之感和求足之感。当人有了信息需求之后，就会进行各种各样的信息活动，获取所需的信息。无论什么样的用户，他们的信息行为都是在信息需求的支配下为达到一定信息目的的行为过程，也就是说，信息需求是引发用户信息行为的原动力。

3.1.1.2　信息需求的认知过程

信息需求是一个逐步被认识的过程。情报学家科亨（Kochen）将用户的信息需求状态划分为客观状态、认识状态和表达状态三个层次。韦尔认为潜在信息需求是指用户目前没有被满足或未能表达的属于潜意识下的一种需求，是与显性需求相对应而存在的。并效仿马斯洛（Abraham Maslow）用需求等级结构来分析人们的信息需求。本章认为人们对信息需求的认识过程可以做如下划分，如图 3-2 所示。

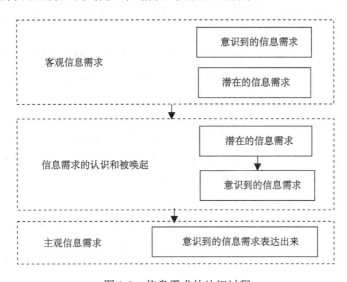

图 3-2　信息需求的认识过程

第一层，客观信息需求。此时用户的信息需求表现为客观信息需求，是用户从事各种社会活动的过程中，为了解决不同问题所产生的对信息的总体需要，客观存在的用户需求。此时用户的信息需求包括用户已经意识到的信息需求和还没有意识到的信息需求即潜在的信息需求两部分。

第二层，信息需求的认识和被唤起。此时潜在的信息需求均被唤起，用户对自身信息需求有完整的认识。

第三层，主观信息需求。客观信息需求在认识和被唤起后正式表达出来，此时的用户信息需求称为主观信息需求。

用户对自身信息需求的认知过程就是客观信息需求向主观信息需求转化的过程。在转化过程中通常会有以下三种情况：①客观信息需求的大部分未能被用户认识并激活表达，即用户未对客观信息需求产生实质性反应，其需求以潜在形式出现；②主观信息需求与客观信息需求部分吻合，即用户认识或表达的需求与客观需求有差异，用户只是准确地认识到部分信息需求并得以表达；③客观信息需求与主观信息需求完全吻合，即用户的客观需求被主体充分认识，可准确无误地表达其信息需求状态，用户信息需求表现为显性信息需求。

在用户对自身信息需求的认知过程中，只有用户充分认识到自己的客观信息需求，才能进一步转化为信息行为。第一种必须有外界刺激，使信息需求的潜在形式转变为正式形式；第二种情况是正常的，也是用户力求从主观上克服的；第三种情况是理想状态。

3.1.2　用户信息需求的影响因素

信息需求是多种自然与社会因素的综合产物，具有多样性特点。信息需求的多样性是由用户所扮演的社会角色的多样性所决定的。每一种角色都与用户的某一特征相对应，用户需要相应的知识或信息才能胜任，这就是信息需求产生的动因。用户的特征可以分为个人特征、组织特征和社会特征，这三种特征共同决定用户的信息需求，也构成其信息需求的独特的激发机制。

个人特征反映用户生理的、社会的独特性和多样性，包括自然特征和社会特征。自然特征是用户与生俱来的特征，包括性别、年龄、血型、肤色、体质和种族等。个人特征决定了用户信息需求的类型和范围。

组织特征反映用户所从属的社会组织的数量及其性质。职业组织及其活动是用户信息需求的最重要的决定因素之一，直接规定了用户信息需求的主体结构，比如校长的信息需求会集中于高校管理。业余组织建立在兴趣爱好基础上，以其活动和参加人员等影响用户信息需求。社区组织以地域环境和资源、人口结构、社区文化、社区活动和社区变迁等因素影响用户信息需求。

社会特征反映时代背景和社会环境，包括社会制度、政治局势、方针政策、经济发展、科学技术发展、教育水平、民族特点和文化传统等特征，表现为用户信息需求的共同特征。社会特征是用户后天发展的特征，决定用户信息需求的性质与数量。

3.1.3　信息需求的类型

3.1.3.1　按信息用户类型分

信息用户分为个人用户与团体用户，据此可以将信息需求细分为个人信息需求和组织信息需求两种类型。个人信息需求又可进一步细分为生活信息需求和职业信息需求等。其中，生活信息需求是指源于生活中的个人信息需求，职业信息需求是指工作中产生的个人信息需求。需要注意的是，不同的用户即便从事同样的职业，不同的个人背景和组织环境也决定了用户的信息需求会不同。组织信息需求则是指由团体用户产生、为实现其目标和宗旨所形成的一系列信息需求。由于组织的各项工作是由组织成员共同完成的，所以组织成员的职业信息需求共同构成了组织的信息需求。

3.1.3.2　按信息的表现形式分

如果按信息的表现形式分，可将信息需求分为对知识型信息的需求、对事实型信息的需求、对消息型信息的需求、对数据型信息的需求以及对图像型信息的需求等。由于个人的工作性质、知识背景及组织的宗旨和目的等情况不同，人们对不同表现形式的信息需求也不一样。例如销售经理对事实型和数据型信息需求可能较大，而高校学生对知识型信息需求可能较大。

3.1.4　组织信息需求分析

组织中处在不同层次的工作人员存在不同的信息需求，这些信息需求与工作内容、性质和目的有密切的关系。组织内部管理层次如图 3-3 所示，其中高层、中层和基层管理层次统称为管理层和专业层。

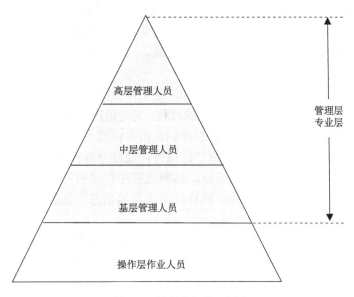

图 3-3　组织内部管理层次

高层、中层管理人员是组织各项活动得以正常运行的核心，高层管理人员居于决策层，中层管理人员居于协调层，他们需要大量的内部信息和外部信息才能够完成各项工作。在组织中层，除了管理人员的工作外，还有专业技术人员从事相关活动，如工程师、会计师、系统分析员、律师、市场分析员、产品设计师及广告人员等，他们或者单独工作，或者组成专家小组，由于组织内部的许多重要任务需要由他们去完成，所以其信息需求必须得到满足。基层管理人员也是组织内部的信息用户，他们的主要职责是监督和指导操作层人员的工作，这就要求他们对操作层的各项任务十分熟悉，才能与操作层人员共同解决问题。

操作层的作业人员完成组织内各项工作的具体操作，例如秘书、销售员、修理工、打字员、数据输入与输出员等。他们基本不承担管理职责，工作性质决定其信息需求种类相对单一，需求量也较少。在组织中，操作层作业人员为信息系统输入信息或者从事分析处理工作，对输出结果利用较少。因此，从信息需求分析，主要涉及的是管理层和专业层，即分析管理人员和专业技术人员的信息需求。

3.1.4.1　管理人员的信息需求

尽管不同层次的管理人员在组织中发挥不同的作用，但在工作内容和工作性质方面有许多相同之处。例如，对于计划工作，高层管理人员的计划通常围绕组织目标，着眼于整个组织的发展，而中层管理人员的计划工作则与本部门的工作有关，其目的也是实现组织目标。由于信息需求与工作内容息息相关，不同层次管理人员的信息需求也必然存在共性。从管理人员的工作内容出发，可以分析出他们的不同信息需求。

（1）计划。制订计划的目的在于明确实现组织目标的步骤。计划可分为长期计划和短期计划。其中，长期计划反映了组织的战略目标，通常是五年及更长期的计划，主要由高层管理人员制订；短期计划的目标应与长期计划的目标一致，并且受长期计划制约。制订计划之前，必须先了解组织的当前状况。为此，管理人员的信息需求表现在以下两个方面：一是需要了解组织当前的生产状况信息，二是需要掌握影响组织发展的周边环境信息。

（2）管理控制。管理控制是通过衡量和矫正工作活动中的偏差，保证组织各项活动按计划实施，从而确保组织目标得以实现的过程，它与组织的总体目标和战略直接相关，是中层和高层管理人员的主要职责。管理控制在很大程度上依赖于对信息系统提供的原始信息进行加工处理后所形成的高度概括的报告，通过分析和比较报告中的生产结果与长期计划或者短期计划的目标是否相符，判断当前生产是否与计划产生偏离，并分析产生偏离的原因。此外，实现管理控制目标所需要的信息，还有一部分是来源于组织外部的。

（3）关键问题分析。关键问题是指影响组织生存和发展的重要问题，中层和高层管理人员通常会花费大量时间去处理此类问题。一般而言，关键问题产生于组织内部，解决问题所需的信息也基本来源于组织内部，但这些信息通常分散在组织的各个部门，需要从组织各部门采集相关信息，然后按适当形式加以重新组织。在日常管理工作中，管理人员需要借助各种手段（包括先进的数据库管理技术），使组织内部的各类信息实现标准化、有序化管理。

（4）领导和礼仪活动。高层管理人员通常要花费大量时间履行领导职能，还要参加与组织业务相关的各种礼仪活动，包括组织内外的社会活动、发表演说、参加下属公司的开业剪彩等。这类信息通常由日常工作报告提供。

（5）直接监督。直接监督是基层管理人员的主要工作，他们通过亲自观察来完成直接监督工作，因而信息需求量相对较小。

（6）业务控制。业务控制是围绕提高组织工作效率而展开的，包括衡量单项任务完成的效率以及采取补救措施纠正工作偏差。业务控制是基层管理人员的主要工作，他们依赖直接观察和业务工作的详细报告来完成该项工作，信息贯穿于业务控制的全过程。

（7）人事管理。据调查，中层和基层管理人员要花费 50%甚至更多的时间来处理组织内部的人事工作，其中许多是雇员的个人问题。要想妥善解决这些问题，不仅需要管理人员掌握人际交往技巧，而且需要他们掌握员工的性格、爱好、家庭情况等多方面的信息。

综上所述，如表 3-1 所示，一方面，基层管理人员的信息需求大多源于组织内部，为较详细的组织内部运作的历史信息，其信息需求基本能够满足；另一方面，高层和中层管理人员为完成计划所产生的信息需求不可能从组织内部完全得到满足，关键是他们分析问题所需要的信息很多是始料未及的，所以其信息需求的满足也相对困难。

表 3-1　不同管理层信息需求特征

管理层	信息特性						
	来源	概括性	时间性	流通性	信息量	精确性要求	使用频率
基层管理	内部	详细	历史（事后）	经常变化	大	高	高
中层管理	内部+外部	较概括	综合	定期变化	较大	较高	较高
高层管理	内部+外部	概括	未来	相对稳定	小	低	低

3.1.4.2　专业技术人员的信息需求

专业技术人员的信息需求类型依其工作性质而定。例如，有些研究人员开展工作只需要利用专业书刊中的知识型信息，而另外一些研究人员则不仅依赖于图书和期刊，还依赖于信息系统中储存的大量外部信息、数据处理模型等，才能完成其研究工作。尽管如此，仍然可以总结出这类人员在信息需求方面表现出来的共同特点集中于两点：

第一，专业技术人员通常需要未经加工处理的原始数据。例如，公司的法律顾问需要了解案件的过程及其细节而不仅仅是结果，才能为管理人员的相关决策提供有效参考。

第二，专业技术人员的信息需求取决于其工作性质。例如，股票经纪人和期货公司的专业技术人员需要及时获得有关问题的准确信息，以帮助他们做出正确的分析和决策；医药公司的技术人员在药品实验过程中，则需要已完成的实验信息及相关数据。

3.2　信息源分析

确定用户的信息需求后，需要对照信息需求寻找信息源，在广泛分散的信息源与特定的用户信息需求之间寻找平衡点。

信息源（information sources）简称信源，可以解释为信息的来源。信息源的含义十分宽泛，不同学科通常有着不同的理解，各有侧重。联合国教科文组织出版的《文献术语》中将信息源定义为"个人为了满足其信息需要而获得信息的来源"。还有一种说法，即认为"信息的载体形式即为信息源"。信息源是普遍存在的，我们周围存在着规模大小不一、各式各样的信息源。比如课堂上，教师可以视作信息源；学生去图书馆看书，图书馆是信息源；人们上网冲浪，网站就是信息源；甚至一段木头、一块石头都可以是信息源，因为其承载了重量、大小、形状等信息。因此，可以认为信息源是蕴含信息的一切事物。

3.2.1 信息源的分类

信息源概念与信息概念联系紧密，信息有不同的层次和类别，信息源也有不同的层次和类别。

3.2.1.1 按信息的加工程度分

按照信息的加工程度来划分，信息源可大致分为一次信息源、二次信息源、三次信息源和四次信息源。

一次信息源（也称本体论信息源）是物质，是最基本的信息源，由它可以产生信息或更高层次的信息源。一次信息源所记载的知识、信息通常比较新颖、具体、详尽。从一次信息源中提取信息是信息资源生产者的任务，信息资源管理者一般不直接从一次信息源中采集信息。

二次信息源（也称感知信息源）是人们的感知，是在人的大脑中存储的想法、判断和认识。人的大脑所储藏的潜在信息资源是最主要的二次信息源。对于信息资源管理者而言，二次信息源既是最重要的信息来源之一，又是最主要的开发对象之一。

三次信息源（也称再生信息源）是在二次信息源的基础上，通过口语、肢体语言、文字等方式表达出来的思想，具有可记录、可被他人识别和共享的特点，不再是仅存于大脑当中的个人思考。主要包括口头信息源、体语信息源、文献信息源和实物信息源四大类型，其中文献信息源最为重要。

四次信息源（也称集约信息源）是文献信息源或实物信息源的集约化，前者如档案馆、图书馆、数据库等，后者如各类博物馆、标本室等，它们是现代社会人们获取信息的最主要的源泉。这些信息源内部集中了大量的信息，不仅是单一的信息，它们可以通过相应的机制进行管理和对外界服务，有时需要收取一定的费用。

3.2.1.2 按信息源的内容分

依据信息源的内容类别来划分，信息源可分为五种类型。

一是自然信息源。自然界是最主要的自然信息源，大自然的延展分布和进化变迁等信息均可从大自然中获取。二是社会信息源。民间是最主要的社会信息源，可从民间获取社会的组成结构、功能变化和发展态势等方面的信息。三是经济信息源。产业界是最主要的经济信息源，可从产业界获取产业结构、支柱产业、商品贸易和国民收入等方面的信息。四是科技信息源。学界是最主要的科技信息源，可从学界获取科研力量及其分布、科研成果的积累与应用、科技与学术的发展走向等方面的信息。五是控制信息源。政界是最主要的控制信息源，可以从政界获取政党、军队、政体、政策和法律等方面的信息。

3.2.1.3　按存在的载体形式分

按照存在的载体形式划分，信息源分为个人信息源、印刷型信息源、微缩型信息源、电子信息源和实物信息源等。

个人信息源是存于大脑当中的个人的感知认识和记忆。个人信息源信息的获取是通过交谈、采访、讨论和演讲等方式来进行的。印刷型信息源主要是纸质信息源，包括报纸、杂志、书籍等，印刷型信息源的主要特点是方便携带、便于阅读，而且杂志、报纸类信息源由于价格低廉，不用专门进行保护，用完即可扔掉。微缩型信息源主要是通过微缩技术制造的微缩胶片，这种信息源目前仍然有一定的存量，尤其在一些特殊的专业领域。电子信息源是目前最常见、最广泛的信息源，一般包括磁盘、光盘、数据库、网站等，这类信息源的特点是存储容量大、易于复制，其中有部分是便于携带的。实物信息源是实际存在的各种实物，能够提供实物的形状、颜色、构成、型号等信息，还可以提供历史经历等信息，有时需要对实物信息源的信息进行研究和发掘，才能将其蕴含的信息表述出来。

3.2.1.4　按组织边界分

按组织边界划分可将信息源分为内部信息源和外部信息源。

内部信息源是指存在于组织的内部，能够产生信息的人、部门或者事物。各部门在工作中形成了大量的有用信息，供管理人员决策。同时，不同层次的管理人员依赖于其他层次的管理人员提供信息。因此，他们也是内部信息源的组成部分。例如中层管理人员在组织中起到信息上传下达的作用，将基层的情况通报给高层管理人员，同时还应向基层管理人员传达上级的指示。可见，组织成员本身是一种重要的信息源。此外，内部信息源还包括组织经过多年发展积累下来的档案、图书、报刊等信息。内部信息源一般在企业的掌控之中，可以通过信息系统、内部讨论会和报告会来搜集信息，并且通过整理和存储，这些信息可形成更高一级的信息源。

外部信息源是指存在于组织的外部，能够提供信息的其他组织、人或者是事物。如企业的客户、和企业有关联的上下游其他企业、政府管理部门、企业相关技术的外部研究部门等都可作为外部信息源。例如客户可以对企业的产品和服务质量提供相应的反馈信息；上下游企业可以提供需求和订单信息；政府管理部门可以提供国家政策以及相应的管理信息；高校和科研院所可以向企业提供新的技术和其他咨询信息等；企业还可以从因特网等信息网络中获取大量的综合性信息。由于企业的外部信息源不受企业的控制，信息的搜集往往采用合作的方式来进行。如企业可以通过支付费用的方式，来获得某些机构的数据库使用权，或组织一些研讨会，请企业外部的专家、政府工作人员参加，从活动中获取所要的知识和信息。另外，企业还可以成立专门搜集外部信息的相关部门，建立相应的外部信息管理系统，如市场调查部门和客户关系管理系统等。

3.2.1.5　按信息的数字化形式分

如果按信息的数字化形式划分,则可将信息源分为数字化信息源和非数字化信息源。

数字化信息源提供的信息来自计算机存储设备,包括内存和外存,并且可以通过网络进行传输。这类信息源包括组织内部的各种信息系统(如 TPS、MIS、DSS 等)、内联网、因特网以及各种国际联机检索网络等。由于某些数据和信息通过计算机更易于存储处理和提供利用,因此,人们通常将它们通过一定方式存入计算机,形成数字化信息源。对于组织的不同管理层次来说,不同管理层的人员对数字化信息源的依赖程度不同。例如高层管理人员所需信息来自内部信息系统的占 15%～20%;中层管理人员占 30%～40%;而基层管理人员对其依赖程度最高,占 55%～75%。

非数字化信息对身处数字化时代的我们来说仍然意义重大。在组织内部,高层管理人员所需信息的 10%～15%来自非数字化信息源;中层管理人员接收的内部非数字化信息占 15%～20%;而基层管理人员使用最多,占 25%～45%。此外,不同层次的管理人员对外部非数字化信息源也有不同程度的需求。组织内部的非数字化信息源除了包括专业书籍、期刊、文书、档案等印刷型文献以外,还包括直接观察(如管理人员到车间巡视,了解企业的生产情况)、组织内部的生产快报、手工收集的信息、非正式的传播渠道(如参加各种社交活动,与下属或朋友闲聊等),以上途径都有可能获取与组织活动相关的重要信息。组织外部的非数字化信息源分布广泛,包括专业书刊及其出版部门、大众传播媒介等。在知识管理时代,部分显性知识可以存储在计算机中,而隐性知识则大部分存储在人脑中,在成为显性知识之前,难以将其数字化。因此,挖掘隐性知识对组织的发展和创新具有重要意义。

3.2.1.6　按信息的变动形式分

按照信息的变动形式来划分,信息源分为静态信息源和动态信息源。

静态信息源是指其存在形式一经产生就固定不变,具体内容不会随时间改变而改变,若没有人的参与便不再自发地产生新的信息。如一本书的内容是不会随着时间而改变的,档案信息是对过去的记录,内容一般也不会变化。需要注意的是,静态信息源虽然本身不发生变化,但人们对其认识却在不断地发展。如当代读者在阅读古典名著小说时对其内容进行了深入的分析和研究,会得出一些新的结论。

动态信息源提供的信息通常处于变化之中。如证券公司提供的股票价格信息,在一天之内会出现多次变动,可将证券公司称为动态信息源。动态信息源虽然在不停地发生变化,但也表现出一定的规律性。掌握动态信息源的变化规律,是人们认识动态信息源的重要手段。天气状况是一种动态信息源,掌握其变化规律对于工农业生产和人们的生活有重要的意义。目前技术的进步使得人们可以预测较长期的天气变化情况,便于在即将出现不利天气状况时,人们能够提前做好准备,将损失降到最低。比如如今台风只要生成,就能够及时被捕捉到,2021 年台风"烟花"预警、路径实时发布等信息都十分充分,帮助受影响的各地提前做好应急准备。

对组织来说,静态信息源主要来自组织内部,动态信息源主要来自组织外部。

3.2.2　信息源的分布

从绝对的意义上说，一切事物都可以产生信息。从广义角度理解，宇宙万物都能称为信息源。但从信息资源的建设、开发、利用等角度出发，信息源仅指狭义的信息源，即拥有相对信息优势的信息媒体，包括善于积累和存储信息的个人以及生产、制作、存储和传播信息的机构。我们在此讨论的是狭义信息源的分布。

3.2.2.1　信息源分布不平衡

信息源的分布是信息长期运动的结果，其实质是一种不平衡的分布，主要体现在以下几个方面。

第一，信息源的不平衡分布首先表现在地区差异上。有的地区信息密集一些，因而信息源功能强一些，有的地区信息稀疏一些，故以信息吸收功能为主。各类政治、经济、文化、科技和教育中心集中了大批信息资源的生产者、传播者、管理者和消费者，同时形成了大量的信息资源管理机构。例如全球范围内，发达国家是信息源集中地区，发展中国家以吸收信息为主，信息源功能相对较弱。

第二，信息源的不平衡分布也表现在机构的差异上。有的机构以信息资源的生产、传播和管理为主要功能而形成了信息源，如各类决策机构、教育与科研部门、协会与学会、广播电视部门、编辑出版发行机构、档案馆、图书馆、情报中心、数据中心、信息中心、调查和咨询中心、策划中心和统计中心等集中了社会上主要的潜在信息资源和现实信息资源；有的机构以信息资源的消费为主要任务，因而成为吸收源，大部分一般性职业组织和社区组织多为吸收源。

第三，信息源的不平衡分布还表现在人的差异上。有的人善于积累和储存信息而成为信息源，有的人利用信息的能力较弱而且不注重积累，一般会成为吸收源。比如各类决策人员、管理人员、研究开发人员、技术人员、教师、调查人员、咨询人员、信息资源管理人员等积累了丰富的潜在信息资源和（或）一定量的藏书，在社会中往往扮演着信息源的角色，而未成年的求学者和一些文化程度较低的居民等则多为吸收源。

3.2.2.2　信息源分布不平衡的相对性和动态性

信息源的不平衡分布是一种绝对现象，无论何时何地，这种不平衡性都会存在，但不平衡的格局即信息源和吸收源的具体分布，则是相对的和动态的。因为信息源的不平衡分布是信息势存在的表现形式，信息势同时具有动态性和相对性，即随着信息环境和信息源机制的变化，任何信息源都可能转化为吸收源，为此信息源分布也会出现新的变化。信息源的不平衡分布及其变化的规律性是信息源研究的主要内容之一。

一般而言，信息资源管理所探讨的信息源是人类参与的信息源，它们表现为信息源和吸收源的统一体。如果一个信息源累积信息的功能强一些，即信息输入大于信息输出，它就能持久地维持信息源的地位。相反，如果一个信息源累积信息的功能减弱乃至消亡，它的信息优势也会逐渐丧失，最终会沦为一个吸收源，这就是信息源不平衡分布变化的内在机制。例如，一个图书馆由于经费拮据等原因多年未进新书，这种趋势持续下去将会导致有"知识海洋"之称的图书馆丧失信息源的地位。

信息源分布是一种客观存在，是长期信息运动的结果。了解信息源的分布是做好信息采集工作的前提。一般而言，相对于特定信息需求的信息源的分布也是不平衡的，能满足用户主要信息需求的信息源大约集中在少数相关的领域、机构或媒体中，而那些满足用户一般信息需求的信息源则分散在众多的领域、机构或媒体中。为此，信息资源管理者要结合信息源和用户的信息需求进行交叉分析，以期发现对应于特定用户信息需求的信息源分布格局，这也是信息源分析的主要目的。

3.3　信　息　采　集

未经整理的信息零散、广泛地分布在各个角落。要使它具有可用性，第一步就是对其进行有效的采集。信息采集是指根据特定的需求和目的，按照一定的原则和方法，有计划地寻找、选择相关信息并加以聚合和集中的过程。它是信息管理的首要环节，开展信息服务的物质基础和保证，决定后续信息工作的质量。

信息源分析和信息采集是一个微观过程的两个方面，信息源分析侧重宏观的理论研究，信息采集则注重具体的实际行动。信息采集的含义是多层次的，有时是指为了建设信息库在社会上广泛采集信息，有时是指为了特定课题在馆藏文献和数据库中采集信息，有时则指信息机构为用户提供信息而进行的信息采集过程，既可以是短时间内突击性的信息采集，也可以是长期性、日积月累式的信息采集。

3.3.1　信息采集的任务与原则

3.3.1.1　信息采集的任务

信息的搜集和获取是信息服务工作的首要环节，是信息交流传递的物质基础。各信息服务机构只有通过各种渠道有计划地广泛搜集与系统地积累一定数量的有关的信息，才能有效地提供服务。信息组织加工、信息存储与检索和信息服务也只有在掌握必要的信息基础上，才能顺利进行。

为了提高信息资源的效率，信息工作者应该先了解信息采集的目标和需求，掌握信息资源的分布规律，在具体采集时应遵循一定的原则，在先进的信息采集技术和设备的支持下，完成信息采集任务。信息采集的任务就是根据信息服务的需求，有计划地广泛搜集一定数量相关的信息。

3.3.1.2　信息采集的原则

在进行信息采集的时候，由于涉及人力、物力、财力以及时间管理等诸多因素，为了提高采集效率，保证采集质量，必须掌握以下几个原则。

1. 目的性原则

目的性原则也称为"针对性原则"。信息数据庞大，内容繁杂，但用户需求的范围是一定的。所以，信息采集必须有明确的目的性，要根据用户或采集机构的性质、任务和服务对象的实际需求，有针对性地确定信息采集的范围和重点，有计划、有步骤地采集信息，做到以最小代价最大限度地满足用户信息需求。贯彻目的性原则，就是在搜集信息的过程中，切忌太过宽泛和不具体，要把有限的精力和资源，运用到特定的对象和特定的范围内，有针对性地去搜集信息。信息采集人员必须对本单位内外环境和发展战略有明确的了解，这样才会有明确的采集目的和采集对象，大力开辟采集渠道，才能够获取针对性更强的信息。

2. 及时性原则

时效性是信息的典型特征，及时采集信息就显得非常重要。一般情况下，从信息源发出信息到接受、加工、传递、利用信息的时间间隔越短，越能真实反映事物的最新状态，效用就越高。过时的信息价值会降低甚至丧失，会对工作造成损失，所以要力争在最短时间内向用户提供最新、最急需的信息。为此，信息采集人员必须有强烈的时间观念，尽早了解信息线索，熟悉用户的专业领域和当前形势，采集速度要快、内容要新，为信息的及时传播和利用创造条件。

不同的信息源在信息的及时性方面存在差异，因此在信息采集开始之前，对于信息源的观察和基于用户需求的主动采集是保证信息时效的一个重要方面。书籍信息及时性不足但详细、系统且较为可靠，同时还具有阅读方便、不用附加设备等优势，因此适合需要详细、可靠的信息但及时性要求不是很高的信息采集。定期出版的期刊、杂志提供的信息相对及时，尤其科技文献能够及时地发布最新的科学技术成果，满足科技信息的采集要求。每日出版的报纸、大众广播、电视等媒体提供信息的及时性较高，而在信息技术应用日益普遍的今天，最及时的信息源除了广播、电视的实况转播节目外还有个人信息源和网络信息源。总之，在信息的采集过程中，信息采集人员应该根据企业的及时性要求和应用场合，来选择合适的信息源和采集方法。

3. 系统性原则

系统性原则指时间上的连续性和空间上的广泛性，应该尽可能全面地采集符合用户所需要的信息，注意重点需求信息的连续性和完整性，才能反映管理活动和决策对象发展的全貌，为决策的科学性提供保障。在信息采集时要明确研究对象所在的系统，根据系统中信息的关联特性，采取适当的搜集方法进行信息的搜集。此外，同样内容的信息，不能重复地搜集，不仅浪费，还会使信息的格式不一致，带来信息处理方面的其他问题。当然，信息采集不可能做到绝对的全面、完整，因此人们提出并研究如何在不完整、不完备的信息下做出科学决策的问题。

4. 可靠性原则

采集的信息要真实、准确、可靠，尤其是对于二次、三次信息必须进行甄别，这是信息采集工作的最基本要求。

第一，信息采集人员要选择可靠的信息源，而在要求不是很严格的信息源中，采集的信息要特别注意鉴定真伪。第二，信息采集人员可以通过一些方法，对搜集到的信息进行逻辑验证，判断其是否正确。第三，信息采集人员可以从不同的信息源搜集同样的信息，并对其进行比较分析和相互验证。第四，可以建立起可靠的信息搜集系统，综合利用各种手段搜集可靠的信息。这一方法是将可靠的信息源、合理的鉴别方法等进行综合利用，通过信息系统进行整合，形成较完善的搜集信息的系统平台。总之，信息采集人员必须坚持调查研究，对收集到的信息进行鉴别、检验、核实，深入细致地了解各种信息资源的信息含量、实用价值、可靠程度，力求把误差减少到最低限度。

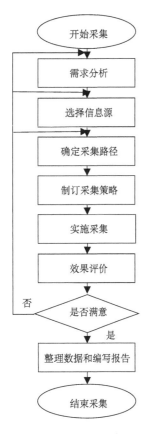

图 3-4　信息采集过程

5. 计划性原则

任何一个信息机构要用有限的人力、物力和经费获取最有效的信息源，就必须事先制订比较周密详尽的信息采集计划，以便按计划有目的、有步骤地搜集信息。制订信息采集计划比较复杂，因为信息采集既要满足当前任务的需要，又要考虑今后的发展；既要广辟信息源，扩大国内外搜集渠道，又要节约资金，少花钱，多办事；既要突出重点信息，又要照顾一般性资料；既要保证信息的质量，又要注重数量。这些都需要通过大量的调查研究和反复斟酌才能确定。

6. 经济性原则

同样的信息如果有不同的载体形式，应首先选择使用方便、经济的载体，如果不能满足要求，就要考虑成本稍高一些的信息采集方式，循序渐进地提高成本，直到满足要求为止。比如通常认为信息采集成本较低的载体包括网络、书籍印刷资料等。问卷调查可得到一手数据，是一种常用的方式，而聘请专家、名人访谈则费用较高。

3.3.2　信息采集的过程

信息的采集过程通常包括需求分析、选择信息源、确定采集路径、制订采集策略、实施采集、效果评价、整理数据和编写报告等阶段，如图 3-4 所示。

3.3.2.1　需求分析

信息需求是信息采集的动力，需求分析是信息采集之前必要的环节，是整个信息采集的出发点，也是信息采集工作效率高低和成败的关键。信息采集的需求分析主要包括以下内容。

（1）确定目标用户。进行信息采集必须首先明确目标用户及其使用信息的目的。信息采集内容会随用户和目的的不同而发生变化。在该阶段所确定的采集内容和采集范围的合理性和准确性是十分重要的，会影响到未来信息的应用效果和信息价值的实现。

（2）确定采集的内容。在了解采集目标和需求后，要进一步确定采集的内容。这是通过与信息采集目标和需求具有一定相关性的信息的特征来确定的。采集的信息不可能完全满足客户的要求，要兼顾重点原则和全面原则，合理确定采集的内容。

（3）确定采集的范围和采集量。明确信息采集范围，才能使采集工作有的放矢。确定采集的范围主要包括时间范围和空间范围。适当的采集范围，可以减少信息采集的工作量，提高信息的适用性。时间范围体现了信息的时效性，指信息发生的时间与信息采集目标和需求所要求时间的相关性，它决定了所需采集信息的时间跨度。空间范围体现了信息的空间分布特性，指信息发生的地点与信息采集目标和需求所要求的空间上的相关性，它决定了所需采集的信息的空间范围。

确定采集量，才能合理分配采集工作所需的人员、时间和费用。

（4）其他因素。除了上述因素外，在需求分析阶段还可根据需要确定其他一些因素。比如信息环境、信息的可获取性、信息表达的易理解性、信息的语种要求等。

3.3.2.2　信息源的选择

不论是什么形式和状态的信息源，在采集的时候不仅要考虑采集的便利性、经济性，更重要的是从信息源的质量和价值上去衡量信息源。对各种信息源的性能、质量进行评价是有效地选择和利用信息源的前提。综合来说可从以下几个方面去衡量。

（1）信息量和可靠性。信息量的大小和可靠与否是判断是否有必要采集的首要因素。信息量不仅指信息资源容量的绝对数量大小或者记录条目的多少，更重要的是强调相对于其他信息源，该信息源能提供给用户有用的信息量的多少。例如对不同的用户，同一条信息所体现的信息量可能完全不同。可靠性则是对信息源的价值性的重要保证，不可靠对用户决策会形成干扰。可靠性不仅要考察信息源本身，还要考察所提供的信息内容，判断指标主要有信息源的公开性和合法性，信息源及其信息内容责任者的权威性、信息源的关联性（被推荐、被引用等），信息内容的真实可靠性和信息内容是否能真实有效传递等。

（2）新颖性和及时性。新颖性是考察信息源中是否具有新观点、新理论、新架构等新的内容以及信息源是否能经常更新，可以通过信息源的更新频率等指标来实现。及时性要求信息必须在尽可能短的时间内被发布、报道和传递，突出的是"快"，通过从信息的产生、传播到信息被接收的时差来衡量。

（3）系统性和全面性。系统性强调信息的连续性和完整性，全面性强调信息的深度和广度。

（4）易获取性及经济性。易获取性和经济性是从信息是否容易获得、是否需要借助一定的工具或特定技术或权限、所需要支付的成本等角度来考查。此外，针对现代的网络资源，还要考察网站检索、用户界面友好等多种因素。

3.3.2.3　确定采集路径

根据信息采集需求的不同，要采用不同的采集途径。信息采集的路径往往是多种方式的组合。人工采集途径包含了直接观察记录、阅读图书期刊或电子文献法、口头交谈或访问法、问卷调查法等；网络采集途径可以获取丰富的多媒体综合的信息形式，也对信息的传输和保存方式提出了新的要求，还需要借助一些信息技术或工具来提高采集效率。购买信息也是一种常用的方式，简单易于实现，信息的提供方一般是专业机构，具有数据可靠、成本低的特点，但信息的格式和内容难以满足用户的具体需要。自行组织团队进行信息采集能够获取最新的数据，但是投入较大，有一定风险。

3.3.2.4　制订采集策略

采集策略就是具体的执行方案。根据不同的系统，选择适当的执行方案，制订详细采集策略。采集策略的主要内容包括信息资源人员的分工、采集费用、考核条例、时间安排、采集工具的选择、采集方式、采集频率等。制定采集策略要留有余地，保持灵活性，以便进行信息采集策略的调整，以适应不断变化的采集结果，提高采集效率。采集策略的制订过程中，经常需要考虑采集的时间成本和资金成本问题。一般结合采集到的信息的应用效益综合考虑采集策略，对于关乎企业、组织发展前途的重要信息的采集，往往允许在时间成本和资金成本方面有较大的开支。

3.3.2.5　实施采集及效果评价

按照采集的策略，采用科学的方法广泛搜集信息。采集实施过程要注意监控，对于采集中遇到的新情况和新问题要及时分析原因，调整计划，以便获得更有价值的信息。

效果评价是对采集到的数据的正确性、完整性、真实性、可靠性、性价比等方面进行综合评价，确定采集的结果是否符合要求标准、是否满足目标要求和成本支出是否合理等。评价不仅是对采集到的信息质量进行评价，也是信息采集活动的整体总结，其对于发现采集活动中存在的问题、改进采集方法、进一步完善采集流程以及提高采集的效率有着重要的意义。

若对信息采集效果评价不满意，则依据相关反馈意见进行调整。调整力度可能触及信息采集过程的各个环节。

3.3.2.6　整理数据及编写报告

整理数据包括剔除不正确的数据和不需要的数据项目、统一数据格式、设计存储格式和将数据存入数据库等过程。自行组织团队采集的数据和购买的数据都有可能包含错误数据，应采取适当方法进行甄别，并将错误数据剔除。购买的数据一般是包含很多数据属性的数据，适合多种用途，但有些不适合本企业使用的信息，也应予以剔除，如购买的数据中常见的卖方企业团队的广告信息，一般都剔除掉。另外，一般要对购买的数据格式进行调整，才能使数据适合自己的需要。

编写报告是信息采集的最后一步，总结明确取得的成绩，找出存在的问题，为后续的采集工作打下基础，并为数据的使用提供说明。报告的编写是信息采集的重要步骤，也是信息采集工作成果的体现步骤，对于信息采集任务的管理是非常必要的。

3.3.3　信息采集的策略

3.3.3.1　定向采集与定题采集

定向采集指在采集计划范围内对某一学科、某一国别、某一特定信息尽可能全面、系统地采集。定题采集是根据用户指定的范围或需求有针对性地进行采集工作，在某种意义上属定题服务范畴。

3.3.3.2　单向采集与多向采集

单向采集指对特定用户的要求，只通过一条渠道，向一个信息源进行采集，针对性强。多向采集指对特殊用户的特殊要求，广泛地多渠道地进行采集，这种方法成功率高，但容易相互重复。

3.3.3.3　主动采集与跟踪采集

主动采集指针对需求或根据采集人员的预测，事先发挥主观能动性，赶在用户提出信息要求之前即着手采集工作。跟踪采集指对有关信息源进行动态监视和跟踪，这对深入研究跟踪对象很有益处。

3.3.3.4　建立信息网络

管理活动要求信息准确、全面、及时，靠单一渠道采集信息是远远不够的，特别是行政管理和政府决策更是如此，因此必须建立信息采集的网络，运用多种途径收集信息。大量的、多渠道的信息采集，必须通过设置关键的节点来保证汇集、传递、处理、利用的有效性。

3.3.3.5　利用互联网进行信息采集

为吸引更多用户的访问，不少网站往往提供很多有价值的免费信息，用户可以利用搜索引擎找到这些网站。在搜索过程中，要充分发挥智慧，特别是对搜索结果的分析，不同的搜索引擎会搜索到不同的网站，同一搜索引擎在不同的时间结果也会不同，这就是一种信号，提示你哪些网站的影响面大，哪些网站是动态变化的。

3.3.3.6　严格管理与激励措施相结合

要加强对信息采集质量的管理。首先，要制定采集标准，规定搜集信息的数量、流程，各环节的时间要求和责任交接方式（签名或确认）、有效的反馈方式和反馈记录、有用信息的衡量标准，对信息的时效性提出明确要求；其次，可以通过激励措施提高信息采集人员的积极性；最后，各级主管应认真审阅采集人员的工作记录（如信息反馈单、工作日志等）中反映信息的质量，并加以引导。对采集到的原始资料进行审查，确保信息的质量。

3.3.4　信息采集的方法

信息采集的方法比较多，要根据信息源的特点和信息采集的内容进行选取。以下介绍常用的部分信息采集方法。

3.3.4.1　问卷调查法

问卷调查方法包括问卷设计、发放和回收问卷、筛选、结果统计等步骤。其中问卷设计是最重要的工作，直接关系到调查的质量。

设计的问卷一般由卷首语、问题与回答方式、编码和其他资料等部分组成。卷首语包括调查的目的、意义和主要内容，对被调查者的希望和要求，填写问卷的说明，回复问卷的方式和时间，调查的匿名和保密原则，以及调查者的名称等。问题与回答方式是问卷的主要组成部分，一般包括调查询问的问题、回答问题的方式及对回答方式的指导和说明等。编码就是把问卷中询问的问题和被调查者的回答，全部转变成选项代号，以便后续进行数据处理。其他资料包括问卷名称、被访问者的地址或单位、访问员姓名、访问开始时间和结束时间、访问完成情况、审核员姓名和审核意见等。这些资料，是对问卷进行审核和分析的重要依据。问卷设计过程中要注意将问题简单化，形式要简明扼要，提出的问题要容易理解，使被调查者很快就能确定答案。如果在调查问卷中非常有必要让被调查者回答比较深刻的问题，问卷的设计也应该先设计简单的问题，再逐步复杂化，逐步加入包含复杂深刻内容的题目。问题的数量不能太多。语言风格、问卷的样式设计等方面，要尽量做到有娱乐性和美观的特点，提高被调查者的兴趣，减少答题的疲劳。

在发放调查问卷的过程中要认真筛选被调查对象，因为样本的选取直接关系调查结果的准确和可靠性。如果条件允许，对调查的内容，要尽量做一些解释和宣传。另外，在发放问卷的过程中，设置一点小的奖励，也是调动被调查者积极性的有效、可行的方法。

一般问卷的回收率应不低于70%，问卷回收以后要对问卷的有效性进行判别，筛选出有效的问卷。对问卷有效性判别有多种方法，如观察法、关键问题判断法、逻辑判断法等。观察法是对问卷进行简单浏览，如发现回收的问卷有内容混乱、未答的题目较多、全部选同一选项等类似现象，则这样的问卷可判断为作废问卷。关键问题判断法是针对一个或几个易于回答的问题，如果答非所问，则这样的问卷可判断为作废问卷。逻辑判断法是根据题目之间的逻辑关系，来判断和剔除作废问卷的方法。

问卷调查的最后一步是统计调查结果，进行分析总结，得出结论。通常采用各种技术方法和相应的分析模型进行运算，通过分析运算的结果，得出相应的结论。

3.3.4.2　访问调查法

访问调查法通常是与被调查对象面对面地进行交谈、沟通和交流的形式，可以采用个别访问或集体访问两种方式。访问调查的程序通常是标准化和具体的，访问过程通常分为访问准备、进入访问、访问过程控制、结束访问等阶段，访问调查的结果要注意及时记录。访问调查法的优点是与被调查者进行了面对面的、较长时间的沟通，具有较好的灵活性，迂回提问，逐层深入。一般被调查者能够认真给出自己的看法、建议和意见，同时，访问者既可以对访问的环境和被调查者的表情、态度进行观察，又可以对被调查者回答问题的质量加以控制，从而使得调查资料的准确性和真实性大大提高，是调查效果较好、调查效率较高的调查方法。但由于访问调查法在调查过程中占用被调查者较多的时间，一般要事先进行沟通，或通过某些利益的交换来获得被调查者的支持。在获得数据的价值中，访问人员是第一要素，因此必须加强访问人员的培训。

3.3.4.3　媒介分析法

各类传播媒介能够提供大量的及时的信息，如果这些信息的内容和我们要采集的目标内容相同，可以直接将这些信息存储下来。但有时所提供的信息，与要采集的目标有许多不同的地方，比如信息项目缺失和格式不同，或一个信息源只能提供一部分信息，对于信息采集所要得到的最终内容，需要进行综合分析才能确定下来。如果要采集某类产品的功能信息，采集人员可以先获取电视、广播等媒体对该类产品的广告信息，并进行综合与判断，初步形成产品功能信息的调查结果。如果要进一步收集用户使用该产品的反馈信息，就要查看网络上用户的评价，剔除一些职业差评和好评人员的评价信息，对产品功能的市场认可情况进行总结和归纳，形成合理的结论。

3.3.4.4　社会活动法

参加社会活动包括参加学术研讨会、科技报告会、产品展销会等，也可以直接参加企业的生产实践活动。通过参加这些活动，调查人员能够和实物信息源、个人信息源进行直接的接触，可以快速获取较为全面的、真实可靠的信息。在参加社会活动过程中，信息采集人员往往面临着大量的来自各个方面的信息，因此，明确信息采集的目标和范围非常重要。信息采集人员应尽量排除不相关信息的干扰，认真细致地甄别出需要的信息，并做好记录工作。

3.3.4.5　数据库和网络查询法

通过数据库、网络查询的方式来获取信息是十分快捷的。一般专业机构提供的数据库或其他网络信息，具有可靠性高和规范性强等特点，是采集的首选对象，但数据的格式通常要根据需要进行二次调整。如果从数据库和网络查询中采集大量的数据，其采集过程、存储过程以及筛选过程最好使用程序来自动完成。数据库在建立的过程中，有些成熟的数据提取、清洗和转换方法，可以使用。

近些年，基于网络交流工具的信息采集量在逐渐增加，如利用电子邮件、讨论组、在线即时通信等网络交流工具进行信息采集。与传统的访问交流等调查方法相比，网络缩短了人与人之间的时空距离，使得信息的交流更为便捷和及时。

3.3.4.6　信息采集评价法

信息采集的效率是通过采全率、采准率、及时率、费用率和劳动耗费率等指标来衡量和评价的，这些指标通过采集到的信息与需求的相关性确定。

1. 采全率

采全率用来衡量切题信息搜集的完整程度，指某一信息系统（信息库）所含的全部切题信息（对该系统全体用户而言）在当时系统内、外所有切题信息中所占的比例。公式为

$$P=\frac{r}{R}$$

其中，P 表示采全率；r 表示该信息系统中切题的信息；R 表示当时系统内、外全部切题的信息。

采全率取决于对本系统现有切题信息发展的预测数据、用户信息需求结构、相关信息源的分布和信息流的特征。系统的物质条件和信息管理水平都是限制性条件。

2. 采准率

采准率用来衡量信息搜集的针对性，指某一信息系统（信息库）所含的全部切题信息（对该系统全体用户而言）在当时该系统所有信息中所占的比例。公式为

$$E=\frac{r}{Q}$$

其中，E 表示采准率；r 表示该系统中切题的信息；Q 表示系统内所有的信息。

采准率取决于用户的信息能力和知识水平、信息搜集工作者的业务水平，以及系统所采集到的信息源的质量等。

3. 及时率

及时率用来衡量信息搜集的速度，即在最短的时间内完成信息搜集过程的能力。它由搜集过程的每一环节（从信息的产生到其被输入信息库）所花费的总时间来计算。公式为

$$T=\sum_{i=1}^{n}t_i$$

其中，T 表示总时间；t（=1, 2,…, n）表示第 i 个环节所花费的时间；n 表示总的环节数。

为了提高该过程的及时率，人们不仅设法缩短二次信息的加工时间，而且设法缩短一次信息的时滞。

4. 费用率

费用率用来衡量信息采集的资金效率，即用于信息库中单位信息的采集费用。它取决于采集过程的组织、各环节的技术装备及其他因素。公式为

$$C = \frac{F}{G}$$

其中，C 表示单位信息的费用率；F 表示年度采集信息的总花费；G 表示年搜集信息总量。

5. 劳动耗费率

劳动耗费率指信息系统搜集到的单位信息所耗费的最低劳动量，用搜集过程所有环节的劳动消耗总数计算。公式为

$$L = \sum_{i=1}^{n} l_i$$

其中，L 表示搜集信息的总的劳动耗费量；l（=1, 2, …, n）表示单位（件）信息在第 i 个环节的劳动耗费量；n 表示总的环节数。

劳动耗费率指标取决于信息采集过程的难度、条件、效率等因素。在实践中，一般依照采集过程每道工序的劳动耗费定额来确定劳动耗费率和工作量。

3.4　信息采集技术

随着网络技术的不断发展，信息内容和形式层出不穷，按媒体种类来分，主要是文本、图像、视频、音频等形式。

3.4.1　文本类信息的获取技术

将文本输入计算机一般有两种方法：人工输入和自动输入。人工输入主要依靠键盘录入，目前已开发出数百种输入方案，录入更加便捷，速度不断提高，但人工输入相比于自动输入，依然存在速度慢且劳动强度大的问题。自动输入依赖于印刷体和手写体文本识别技术，手写体识别的难度高于印刷体识别，而脱机手写体识别的难度又超过联机手写体识别。

3.4.1.1　手写录入技术

联机手写体的输入依靠电磁式或压电式等书写板来完成。书写时笔在板上的运动轨迹（在板上的坐标）被转化为一系列的电信号，电信号可以串行进入计算机中，从这些电信号中可以比较容易地抽取笔画和笔顺的信息，由计算机软件自动完成识别，并用机器内部的方式保存、显示。联机手写识别系统多数采用结构识别方法，出发点是汉字的组成结构，通过把复杂的汉字模式分解为简单的子模式直至基本模式元素，对子模式判

定，以及基于符号运算匹配算法，达到对复杂模式的识别。

联机手写汉字识别技术相对起步较晚。1981 年，IBM 公司推出了第一套较为成熟的联机手写汉字识别系统。该系统是基于对汉字进行笔画、字根编码的思想来识别的。系统中每个汉字用 72 种字根拼成，而每个字根又可分解为 42 种笔画的组合，通过对笔画和字根的判定识别所输入的汉字。

3.4.1.2　OCR 技术

文本信息的输入除了手工还有自动输入方式，自动输入主要借助光学字符识别（optical character recognition，OCR）技术。OCR 技术在个人信息管理、办公自动化、电子出版物、网络资源、各种大型文献资料管理数据库、数字化图书馆等领域的应用广泛。采用光电技术将汉字和字符转化为电信号输入计算机，由计算机进行自动辨认和阅读。识别时通过 OCR 工具，借助图像识别技术将汉字识别出来。

具体而言，汉字识别技术主要包括：①扫描输入图像。②图像的预处理，包括倾斜校正和滤除干扰噪声等。③图像版面的分析和理解。对印刷体汉字需要进行版面分析，再对文本图像总体分析，区分文本段落、排版顺序、图像、表格的区域，分别处理。④图像的行切分和字切分。行字切分是将大幅的图像先切割为行，再从图像行中分离出单个字符的过程。⑤基于单字图像的特征进行选择和提取，包括为此而做的细化、归一化等步骤。提取特征的稳定性及有效性直接决定了识别的性能。特征提取是整个环节中最重要的一环，它是从单个字符图像上提取统计特征或结构特征的过程，文字识别是从学习得到的特征库中找到与待识字符相似度最高的字符类。⑥基于单字图像特征的模式分类。⑦将被分类的模式赋予识别结果。⑧识别结果的编辑修改后处理。后处理是利用词义、词频、语法规则或语料库等语言先验知识对识别结果进行校正的过程。其中④、⑤和⑥是印刷汉字识别中最为核心的技术。

3.4.1.3　文本挖掘技术

网络文本的检索，在传统的模式中主要是基于关键词检索，在信息海量的时代，关键词检索效率大打折扣。文本检索技术的产生可帮助我们从大量的文本数据中获取有效知识。

文本挖掘是数据挖掘领域的一个分支。文本挖掘也称为文本数据库中的知识发现，是从大量文本的集合或语料库中抽取事先未知的、可理解的、有潜在使用价值的模式和知识。对文本信息的挖掘主要是发现某些文字出现的规律以及文字与语义、语法间的联系，用于自然语言的处理，如机器翻译、信息检索、信息过滤等，通常采用信息提取、文本分类、文本聚类、自动文摘和文本可视化等技术从非结构化文本数据中发现知识。

文本挖掘虽然从数据挖掘发展而来，但与传统的数据挖掘相比，文本挖掘有其独特之处，主要表现在以下几方面：文档本身是半结构化或非结构化的，无确定形式并且缺乏机器可理解的语义，而数据挖掘的对象以数据库中的结构化数据为主，并利用关系表等存储结构来发现知识。因此，有些数据挖掘技术并不适用于文本挖掘，即使可用，也需要建立在对文本集预处理的基础之上。

文本挖掘的处理过程通常包含文本预处理、文本挖掘、模式评估与表示，如图 3-5 所示。

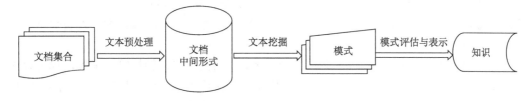

图 3-5　文本挖掘处理过程

文本预处理是选取任务相关的文本并将其转化成文本挖掘工具可以处理的中间形式。在完成文本预处理后，可以利用机器学习、数据挖掘以及模式识别等方法提取面向特定应用目标的知识或模式。文本挖掘是应用驱动的，主要的应用方向和系统有：①基于内容的搜索引擎，如百度等公司的搜索引擎；②信息自动分类、自动摘要、信息过滤等应用，如中科院计算所的基于聚类粒度原理 VSM 的智多星中文文本分类器等；③信息自动抽取，即将互联网上大量的非结构化的信息抽取出格式化的数据，以备进一步搜索应用；④自动问答、机器翻译等需要更多自然语言处理和理解的应用。文本挖掘处理的最后一个环节是模式评估与表示，即利用已经定义好的评估指标对获取的知识或模式进行评价。如果评价结果符合要求，就存储该模式以备用户使用，否则返回到前面的某个环节重新调整和改进，再进行新一轮的发现。

3.4.1.4　其他技术

在图书情报研究领域，自动分类和自动文摘也是经典的信息采集技术。

自动分类技术是在手工分类技术的基础上发展起来的。借助计算机技术，20 世纪 80 年代中期开始，一些大学、图书馆和文献工作单位研究开发了计算机辅助系统和自动分类系统，并将这些系统应用到中文处理领域。自动分类按实现的途径可以分为自动聚类和自动归类两种方法，常用的算法有 KNN（K 最近邻）算法、SVM（支持向量机）算法、VSM（向量空间模型）法、Bayes 法、神经网络算法、决策树分类算法等。

自动文摘也称自动摘要，就是利用计算机自动从原始文献中提取文摘。按照生成文摘的句子来源，其方法可以分成两类：一是使用原文句子生成文摘，二是可以自动生成句子来表达文档内容。具体的常用技术有基于统计方法的、基于理解方法的、基于信息抽取的、基于结构的自动文摘等。

3.4.2　非文本类信息的获取技术

非文本信息以其直接、简单、形象化的信息描述特点，在网络时代颇受人们喜爱。对于非文本信息的获取通常采用专业技术和设备。

3.4.2.1 图像采集技术

图像识别包括生物特征识别、对象和场景识别等。生物特征识别包括指纹、手掌、眼睛（视网膜和虹膜）、面部等。对象和场景识别包括签名、语音、步行步态、键盘笔触等。图像识别是一个综合性问题，涉及图像匹配、图像分类、图像检索、人脸检测、行人检测等技术。

图像是人对视觉的感知，可以采用光学设备（如扫描仪、相机等）采集，也可以人工绘画创作。图像文件可以记录在纸质、胶片或者计算机中。计算机对于图像的数字描述主要是像素、强度和颜色。计算机中的图像是由特殊的数字化设备，将光信号量化为数值，并按一定的格式组织而得到的。比如在计算机中可以按光栅格式（如 BMP、JPEG等）或矢量图像格式（如 WMF、SVG 等）存储图像。常用的数字化设备有扫描仪、图像采集卡、相机等。扫描仪对已有的照片、图片等进行扫描，将图像数字化为一组数据存储。图像采集卡可以对信号进行"抓图"（capture），对捕获选定的帧进行数字化。相机是与计算机配套使用的数码影像设备，将被摄景物以数字信号方式直接记录在存储介质（存储器、存储卡或软盘）中，可以很方便地在计算机中进行处理。

由于计算机图像识别技术和人体图像识别原理相同，因此它们的过程也非常相似。图像识别技术的过程分为以下几个步骤：信息获取、预处理、特征提取与选择、分类器设计、分类决策。信息获取是指通过传感器将光或声音信息转换为电信息，即获取学习对象的基本信息，并将其转换为机器可以通过某种方式识别的信息。预处理主要为了增强图像的重要特征，为后续识别工作奠定基础，比如进行彩色图像处理、图像增强、图像恢复、过程数据可视化、形态处理等。另外，还有使用 AI 进行图像处理的方法——模拟和数字，模拟方法用于处理图像的硬拷贝（如打印输出），数字设备的任务是使用计算机算法来处理数字图像。特征提取与选择是指在模式识别中需要特征提取和选择，是图像识别过程中的关键技术之一。分类器必须记住所有训练数据并将其存储起来，以便未来测试数据用于比较。这在存储空间上是低效的，数据集的大小很容易就以 GB 计。对一个测试图像进行分类需要和所有训练图像作比较，算法计算资源耗费高。分类决策是指在特征空间中对被识别对象进行分类，从而更好地识别所研究的对象具体属于哪一类。

3.4.2.2 音频采集和语音识别技术

音频是连续的信号，在计算机处理中可以对连续信号进行采样量化。在计算机存储中，主要的格式有 WAV、MP3、MP4、WMA、RM 等。音频可以通过文语转换软件和语音识别技术与文本进行转换。

计算机语音识别过程与人对语音识别处理过程基本上是一致的。完整的语音识别系统一般包括语音特征提取、声学模型与模式匹配（识别算法）、语言模型与语言处理。语音特征提取目的是从语音波形中提取出随时间变化的语音特征序列。声学模型通常由获取的语音特征通过训练产生。在识别时将输入的语音特征同声学模型（模式）进行匹配与比较，得到最佳的识别结果。语言模型包括由识别语音命令构成的语法网络或由统计方法构成的语言模型，语言处理可以进行语法、语义分析。语音识别过程实际上是一种认识过程。就像人们听语音时，并不会把语音和语言的语法结构、语义结构分开，因为当语音发音模糊时，人们可以用语言的语法结构和语义结构这些知识来指导对语言的理解过程。对机器来说，识别系统也要利用这些方面的知识，只是有效地描述这些语法和语义知识比较困难。

3.4.2.3　视频采集技术

视频可以看作一系列静态影像以电信号方式进行捕捉、记录、处理、存储、传送和重现的各种技术。视频采集技术是一类特殊的数据采集技术，其主要设备包括数据收集设备、数据传输设备、数据收集整理设备等，其主要工作原理是将采集来的视频信号转化为数字信号。

在数据收集阶段，通过数据收集设备（如摄像机）对视频数据进行收集。视频数据采集系统通过收集设备对视频信号进行收集，同时通过传感系统的图像传感器将光源信号转化为电信号。在数据收集完成后，转化为电信号的数据进入数据传输阶段。数据传输设备决定了视频数据采集系统的组网方式和范围。随着无线网络、流媒体技术等新技术的出现，无线连接的数据传输技术的使用越来越广泛。视频数据经过传输进入收集整理阶段。传统的视频采集系统采用录像带等方式保存。随着计算机技术的发展，视频处理和自动保存技术越来越先进。数据采集工作中采集来的电子模拟信号经过二次处理，转化为电子信号，去除噪声等干扰信号，同时利用数字技术进行保存，保存时间更长，也不会出现失真等现象。另外在某些采集系统中，采用的是实时监控系统，就是不用储存数据的收集系统，例如显示屏系统。

3.4.2.4　自动识别技术

生活中各种各样的活动都会产生数据，这些数据的采集与分析对于决策而言是十分重要的。由于数据量庞大，技术人员研究和发展了多种自动识别技术，提高系统信息的实时性和准确性，为正确制定决策提供更精准的参考信息。

自动识别技术是应用识别装置，通过被识别物品和识别装置之间的位置变化，自动获取被识别物品的相关信息，并提供给后台计算机处理系统完成相关后续处理的一种技术，是一种高度自动化的信息或者数据采集技术。完整的自动识别计算机管理系统包括自动识别系统，应用程序接口或者中间件和应用系统软件。自动识别技术近几十年在全球范围内得到了迅猛发展，初步形成了一个包括条码技术、磁条磁卡技术、IC 卡技术、光学字符识别、射频技术、声音识别及视觉识别等集计算机、光、磁、物理、机电、通信技术为一体的高新技术。

自动识别技术根据识别对象的特征可以分为数据采集技术和特征提取技术。数据采集技术需要被识别物体具有特定的识别特征载体，特征提取技术则根据被识别物体本身的行为特征（包括静态的、动态的和属性的特征）来完成数据的自动采集。数据采集技术包含条码（一维、二维）、矩阵码、光标阅读器、磁条、非接触磁卡、磁光存储、微波、触摸式存储、RFID 射频识别、存储卡（智能卡、非接触式智能卡）、视觉识别、能量扰动识别等技术。特征提取技术包含动态特征识别和属性特征识别技术，前者如声音（语音）、键盘敲击等特征，后者如化学感觉特征、物理感觉特征、生物抗体病毒特征等。

课后案例：人脸识别

人脸识别是基于人的脸部特征信息进行身份识别的一种生物识别技术，用摄像头等设备采集含有人脸的图像或视频流，并自动在图像中检测和跟踪人脸，进而对检测到的人脸进行脸部识别，通常也叫作人像识别、面部识别。人脸识别技术能够毫秒级响应包含人脸检测与属性分析、人脸对比、人脸搜索、活体检测等能力要求，人脸识别产品已广泛应用于金融、司法、军队、公安、边检、政府、航天、电力、工厂、教育、医疗及众多企事业单位等。

除了大家熟知的闸机通行、业务办理的身份验证、刷脸支付等应用之外，人脸识别技术在企业的运营和营销中也有很多有趣的例子。比如西班牙一个剧院别出心裁，在艺术市场低迷的情况下，为吸引客户进场观看演出，采用了人脸识别功能进行"微笑收费"。观众在进入剧场时无须付费，在观看表演的过程中，如果笑了，就会被设备采集到，演出结束根据观众的笑来收费，0.3 欧元/笑，上限为 24 欧元。开展"人脸识别，微笑付费"后，剧院收入飙涨。再比如腾讯视频针对一些特定内容推出了一个便捷功能"只看 TA"，通过使用视频中的人脸识别，允许用户只观看其喜欢的演员所出演的部分场景，跳过电视剧或电影中的其余部分。

随着信息技术飞速发展，人脸识别逐步渗透到人们生活的方方面面。人脸识别技术在诸多领域发挥着巨大作用的同时，也存在被滥用的情况。2021 年 7 月 28 日，《最高人民法院关于审理使用人脸识别技术处理个人信息相关民事案件适用法律若干问题的规定》正式发布，对人脸识别进行规范。

习 题 3

一、单项选择题

1. 社会特征反映时代背景和社会环境，表现为用户信息需求的（　　　）。

　　A. 个性特征　　　　　　B. 时效特征　　　　　　C. 共同特征　　　　　　D. 分析特征

2. 根据信息用户的类型，我们将信息需求分为个人信息需求和（　　　）需求。

　　A. 政府信息　　　　　　B. 组织信息　　　　　　C. 地方信息　　　　　　D. 国家信息

3. 依据信息源的内容类别，信息源可分为（　　　）。

　　A. 一次信息源、二次信息源、三次信息源、四次信息源

　　B. 自然信息源、社会信息源、经济信息源、科技信息源、控制信息源

　　C. 个人信息源、印刷型信息源、微缩型信息源、电子信息源、实物信息源

　　D. 静态信息源、动态信息源

4. 以下关于信息源分布，正确的是（　　　）。

　　A. 信息源分布较为平衡

　　B. 信息源虽然在地区不平衡，但同一地区的不同机构中信息源分布是平衡的

　　C. 信息源的不平衡分布会表现在人的差异上

　　D. 信息源不平衡分布具有静态特征

5. 下列各项中，（　　　）是数字信息源。

　　A. 专业数据库　　　　B. 样品　　　　　　C. 报纸杂志　　　　D. 纸质图书

6. （　　　）是信息服务工作的首要环节，是信息交流传递的物质基础。

　　A. 信息的搜集和获取　B. 信息工具　　　　C. 信息载体　　　　D. 信息存储

7. 信息采集必须坚持调查研究，要善于去粗取精、去伪存真、由表及里，深入细致地了解各种信息资源的信息含量、价值，是指信息采集的（　　　）原则。

　　A. 预见性原则　　　　B. 系统性原则　　　C. 计划性原则　　　D. 可靠性原则

8. 以下关于信息采集的说法，正确的是（　　　）。

　　A. 为了采集信息的准确可靠，应避免采集二次、三次信息

　　B. 发放调查问卷应采用随机抽样的样本选取方法才能保证结果准确可靠

　　C. 采全率用来衡量信息搜集的针对性，指某一信息系统所含全部切题信息在当时该系统所有信息中所占比例

　　D. 文本挖掘的处理过程通常包含文本预处理、文本挖掘、模式评估与表示

9. 完整的自动识别计算机管理系统包括（　　　）。

　　A. 自动识别系统　　B. 应用程序接口　　C. 应用系统软件　　D. 以上都对

10. 通过交通路口或旅游景点设置的摄像头获取信息的方法是（　　　）。

　　A. 社交采集法　　　　　　　　　　　B. 现场采集法

　　C. 主动采集法　　　　　　　　　　　D. 定点采集法

11. 信息需求所需信息资源的数量随管理任务的层次而变化，层次越高，所需信息量（　　　）。

　　A. 越大　　　　　　　B. 越小　　　　　　C. 不大不小　　　　D. 不一定

二、问答题

1. 简述管理人员和专业技术人员的信息需求。

2. 简述信息采集的原则。

3. 信息采集的过程是什么？

4. 信息采集的方法有哪些？

第4章 信息资源组织

学习目标

➢ 信息资源组织概念与内涵

➢ 信息资源组织的过程与方法

➢ 网络信息资源组织

导入案例：打通"大动脉"畅通"微循环"
——数字化财资管理系统助力制造业高质量发展

2020年初，突如其来的新冠肺炎疫情加快了各行各业数字化转型的步伐。随着新业态、新模式的不断涌现，高效、便捷的财资管理系统逐渐成为集团企业的核心竞争力。

在业界人士看来，财资管理系统好比财务公司经营的"大动脉"，不仅可以提高财务公司金融业务运营效率，还可以打通"毛细血管"，将全面风控理念融入经营管理中，更将金融工匠精神体现在功能细节之中。

近年来，随着数字化改革不断深入，制造业能级持续提升。财务公司作为集团内部最重要的金融服务平台，需要不断强化"资金归集平台、资金结算平台、资金监控平台、金融服务平台"四大功能。因此，财务公司的数字化转型已成为集团数字化转型的重要内容。

● **金融科技助力实体经济高质量发展**

从1949年第一炉铁水奔腾而出，到如今中国连续多年成为全球第一产钢大国，鞍钢集团见证了我国钢铁工业发展历程，被称为"共和国钢铁工业的长子""中国钢铁工业的摇篮"。如今，鞍钢已具备年产5330万吨铁、6300万吨钢、4万吨钒制品和50万吨钛产品的生产能力。

一方面，鞍钢财务公司作为产融结合的桥梁，需要充分支撑和适应集团发展需要；另一方面，鞍钢财司承担了金融行业监管和内部金融风险管控的压力。因此，鞍钢财务公司对其核心业务系统的标准化和灵活性具有很高的要求。

2020年12月1日，由交通银行为鞍钢集团打造的新一代金融核心业务系统正式上线运行。新系统在提高集团资金运作效率、加强内部资金管理、优化业务处理流程、丰富管理控制手段等方面有显著提升，使鞍钢财务公司在集团中更好地发挥"资源配置、金融服务、价值创造"三个核心能力，为集团数字化转型贡献更大金融力量。

● **银企合作共建客户财资核心系统**

由于企业类型、结构、业务的不同，其财务战略、管理模式也存在差异，对于财资系统功能的需求也会有所不同。

作为交通银行在金融科技输出领域的创新实践，鞍钢新一代金融服务系统取得了良好的试点推广效果。

交通银行根据鞍钢集团管控需要，实现多个业务突破和创新示范，包括通过财资系统成功接入人民币跨境支付系统（CIPS）；通过电票全直联和线上清算的票交所验收；实现面向集团的预算管理功能，协助集团进行全面收支计划管控；支持总分两级机构的财务公司架构，累计对接 14 家金融机构银企直联，与集团财务系统实现无缝衔接等。

据财资系统技术团队负责人介绍，鞍钢财务公司目前处于快速发展的阶段，交银技术团队通过数据整合、流程整合、渠道整合、系统整合，实现客户中心、内外一体、流程优化、管理提升的目标，保障信息化平台及时满足鞍钢集团业务快速增长和变化的发展需要。

● **数字化财资管理提升企业经营效率**

财资系统作为企业经营的"大动脉"，关系着企业数字化转型的成功与否。

作为集团资金集中地，鞍钢财务公司处于链条核心地位，各级子企业基于它开展资金集中、支付、结算、投融资、票据、信贷等金融活动。同时，鞍钢财务公司发挥自身双重属性作用，实现与多家合作银行系统、票交所监管机构直联，服务鞍钢集团生产经营。此外，鞍钢财务公司系统通过集团财务共享平台，实现与集团 ERP 生产系统对接，为企业提供金融增值服务。

目前，交通银行财务公司财资管理系统通过不断升级优化，已具备包括账务管理、支付结算、信贷票据、风险管理、财企集成、监管报送等一体化功能，累计含有 36 个子系统，近 1500 项具体业务功能。

据了解，除鞍钢集团外，交通银行还与中国重汽、四川长虹、新奥能源、连云港港口、东明石化等多家不同行业的企业合作，为多家集团财务公司客户完成系统更换，形成一整套包含需求差异化分析、特色开发测试、数据移植、跟账测试、电票验收、征信验收、投产切换等工作流程，并提供了稳定高效的运营服务支持，助力实体经济产融结合数字化转型发展。

（来源：人民网，2021 年 9 月 28 日，http://finance.people.com.cn/n1/2021/0928/c1004-32239924.html）

案例启示：通过有效的信息资源组织，鞍钢集团与交通银行达成银企合作，合理组织整合企业信息资源。银行协助企业更新完善财务系统，从而实现企业的高效运营，并促进了实体经济产融结合的数字化转型。

4.1 信息资源组织概述

4.1.1 信息资源组织的概念

4.1.1.1 信息资源组织的含义

信息资源组织，又称信息资源整序，是利用一定的科学规则和方法，通过对信息资源外在特征和内容特征的描述和序化，实现无序信息流向有序信息流的转换，从而保证用户对信息资源的有效获取和利用，以及信息的有效流通和组合。

信息资源组织是信息资源管理的基本范畴之一，是信息资源建设的核心环节，是构建信息系统的重要条件之一，是信息检索与咨询的基础，也是开展用户服务的基本保证。

4.1.1.2　信息资源组织的内涵

序是事物的结构形式，是指事物或组成系统的诸要素之间的相互联系以及这种联系在时空结构中的表现，即空间结构中的排列组合、聚集状态、立体结构及事物发展的时间序列等。事物的组成要素具有某种约束性，当其在空间结构和时间序列上呈现出某种规律时，我们就说这一事物是有序的。

有序或无序是相对于一定的参照系而言的。在信息管理范围内，如果信息的元素特征相对其他信息元素特征是根据给定参数或设定基准而排列的，那么可以认为，信息流在特定条件下是有序的。

信息资源组织是对信息的选择、组织和加工整理过程，是把无序信息流转化为有序信息流的信息产品开发过程。信息只有经过选择、描述、揭示、加工、序化、存储等才能形成信息资源。

4.1.2　信息资源组织的目的和要求

信息技术的发展，使社会信息呈现数量猛增、流速加快、分布散乱、优劣混杂等现象，基于信息技术的信息资源组织活动也逐渐受到人们关注并发展起来。日益复杂的社会信息现象与人们特定的信息需要形成了尖锐的矛盾，因此在人类社会中出现了许多信息组织部门，如学会或协会等组织团体、广播影视等大众传播媒介、编辑出版发行机构、文献信息部门、数据库开发者、互联网内容提供者、信息分析中心等。这些组织部门及成员共同参与信息产品的开发、加工和传播，并针对不同的社会需要提供多种多样的信息服务，从而形成了一个全新的产业——信息服务业。虽然这些组织部门的工作方法和作业手段不尽相同，但从广义上说，它们都以控制信息的流速流向和数量质量为工作重心，其共同目标都是提高社会信息的吸收率和使用率，促进信息资源的开发利用。

4.1.2.1　信息资源组织的目的

信息资源组织的目的就是把无序信息流转化为有序信息流，形成更高级的信息产品，以满足人们的特定需要。具体表现如下。

（1）减少社会信息流的混乱程度。杂乱无序的社会信息流不但不能成为"负熵流"，还有可能妨碍人类对信息资源的开发利用，干扰人们正常的决策活动。因此，信息资源组织的重要任务为：第一，控制信息的流速和流向，以便信息能够在适合的时机有针对性地传递给需要者；第二，控制信息的数量和质量，以便需要者能够获得不超过其吸收能力的高质量信息。

（2）提高信息产品的质量和价值。信息资源的组织过程就是信息产品的开发与加工过程。通过信息组织活动，不仅可以开发出新的信息产品，而且能使原有信息产品的质量进一步提高，从而使信息产品大大增值。

（3）建立信息产品与用户的联系。信息资源组织是按照信息使用者的要求进行的。因此，信息资源组织工作必须根据用户的需要排除信息障碍，疏通信息渠道，在用户和信息产品之间铺路架桥，并最终形成面向用户问题的信息产品，提高信息资源开发利用的针对性。

（4）节省社会信息活动的总成本。通过建立专门的信息管理机构开展信息资源组织工作，实现信息产品开发的分工协作，节省广大信息用户查询、吸收与利用信息的时间和精力，从而提高整个社会的信息活动效果。

（5）组织各种类型的信息资源检索工具。信息资源组织是信息检索的基础，信息检索是信息资源组织的出发点和归宿。信息资源组织通常是根据检索的需要，以信息资源的一定单元为处理对象，对其特征加以记录，并根据需要进行必要标引或处理，然后将这些信息资源记录或条目按照规定的方式输入系统，组成文献资源库或信息检索系统。

4.1.2.2　信息资源组织的要求

（1）信息内容有序化。各类信息源采集到的信息绝大部分呈现为零散、孤立的状态，很难为组织直接使用，因此需要对信息内容进行初步的有序化整理。

有序化要求主要体现在三个方面：第一，将内容相近或相同的信息集中，并将这些集中的信息与其他内容无关的信息区别开来；第二，系统化、条理化处理集中在一起的信息，按一定标识呈现出某种秩序，并能表达某种意义；第三，理清相关信息单元之间的关系，并能产生某种关联效应，或能给人以某种新的启示。

（2）信息流向明确化。根据现代管理科学的基本原理，信息流动的方向是决定信息作用力大小的重要因素之一。组织信息资源则需要做到信息流向明确化，首先，要认真研究用户的切实信息需求和相关信息行为，根据不同用户的信息活动特征明确信息的传递方向；其次，信息环境处于动态变化中，要根据其发展变化不断调整信息流动的方向，形成信息合力。

（3）信息流速适度化。信息流速的不断加快产生了巨大的信息压力，数量众多且表现形态多样化的信息流可能会干扰人们的判断，导致决策效率的降低或导致错误决策。此外，人们面对的决策问题也始终处于不断发展变化之中，因此需要不断更新信息。适当控制信息的流动速度，从而把握住信息传递时机，可使用户在决策活动中遇到某种问题而产生的与解决该问题有关的信息需要实现互相契合，最终提高信息的效用。

（4）信息数量精约化。现代社会信息数量数不胜数，远超人的吸收能力。信息资源组织应内容精练、简明扼要，需认真选择加工，尽量降低信息的冗余度，在解决问题的前提下筛选整理出最精炼的信息产品，便于人们吸收和利用。

（5）信息质量最优化。由于社会信息污染现象日益严重，从信息源中采集到的信息常常是新旧并存、真假混杂、优劣兼有的。信息资源组织要优化信息的质量，提高信息的精确度，就必须对信息进行鉴别、分析和评价，剔除陈旧过时、错误无用甚至自相矛盾的信息，提高信息产品的可靠性和先进性。

4.1.3 信息资源组织的原则

4.1.3.1 客观性原则

信息组织中进行描述和揭示的基本依据就是信息本身，因此，描述和揭示信息的外在特征和内容特征必须客观而准确，要根据信息本身所反映的各种特征加以科学地反映和序化，形成相应的信息组织的成果。

信息描述和揭示的数据来源必须是客观存在的，信息组织中进行揭示和描述的基本依据就是客观存在的信息本身。在信息组织中我们不能损害信息的本来效用，不歪曲信息本身，也不肢解信息本身。不能毫无根据地、人为地添加一些不准确的思想观点，要完整、全面、精确地反映信息的客观特征。同时还应不断跟踪信息源的发展变化和信息组织技术的发展变化，使信息组织与条件变化和环境变化保持客观一致性。

4.1.3.2 系统性原则

没有系统性的信息组织工作是不可能实现其整体目标的。为实现信息组织的系统性，我们必须把握四个关系：宏观信息组织和微观信息组织的关系、信息组织部门与其他部门的关系、信息组织工作的各个环节之间的关系、不同信息处理方法之间的关系。

用系统的观点和方法进行信息组织工作的协调管理，有助于发挥信息组织的整体优势，有助于实现信息组织的整体功能。

4.1.3.3 目的性原则

信息组织的目的性原则指为了实现信息组织的目标，必须注重信息工作的计划性和长期性，以及其与信息机构本身性质、特点和能力的适应性。

信息组织的目的性要求我们要充分围绕用户的信息需求开展工作，必须充分注重信息机构的目标市场的需求状态及其变化特征，满足成本收益对称的原则。应积极开展用户研究，充分了解用户需求，使信息组织成果能方便为用户选择与利用。信息组织要采用用户认可和习惯的方式进行。

4.1.3.4 现代化原则

信息技术的快速发展推动了信息组织的现代化进程，在信息组织过程中，现代化原则体现在信息组织的思想观念现代化和信息组织的技术手段现代化两个方面。思想观念现代化集中体现在信息组织的标准化，即信息组织工作的统一性、信息组织方法的规范性、信息组织系统的兼容性及信息组织成果的通用性。信息组织的技术手段现代化体现在自动标引、自动分类、二次信息自动生成、数据库及数据仓库建设等现代信息技术手段的融合使用。

4.2　信息资源组织的过程

信息资源组织的总体目标是根据使用需求以及信息资源的特点，将信息资源组织成有序系统。具体过程是根据信息组织的整体要求和规范，对信息资源进行描述和处理。整个信息资源组织的途径包括信息选择、信息标识、信息重组和信息存储四个阶段。

4.2.1　信息选择

从信息管理者的角度看，信息选择就是根据用户的需要，从社会信息流中把符合既定标准的一部分挑选出来的活动，是信息内容、传递时机、获取方式等信息流要素与用户需要相匹配的过程。信息选择活动的开展是以选择主体对社会信息现象的认识为前提的，是人的主观认识与客观现实的相互作用。由于客观条件的限制，或者是受人的主观因素的影响，在初始信息选择和采集活动中经常会出现信息失真、信息老化甚至信息混乱等问题。要想精简信息数量，提高信息质量，并控制信息的流速流向，就必须对从各类信息源采集来的信息进行优化选择。

4.2.1.1　信息选择的标准

信息选择的基本依据是信息使用者的最终需要。用户的信息需要是复杂多变的，因而这只能是信息选择的原则性依据，而不是具体的标准。对于不同的用户，信息选择的标准当然有所不同；即使对于同一用户来说，其选择标准也因时间、地点和环境条件的不同而发生变化。对于不同内容、不同类型的信息，信息优化选择的标准也有许多差异。而且，随着选择层次的不断深入，信息选择的标准也在不断发生相应的变化。一般来说，信息选择的标准主要有以下几点。

（1）相关性。相关性是指信息内容与用户提问的关联程度。相关性选择就是在社会信息流中挑选出与用户提问有关的信息，同时排除无关信息的过程。美国信息检索系统专家兰卡斯特（F. W. Lancaster）认为，相关性概念是建立在信息检索的匹配理论上的。在信息检索中，匹配是指信息及其著录与检索策略、用提问或信息需求之间的相互一致性关系。这时，相关性表示的是信息内容与用户问题之间的关系的主观判断。显然，相关性的判定是相当含糊的，因为我们无法准确地测量出信息与提问的接近程度。但它毕竟表明了信息与提问之间的相关关系，因而成为信息优化选择的基础标准。

（2）可靠性。可靠性是指信息的真实性，即信息内容能否正确地反映客观现实。可靠性判断也就是要鉴别信息描述的事物是否存在，情况是否属实，数据是否准确，逻辑是否严密，反映是否客观，等等。影响可靠性的因素有很多。有人类认知能力的局限，也有主体心理状态的影响；有信息采集方法的失误，也有信息传递过程中的干扰。可靠性对于用户的问题解决具有重要意义，因为只有准确可靠的信息对决策才有参考价值。特别是经过层层选择，信息冗余度越来越低，用户不必重新判断挑选，可靠性就显得愈发重要了。

（3）先进性。先进性有时间和空间两方面的含义。表现在时间上，主要指信息内容的新颖性，即创造出的新理论、新方法、新技术、新应用，更符合科学的一般规律，能够更深刻地解释自然或社会现象，从而更正确地指导人类社会实践活动。表现在空间上，主要指信息成果的领先水平，即按地域范围划分的级别，如世界水平、国家水平、地区水平等。先进性是人们不断追求的目标，但先进性的衡量标准因人因时因地而异，没有统一的固定尺度。

（4）适用性。适用性是指信息适合用户需要、便于当前使用的程度，是信息使用者做出的价值判定。由于用户及其信息需要的多样性，信息的适用性在很大程度上是随机多变的，它受用户所处的自然与社会环境、科技与经济发展水平、人的因素、资源条件以及组织机构的管理水平等很多因素的制约。不注意这些方面的差异，就很难使信息达到适用性的要求。在对信息进行优化选择时要密切注意用户信息环境的发展变化，立足当前需要，兼顾长远需要，综合考虑信息的适用性问题。

4.2.1.2　信息选择的方法

信息选择是对初选信息的鉴别、筛选和剔除，是对社会信息流的进一步过滤和深层次控制，其主要任务是去粗取精，去伪存真，使信息流具有更强的针对性和时效性。信息选择的主要方法有如下几种。

（1）比较法。比较就是对照事物，以揭示它们的共同点和差异点。通过比较，判定信息的真伪，鉴别信息的优劣，从而排除虚假信息，去掉无用信息，这是择优的基本方法。运用比较法，首先应找出事物可比的共同基础，即比较对象的可比事项。信息的可比事项包括时间、空间、来源、形式等。

● 时间比较。同类信息按时间顺序比较其产生的时间，应选择较新的信息，对于明显陈旧过时的信息应及时剔除。

● 空间比较。从信息产生的场所和空间范围看，在较大的区域，比如说在全国乃至全世界都引起了普遍注意或产生了广泛影响的事件具有更大的可靠性。

● 来源比较。从信息来源看，学术组织与权威机构发布的信息可信度较高。

● 形式比较。从信息产生与传播方式看，不同类型的信息，如口头信息、实物信息和文献信息的可靠性有很大不同。即使同为文献信息，因其具有不同的出版发行方式，其表现形式也不尽相同，如图书、期刊论文、会议文献等。

（2）分析法。通过对信息内容的分析，判断其正确与否、质量高低、价值大小等。例如，可对某事件的产生背景、发展因果、逻辑关系或构成因素、基础水平和效益功能等进行深入分析，说明其先进性和适用性，从而辨清优劣，达到选择的目的。

（3）核查法。通过对有关信息所涉及的问题进行审核查对来优化信息的质量。可以从以下三方面入手：一是核对有关原始材料或主要论据，检查有无断章取义或曲解原意等情况；二是按该信息所述方法、程序进行可重复性检验；三是深入实际对有关问题进行调查核实。

（4）引用摘录法。引用表明了各信息单元之间的相互关系，一般来说，被引用次数较多或被本学科专业权威出版物引用过的信息影响力较高。美国的《科学引文索引》（SCI）和《社会科学引文索引》（SSCI）常被作为衡量学术期刊论文水平的重要参考标准。另外，被文摘索引等著名检索工具摘录或在综述评论文章中有所反映的信息，其价值一般也比较大。

（5）专家评估法。对于某些内容专深且又不易找到佐证材料的信息，可以请有关专家学者运用指标评分法、德尔斐（Delphi）法、技术经济评估法等方法进行评价，以估测其价值水平，判断其可靠性、先进性和适用性。这类方法准确度高，但费用较高，一般只用于选择那些十分重要的信息成果。

4.2.2　信息标识

经过优化选择的信息要进行加工整理，确定每件信息在社会信息流这一时空隧道中的"坐标"，以便人们在需要时能够通过各种方便的形式查询、识别并获取该信息。要想在四维信息空间中标定一则信息的具体方位，关键是要确定该信息区别于其他信息的基本特征，并以适当的形式描述之，使其成为该信息的标识。

4.2.2.1　数据项的确定

一则信息之所以有别于其他信息，主要是因为它与其他信息在外表和内容两方面的特征都有所不同。信息外表特征包括信息的名称、类型、表现形式、生产者、产地、日期、编号等；信息内容特征是指该项信息所涉及的中心事物和学科属性等。我们把对信息外表或内容特征进行描述的各种结果统称为数据项。

数据项是描述信息外表特征或内容性质，如题名、作者、出版、主题、学科、号码等的各个著录事项，也是构成数据库记录的最小单位和基础。数据项根据性质不同又可分为初等数据项和复合数据项。不能再分的数据项称为初等数据项，如文献数据库中的索取号、记录标识符等；由若干初等数据项组成的数据项称为复合数据项，构成复合数据项的各初等数据项分别称为该复合数据项的子数据项，数据项依描述对象及其加工要求而异。在文献数据库中，描述一篇文献特征和性质的各个著录事项（即数据项）的集合，就是一个文献记录。不同类型的数据库选用不同的数据项，其中以文献数据库的数据项为最多、最全。

文献数据库应包括的数据项如下：

- 文献标识项——标识文献或记录特征的各种数字或符号。
- 代码项——表示文献某方面属性的代码。
- 记录信息项——有关记录的来源、生成日期和相关信息。
- 书目信息项——有关出版、印刷、发行方面的信息。
- 题名项——对文献题名的各种标识和表示方法。
- 角色说明项——责任者的名称及其相关说明。
- 主题描述项——文献标引文摘及内容注释等。

数据项是对信息内容性质和外表特征的描述，任何一个数据项都可能成为未来数据库的检索入口，因此，数据项的选取是否恰当，不仅关系到能否准确地代表所描述的信息，还会影响到数据库的功能和检索效果。为有效选择数据项，使其更为恰当，我们在选取数据项时一般遵循以下基本原则。

（1）完整性原则。每一数据项都是从某一角度去描述信息某一方面的属性，各种数据项的组合便从不同的方面多维地反映出整个信息的特征和性质。因此，数据项选取的完整与否直接关系到所描述信息的"完整度"和能否正确、全面地代表所描述的信息。选取数据项时，首先要尽可能地把必需的事项作为"必选项"挑选出来，再根据需要选取一定的"任选项"来更充分地表征整个信息。

（2）标准化原则。数据项的定义和选取都应考虑有关的国际和国家标准。目前，国际标准化组织等有关国际组织和各国有关部门均已制定了许多有关信息处理与加工方面的国际标准、国家标准、行业标准和规范等。根据这些标准和规范的要求，在进行信息处理与加工作业时，必须按照规定的格式从中选择相应的数据项。在不能找到合适的数据项时，才允许参照标准规定的定义方法和格式自行拟定数据项。

（3）方便性原则。信息加工的目的之一是方便利用，因此，数据项的选取应从用户视角切入，从多角度揭示信息的内容、形态等特征，全面反映可供用户作为检索依据的各有关项目，尽可能设立较多的检索点，为用户提供更多的方便。为确保数据库系统预定的检索性能，凡是已经被选作检索点的项目，都必须在数据项中反映出来。

（4）低冗余原则。每个数据项在标准中都经过严格的定义，最大限度地消除了它的多义性和含混性，但事物之间的关系是复杂的，数据项的内涵和外延有时会产生交叉重复，从而形成数据冗余。数据冗余会给信息存储与更新带来很大麻烦，应尽量避免数据冗余。数据项选择不当是造成数据冗余的重要原因之一，因此，要控制数据冗余，首先应从数据项选择入手。在满足需要的前提下，要严格控制表征每个信息记录的数据项数量，此外还要严格选择组成每个数据项的初等项，避免数据重复。

（5）灵活性原则。在选取数据项时，考虑到用户需要、专业性质、系统功能要求以及信息环境的具体情况等因素，应注意灵活变通，充分发挥每一数据项的实用功能。例如在与有关标准规范尽量保持一致的基础上，数据项可根据用户需要和专业性质略做增删；对于不同类型和性质的数据库，数据项的选取也可以有所侧重。

4.2.2.2　信息外表特征的加工

按照一定的标准，对存在于一定物理载体的信息的外表特征和物质形态进行描述加工的过程称为著录。在这一过程中，若干数据项按照一定的逻辑以一定的格式形成款目，众多款目再依一定规则排列即成为信息加工的最终产品——目录、题录、文摘索引或数据库等。

对于文献型信息来说，无论是印刷载体，还是缩微、声像、机读载体，国内外均有许多信息加工标准和条例对各类数据项的选取和描述分别做了规定和说明，只不过由于载体的差异而要对其载体形态特征做出特别描述。选定的数据项，须按规定顺序组织起来形成款目。款目记录格式依信息类型、加工方式和载体不同而异。

对于非文献型信息，如口头信息和实物信息等，有两种加工方法。一种方法是将口头信息和实物信息转化为文献型信息，如录音带、录像带、磁盘、光盘、照片、图片、幻灯片、投影片、电影片、缩微胶卷和平片、调查报告、笔记、说明书等，然后依规定格式进行加工；另一种方法是直接描述事物的名称、外形、内容、性能、生产者及产生时间、地点等，按规定格式记录下来，形成数据库之类的信息产品。

4.2.2.3　信息内容特征的加工

信息内容特征的加工是指在对信息内容进行分析的基础上，根据一定规则对信息的内容属性予以标识，并做出描述的过程。这一过程通常称为信息标引。

信息标引是通过分析信息的主题概念、条目记录、内容性质等标引对象的特征，为它们赋予能够揭示有关特征的简明代码或语词标识，从而为信息揭示、组织和检索提供依据的信息加工方法。根据标引过程中所给出的标识形态和性质的不同，信息标引通常可分为以学科分类代码作为信息标识的分类标引（分类法）和以主题语词符号作为信息标识的主题标引（主题法）两大类。

1. 分类标引

分类标引是按信息内容的学科属性来系统揭示和组织信息的方法。通过分类标引，可以将具有共同学科属性的信息类聚在一起，并依据各类信息之间的学科关系把所有信息组织成一个有层次、有条理的整体。

分类标引的工具是分类法（或分类表）。著名的分类法有《杜威十进分类法》（DDC）、《国际十进分类法》（UDC）、《美国国会图书馆图书分类法》（LDC）、《冒号分类法》（CC）、《信息编码分类法》（ICC）、《中国图书馆图书分类法》等。分类标引的过程，就是根据既经选定的分类法，全面分析标引对象的特征，确定所属类目，并将标引对象的学科特征及有关信息，用分类法中规定的符号代码揭示出来。经过分类标引，原先杂乱无章的信息就可以按照分类法规定的序列组织排列成一定的学科体系。分类标引能较好地体现信息内容的学科系统性，把同一学科领域的信息集中在一起，把不同的区分开来，从而满足了用户按学科专业进行信息检索的需要。分类标引的缺点是：不熟悉分类体系的人不易使用，且不能适时反映新兴学科。

2. 主题标引

主题标引是按信息内容的主题名称来系统揭示和组织信息的方法。所谓主题，是指某件信息所论及或涉及的事物。表达主题的词语称为主题标识（主题词）。通过主题标引，可以把有关同一主题的信息集中在一起，并将其按字顺排列起来。

主题标引的依据是主题法。主题法是一种以规范化或未经规范的自然语言作为信息主题标识的方法。按照选词原则、组配方式、规范措施和编制方法，主题法可分为标题法、元词法、关键词法和叙词法。

（1）标题法。标题法是用规范化的自然语言作为标识（标题词）来表达信息内容的方法。标题词的来源主要是标引对象的名称或标题中通用的定型名词。标题词的汇编称为标题表，词间关系是预先组配好的，通过标题参照系统对同义词、多义词、相关词和上下位词等进行规范和显示。标题法直接、专指、通用性强，比较适用于特性检索。

（2）元词法。元词法是通过若干单元词的组配来表达复杂主题概念的方法。元词又称单元词，是指用以描述信息所论及主题的最小、最基本的、概念上不能再分的词汇单位。元词法比较适合于标引和检索较专深的资料，可达到一定的专指度。但由于过多强调词汇单元化，因而会拆开复合词汇，造成假联系、假组合等歧义现象，产生误标和误检。

（3）关键词法。关键词法是直接从信息资料的标题、正文或文摘中抽取能表达主题概念的具有实质意义的语词作为关键词，然后按字顺轮排以供信息检索的方法。关键词法直接采用自然语言的语词，能及时反映新的名词术语，灵活方便，且可由计算机自动抽词，标引速度快，费用低。但由于关键词未加规范，标引比较粗糙，不能反映词间关系，故漏检率和误检率较高，质量较差。一般适用于目的性不强的浏览性查找。

（4）叙词法。叙词法是从叙词表中选取叙词，通过概念组配来描述信息资料的主题，使标引和检索达到更高专指度的方法。叙词是指以概念为基础、经过规范化和优选处理的、具有组配功能并能显示词间语义关系的词或词组。概括各门或某个学科领域并由语义相关、族性相关的概念和术语组成的规范化的动态性词典，就是叙词表。它是将标引或检索时采用的自然语言转译成规范化的"系统语言"的一种术语控制工具。叙词法吸收了诸法之长，具有直观、专指、灵活、标引准确、查找方便等优点。

主题标引是对信息内容进行主题分析，确定主题概念，然后按照一定的词汇控制方式，为标引对象赋予恰当的语词标识的过程。与分类标引相比，主题标引可以集中有关一个主题的各方面信息，且直观性、专指性和适应性都比较好。就标引方式而言，主题标引可以采用非控方式，即自由标引方式，由标引人员直接从已有的描述标引对象内容和其他特征的语句中选择关键词或单元词作为标识；也可以采用受控方式，即从规范化的主题词表（包括标题表、叙词表）这类标引工具中选择相关的语词作为标识。虽然标引方式、标识形式和标引工具各不相同，但分类标引和主题标引的操作规程并没有多少特殊的地方，都要遵从一定的标引规则，以保证标引的准确性和一致性。

4.2.3　信息重组

当前社会信息数量庞大，内容繁杂，具有较高使用价值的信息往往会隐藏在低质量的信息海洋中，无法发挥有效作用。即使经过一定的信息选择与整理，相关信息的数量仍过大，远超人们的吸收利用能力。为此，社会及组织要求信息资源组织活动进一步有效深化工作层次，对原始信息进行汇编、摘录、分析、综合，进行浓缩性加工，即根据用户需要将分散的信息汇集起来进行深层次加工处理，提取相关度较高的信息并适当改编和重组，形成简明扼要的优质信息产品。这就是信息改编与重组工作。按加工深度的不同，信息改编与重组的方法主要有汇编法、摘要法和综述法三种。

（1）汇编法。汇编是选取原始信息中的篇章、事实或数据等进行有机排列而形成的，如剪报资料、文献选编、年鉴名录、数据手册、音像剪辑等。运用汇编法，基本上不需要对信息内容进行复杂的分析和浓缩，只要抽取有关的信息片段按一定方法编排加工，就可以方便及时地汇集某一专题或专业的资料。由于加工方便，制作简易，汇编法在信息整序工作中得到了广泛应用。各种汇编也因其成本低廉、报道及时而受到广大信息用户的欢迎。

（2）摘要法。摘要是对原始信息内容进行浓缩加工，即摘取其中的主要事实和数据而形成的二次信息产品。因其所摘内容大多来自文字记录下来的信息，故又称文摘。按加工目的，可分为报道性文摘、指示性文摘和报道/指示性文摘。报道性文摘以向用户提供经过浓缩的实质性信息内容为主要目的，它能够简明、准确地揭示原始信息内容，是用户克服语言障碍、了解重要信息和难得信息的重要方式，一般不超过 400 字；指示性文摘以向用户指示原始信息的主题范围、适用对象为主要目的，它只是概括介绍原始信息的内容，不摘录任何具体数据，是用户了解信息源、决定信息取舍的重要依据，一般限制在 200 字以内；报道/指示性文摘是上述两种文摘的结合形式，即对原始信息的重点部分做报道性文摘，对其他部分做指示性文摘，通常不超过 400 字。

摘要法是在信息加工过程中对原始信息的主要内容进行简明扼要的摘录，以便更全面、更深入地揭示原始信息的方法。面向个人用途的摘要编写可以采取自己喜欢的方式，为信息检索系统编写的摘要则必须进行规范控制，即制定与推行统一的技术标准。1979 年，国际标准化组织公布了国际标准《出版物的文摘与文摘工作》。我国也于 1986 年发布了国家标准《文摘编写规则》（GB 6447—86），它规定了文摘的著录、要素、详简度和编写注意事项等，是文摘编写中应当遵照的准则。

（3）综述法。综述是对某一课题某一时期内的大量有关资料进行分析、归纳、综合而成的具有高度浓缩性、简明性和研究性的信息产品。按编写手法的不同，综述可分为叙述性综述和评论性综述。叙述性综述只就有关某一专题的事实、观点、数据等大量资料进行客观全面的综合叙述，综述作者不发表自我见解，也不加以评论；评论性综述又称述评，它是在叙述性综述的基础上，加入综述作者对有关问题的见解和评论而形成的比较复杂的综述。由于这些见解和评论都具有研究性和创造性特征，述评可视为集信息分析研究与综合叙述为一体的高级信息产品。它除了像叙述性综述那样具有概括揭示和浓缩提炼原始信息的作用外，还能控制和鉴别原始信息的质量和价值，引导并促进信息资源的吸收利用。一份综述在手，用户就可以对某一问题的现状、动态、趋势等有基本的、概括的了解，因此，综述是深受广大信息用户重视，尤其为管理决策人员偏爱的信息资源组织成果。

综述是以大量原始信息记录和实地调查为基础编写而成的，其编写程序与科研论文的写作有类似之处。作者在写作过程中，首先从收集、整理、消化吸收大量的相关信息入手，然后对它们进行筛选、分析、压缩，把其中有价值的内容综合组织成有条理的一篇文章或报告。为保证信息综合的完整性、准确性和科学性，综述编写者应是在某一领域对某一问题有相当深入了解的专业研究人员或信息分析专家。综述是浓缩原始信息的产物，因此，综述往往要引用大量的参考文献。这些参考文献既是综述可信度的标志，同时对于用户来说又是重要的信息源指南。

4.2.4　信息存储

信息存储是信息组织的组成部分，是有组织的信息表现形式，是一种异时信息利用行为。就其主体而言，它是一个语用信息组织过程，必须考虑两方面的因素：一是存储介质的空间容量问题，即如何高效地利用有限的存储空间；二是存储信息的利用问题，信息存储的最终目的是方便人们异时利用，若不考虑空间的集约，就可能妨碍人们对存储信息的利用。因此，信息存储的关键就是设法在节约存储空间和提高信息利用率之间找平衡点。信息存储主要有以下几种方式。

4.2.4.1　文件存储

文件存储是信息存储最为普遍的方法，在计算机发明之前，人们主要是以文字方式在纸介质中存储信息，一般采用笔记法、剪报法、卡片法等，将采集来的信息以文件或报告形式进行存储，以备查询、处理。这些纸介质的信息存储方法不加多述，下面重点介绍应用计算机技术的文件存储技术。文件存储方式是计算机系统中信息存储的最基础的方法。

文件是记录的集合，从信息科学的角度，可将文件分成两类：一类是操作系统文件，它的记录没有结构，不具有特定的含义，由算法或程序解释存储在文件中的语义或者语法含义，文件本身可以视为一个字符串或者位串，仅为存取、处理方便，把文件分成信息组，每个信息组称为一个记录，这些记录被顺序编号。另一类是数据库文件，这类文件的记录有一定的结构，含有关键字和若干属性等数据项。

文件在介质上的存储方式称为文件的物理结构。文件的物理结构有顺序、链式和随机三种基本方式，表现形式有顺序、索引和散列文件等。

（1）顺序文件。顺序文件是按记录的逻辑顺序依次存储的文件，其特点是：

在第 i 条记录存储之前，必须先存取前面的 $i-1$ 条记录；

新记录只能添加在文件尾部；

更新文件的记录必须将整个文件复制一次。

（2）索引文件。为了便于查找，在存储文件本身数据的同时，还存储着文件的目录，即文件的逻辑记录与它的存储地址的对照表，称为索引表，用这种方式存储的文件称为索引文件。

索引表中每个索引都登记着某记录的关键字值和它的地址（可用物理记录号代替）。按照关键字值由小到大的顺序把各索引项排列起来。索引表的长度大小比文件本身小得多。这样，在查询索引文件时，首先查找索引表，对索引表的查找结果可以确定要查找的记录是否存在，若存在可找到它的存储地址或位置，再进行存取。

（3）散列文件。文件也可以像线性表那样，利用散列函数作散列存储，这样的存储文件称为散列文件，或直接存取文件。散列函数 H 就是建立记录与记录存储地址之间对应关系的映射函数，通过散列函数 H，存取记录 K，只要把记录 K 的关键字值代入散列函数 H，就可以求得记录 K 的存储地址 $H(K)$，这样就通过散列函数直接存取文件。

散列函数实质上是关键字值空间与存储空间的映射关系。散列函数的构造与关键字值的分布有关，就是期望将关键字值空间均匀分布在存储空间中，目前散列函数的构造大多数采用所谓拼凑方式，这种方式使函数值计算不过于复杂，并且又能尽量均匀地把记录散布在某存储空间内，因此这种技术称为杂凑技术或散列技术。由于关键字值空间与存储空间不可能一一对应，即存在两个不相同的关键字值，通过散列函数计算的地址值却是一样的，这样就发生了碰撞或冲突。在构造散列函数时，必须尽量减少冲突，同时还必须考虑解决冲突的方法。

4.2.4.2　数据库与数据仓库

上述的文件存储方式存在着许多不足，主要表现在：程序与文件过于相关，缺少程序和数据的独立性；处理程序必须过多地关心文件存储的细节；文件中的数据有大量冗余，修改和并发控制困难。人们通过大量的研究和实践，认识到必须建立专门的数据存储和应用技术，为科学地组织和存储数据提供方法、原理，并提供对数据进行定义、操作和控制的工具，数据库技术便应运而生了。

数据库是指为了满足多个用户的多种应用需求，按一定的数据模型和数据结构在计算机系统中组织、存储，并能供用户使用的相互联系的数据集合。它由相关数据集合以及对该数据集合进行一定控制与管理的数据库管理系统（DBMS）构成。数据集合中的数据是结构化的，面向企业或组织的，它们能被各种应用共享，有较小的数据冗余，相对于应用程序有较大的独立性；数据库管理系统是一组软件，它在建立、运行和维护数据库时对数据进行集中统一的控制和管理，因而使数据库能够准确、及时和有效地对数据进行检索和更新操作，并提供数据库的安全性、完整性和并发控制机制。

数据库的实现依赖于计算机的超高速运算能力和大容量存储能力。自 20 世纪 60 年代末数据库产生后，随着计算机技术的飞速发展和社会对信息处理的迫切要求，数据库技术得到了较快的发展。1969 年，IBM 开发了层次型的 DBMS 软件 IMS（information management system），并用于阿波罗计划。20 世纪 70 年代初，美国数据库系统语言委员会下属的数据库任务组发布了 DBTG 报告，确定了网状数据库的概念、方法和技术。1970 年科德（E. F. Codd）提出了关系模型，为关系型数据库的发展奠定了理论基础。1976 年，IBM 研究人员发表了论文《R 系统：数据库关系理论》，全面介绍了关系型数据库的理论和结构化查询语言（SQL），从而为关系型数据库管理系统的实现铺平了道路。目前，著名的关系型数据库产品有 Oracle、Ingres、Informix、Sybase、MS SQL Server 以及 FoxPro 等。

4.3　信息资源组织的基本方法

由于社会信息现象的复杂性和用户需求的多样性，信息资源组织的方法也是非常丰富和广泛的。其中以依据信息的基本特征进行信息组织的方法最为常见。信息是事物运动的状态和方式，而任何事物运动的状态和方式都具有形式、内容和效用三个基本方面。依据这三个基本方面，信息可分为语法信息、语义信息和语用信息。

对这三种信息的组织也成为信息资源组织的基本方法。

4.3.1　形式特征组织法

形式特征组织法是根据信息的形式特征，使用一套形式化的符号系统，按照一定的规则组织信息的方法。常见的形式特征组织法包括如下几种。

（1）字顺组织法。字顺组织法是按照揭示信息概念、信息记录和信息实体有关特征所使用的语词符号的音序或形序来组织排列信息的方法。

这是一种完全采用语词符号的发音与结构特征作为排序依据的方法，操作简单，应用广泛。各种字典、词典、名录、题名目录等大多采用字顺组织法。但是，用这种方法组织信息概念时，排序结果只能显示表达信息概念的语词符号在音、形方面的联系和差异，很少或基本上不能反映信息内容之间的联系。

（2）号码组织法。号码组织法是按照每件信息被赋予的号码次序或大小顺序排列的方法。

某些特殊类型的信息，如科技报告、标准文献、专利说明书等，在生产发布时都编有一定的号码。对于其他信息产品，有时为标明其来源、类型、性质、生产日期等，同样也需要给予相应的编号和代码。按号码对信息进行组织排列十分简便易行，尤其适用于计算机信息处理、存储与检索。国际有关组织和我国有关部门已经发布了许多标准化代码表。

（3）时空组织法。时空组织法是按照信息概念、信息记录和信息实体产生、存在的时间、空间特征或其内容所涉及的时间、空间特征来组织排列信息的方法。任何事物都是在特定的时间与空间中产生、存在、运动着的，因此，时空组织法可用于对任何信息概念、信息记录和信息实体的组织排序。

其结果，或者是按时间顺序把有关信息排列成一定的次序，如年鉴、大事记、历史年表等；或者是按空间位置把相关信息组织在一起，如国家、地区、城市、乡镇等；或者是交替运用时空特征以形成多层次的信息集合，如地方志等。随着超高速计算机技术、超大容量信息存储技术和虚拟现实技术的进步，在不远的未来，人类所拥有的全部信息资源将按全球时空坐标进行统一组织和管理，即构成所谓的"数字地球"。

4.3.2　内容特征组织法

根据信息的内容特征，使用一套含有语义的符号系统来组织信息，就是内容特征组织法，常用的内容特征组织法有分类组织法和主题组织法。

（1）分类组织法。分类组织法是以类别特征组织排列信息概念、信息记录和信息实体的方法。

按类别分析事物符合人类的认知习惯，因此，该法是一种普遍使用的信息组织方法，在社会活动的各个领域，均可找到大量的实例。如分类目录、分类索引、分类词典、分类广告、分类展品陈列、分类统计报表等。对信息实施分类组织，需要对每一个组织排列对象的类别特征进行分析，为它们赋予分类代码或其他形式的类别标识，再按照类别的不同或分类代码的次序排列起来。在信息量不大、分类工作比较简单的情况下，人们可以采用自己拟订的简易分类方法来组织排序信息。当信息量较大、分类工作十分复杂时，则必须采用标准化的分类标引工具对所有信息进行分类标引，以保证信息组织排序的科学性和普适性。

（2）主题组织法。主题组织法是按信息概念、信息记录和信息实体的主题特征来组织排列信息的方法。该法给人们提供了一种直接面向具体对象、事实或概念的信息查询途径。

学术论文以及书刊内容的组织中采用的标题、章节次序等可视为较简单的主题组织法。大规模、系统化的信息资源组织活动，往往以详细揭示和有序排列主题概念为主要特征，因而需要以主题标引为基础。即首先分析标引对象，从中抽取能够代表主题特征的语词，如关键词和单元词，或者用标题词表和叙词表规范与主题有关的语词，再按照一定的排序规则，把标引过的每则信息按照主题的异同组织起来。主题组织法主要用于各种信息检索工具或检索系统记录单元的组织，如主题目录、主题文档、书后主题索引等。

4.3.3　信息效用组织法

信息效用组织法是根据信息的实用价值来组织信息的方法，它能够反映和满足用户的信息需求，在实际生活中应用极为广泛。主要包括权值组织法、特色组织法和重要性递减法。

（1）权值组织法。权值组织法是赋予不同信息以不同的权重值，然后通过复杂的计算，以权值大小为依据组织信息的方法。如报纸在版面安排上，总是把最重要的信息放在头版头条的位置；电视节目的安排，总是把重要的节目放在黄金时间播出。城市规划、行政决策、质量评估等其他地方也常用到这种方法。

（2）特色组织法。特色组织法是根据某类用户、某一用户或用户某一方面的特殊需要组织信息的方法，如旅游信息等。

（3）重要性递减法。重要性递减法是依据信息的重要程度序化信息，如报纸版面的设计等。

以上是信息组织的三种基本方法，在实际操作过程中，人们很少简单地运用单一的信息组织方法，通常是将不同层次的不同信息组织法综合起来加以运用，甚至在它们的基础上加以延伸、改进和创新，使之不断完善和发展。

4.4　网络信息资源组织

网络信息资源的组织即为网络信息资源提供有序化的结构，使之形成一个有机的整体，以便对网络信息资源进行存取和利用。要实现有效地组织网络信息资源，就必须研究适合网络资源的主题指南、分类法和主题词表，从而按信息资源之间存在的内在结构与层次，对网络信息资源进行信息资源组织和结构化，使无序的网络信息以有序化体现出来，实现信息资源效用的最大限度发挥。

随着互联网广泛而深入的发展，网络信息资源在社会信息资源中所占比重呈日益上升的趋势，并成为社会信息资源的主要组成部分。在网络环境下，随着信息资源、信息量、信息种类及传递速度的发展，网络信息资源呈现出无序性、不均衡性、非对称性、资源分布的动态性等特点，信息资源组织方式也发生了深刻的变化。

以往的信息组织多采用手工编制的目录、索引、文摘、综述等形式，局限于文献信息的组织方式。即使采用计算机技术后，所处理的仍主要是二次文献信息，也需要进行人工著录、标引。而在网络环境下，信息资源多以数据库、信息库的形式存在，数字化信息占主导地位，信息组织的对象逐渐多样化，范围也随之扩大，它不再停留于文献特征的表层描述，而深入知识单元、信息单元，因此传统的信息组织方式已经不能满足各种信息的需要，网络环境下的信息资源组织呈现出新的特点。

4.4.1 网络信息资源组织的特点

（1）组织自动化。网络信息资源的信息量剧增以及信息传递速度的加快，使得以往的手工处理和加工方式不堪重负，亟须采用自动化的信息组织手段。以人工方式进行的信息组织方法已经不能满足信息化发展的需求。互联网上提供的大量实时信息、全文信息、多媒体信息等时效性信息不允许过多的中间加工环节，因此要求实现信息组织的自动化，如自动分类、自动标引、自动编制分类表、词表、目录、索引、文摘编制和管理的自动化等。

（2）方法多样化。信息种类增多，数据库成分复杂化，过去主要适用于文本信息的信息组织方法已不能适用。信息网络中，除文本信息以外还包含大量的非文本信息，如图形、图像、声音信息等；而全文信息的比重也在逐渐增大。这些非结构化信息，不像文本信息那样格式化、规范化。如何对其进行加工和组织，如何揭示和描述其内容特征以及如何实现非文本信息数据库规模生产和低成本化等，已对以往的做法提出挑战。

（3）方法透明化。社会的发展及科技的进步，使得信息资源的用户成分发生了很大的变化，这要求信息资源组织方法更加透明和易用。在网络环境下，用户的成分逐渐多样化、复杂化，不同年龄、行业和文化层次的人都可以通过计算机终端直接利用网络上的信息资源。由于大多数用户未经过专门训练，缺乏计算机数据处理知识和必要的信息检索技能，这就要求网络信息资源组织方法简便实用，使普通用户能用自己熟悉的语言与网络交互，或不同的界面满足不同水平用户的需求。

（4）组织标准化。网络信息资源共享要求信息组织标准化。信息网络是对信息资源进行存储、加工和利用的协作系统，系统间的交流及网络资源的共享要求各方面的整体配合。因此，网络化的前提条件就是在网络建设、信息处理等方面采用一系列标准，使信息组织与加工标准化。

4.4.2 网络信息资源组织的方法

传统意义上的文献组织，事实上是将文献由一次到三次的转化过程。一次文献是指分散的图书、报告、会议文献、专利文献、技术标准、报纸、新闻稿等。二次文献则是指将各种分散的、无组织的一次文献经过替代、重组、综合、整理和简化形成的各种检索工具，如书目、索引、文摘、名录、指南等。二次文献经过二次替代，又形成书目之书目、综述、述评等三次文献。在文献由一次文献向三次文献的流动与演变过程中，不断加入了文献著者、编辑者、信息加工者的创造性劳动，逐步使得文献所含知识得到鉴别、提纯与综合，从而使文献流不断增值。同时，也使信息由分散到集中，从无组织到有序化。同样地，网络信息资源组织形式仍然遵循从一次信息到二次信息的转化过程。

4.4.2.1 网络一次信息资源的组织方式

网络一次信息是指互联网上存在的没有加工的原始信息，它们的组织方式主要有：

自由文本方式、数据库方式、超媒体方式。

1. 自由文本方式

自由文本方式主要用于全文数据库的建造，是对非结构化的文本信息进行组织与处理的一种方式，如目前传统文献的数字化，就是建立全文数据库。它是将一本图书、一篇文章、一种杂志或一份报纸的全部文本都输入计算机，使之成为计算机可以阅读和处理的文本。自由文本方式不是对文献特征的格式化描述，而是用自然语言揭示文献中的知识单元，并以此为依据，按文献全文的自然状况直接设置检索点。它所组织的是人们创造或采集的网外全文信息，是输入网络的新资源。自由文本方式组织网络信息资源具有以下优势：

（1）简单方便。自由文本方式简单方便，利用计算机自有的整套文件处理的理论与技术可以非常容易地组织和处理。

（2）易于管理。这种组织方式是存储非结构化信息的天然单位。由于计算机处理的所有最终结果都能以文件的形式保存下来，因而对于图形、图像、图表、音频、视频等非结构化信息，可以方便地利用文本系统来管理。

虽然自由文本方式具有以上优点，但用于组织网络信息资源也有难以克服的缺点：

（1）随着网络信息资源利用的不断普及和信息量的不断增多，以文本为单位共享和传输信息就会使网络负载越来越大。

（2）对结构化信息的组织与管理显得软弱无力。文本系统只涉及信息的简单逻辑结构，当信息结构较为复杂时，就难以实现有效的控制与管理。

（3）随着以文件形式保存和管理的信息资源的迅速增多，文本本身也需要作为对象进行管理。

因此，自由文本只能是网络信息资源组织的辅助形式，或者作为信息单位成为其他信息组织方式的管理对象。

2. 数据库方式

它是将所获得的信息资源按照固定的记录格式存储组织，它的最小存储单位是字段。数据库方式是对大量规范化数据进行组织管理的技术，它具有以下优点：

（1）对大量的结构化数据处理效率很高。数据库技术利用严谨的数据模型对信息进行规范化处理，利用成熟的关系代数理论进行信息查询的优化，从而大大提高了信息的管理效率。

（2）数据的最小存储单位是字段，可根据用户需求灵活地改变查询结果集的大小，从而大大降低了网络数据传输的负载。

数据库方式的不足之处主要有：

（1）对非结构化信息的处理困难较大。对网络环境日益增加的多媒体信息及表格、程序、大文本等非结构化信息的组织显得困难。

（2）缺乏直观性和人机交互性。用户的检索结果以记录的形式出现，必须由应用程序对其进行适当处理，才能以较直观的方式提供给用户，因而缺乏灵活易用的界面机制。

3. 超媒体方式

这种信息组织方式是将超文本与多媒体技术结合起来组织网络信息资源的一种主要方式。超文本方式打破了顺序线性存取的局限，将网上相关文本信息有机地组织在一起，以节点为基本单位，节点间以超链接方式相连，将文本信息组织成立体网状结构，使用户可以从任一节点开始，根据网页中信息之间的联系，从不同角度浏览与查询信息。超媒体方式是将文本、表格、声音、图像等多媒体信息以超文本格式组织起来，通过节点与链结构在数据库中寻找需要的媒体信息。采用超媒体方式组织信息资源的优势主要体现在：

（1）以非线性的方式组织信息，符合人们思维联想与跳跃的习惯。

（2）节点中的内容可多可少，结构可任意伸缩，具有良好的包容性和可扩充性。

（3）方便描述和建立各种媒体之间的语义联系，完全超越了媒体类型对信息组织与检索的限制。

用超媒体方式组织网络信息资源的主要缺陷表现在：采用浏览的方式进行搜寻，当超媒体网络过于庞大时，很难迅速而准确地定位于真正需要的信息节点上，容易造成迷航现象。

4.4.2.2　网络二次信息资源的组织方式

一次信息是原始的信息资源，对一次信息资源进行描述、揭示、分析和存储后，形成了有序化、系统化的二次信息。目前，网络二次信息资源的组织方式主要有以下几种。

1. 搜索引擎方式

搜索引擎是一种在互联网产生后伴随着用户快速查询信息的需求而产生的能提供网上信息查询的检索工具。它以网站的形式存在，有自己的网址，与一般网站的区别在于它是为了帮助人们查找所需信息，是一种信息查询工具，如同图书馆里的目录，或是电信 114 查号台。著名的搜索引擎（网站）有百度、Google、Yahoo!、搜狐等。

不同的搜索引擎可能有不同的检索界面，不同的侧重内容，但均具有庞大的索引数据库。索引数据库向用户提供检索结果信息，包括该主页的主题、地址、包含于其中的被链文档的主题，以及每个文档中出现的单词的频率、位置等。为了获得这些索引信息，每种检索工具都会顺着超文本之间的链接跟踪网上新加入的主页、节点，为其建立索引，并送回集中管理的索引数据库。因此利用搜索引擎查找信息，常常得到一系列与所查信息相关的网址。用户在得到这些网址后，再去查找所需信息的具体内容。

搜索引擎在组织网络信息资源方面具有如下优势。

（1）查找信息时，检索结果的返回速度快，有较高的检全率。

（2）搜索引擎在一定程度上实现了对网络信息的控制。在逻辑上序化和优化网络信息资源，为充分开发利用这种资源提供了前提条件和可能。

（3）搜索引擎中将元数据以数据库的方式进行组织，有些大型数据库，为了提高检索速度，还采用了多级索引的结构。

同时，搜索引擎也存在一定的缺陷，主要体现在：

（1）检索结果中包含大量相关性很小的内容，用户必须花大量时间进行剔除，从而导致出现检准率低的现象。

（2）建立资源索引时针对性不强，面向大众的资源覆盖面广，而面向科学技术方面的信息却相对很少，因此搜索引擎能达到的组织程度还远远不能满足不同用户的个性需求，对网络信息资源的更高层次的组织仍然需要图书情报机构在组织文献信息资源时的分类方法、主题方法和编目方法等方面的专业知识与经验。

（3）网站网页随时都有被删除、更改的可能，搜索引擎应及时将网页的变化反映到索引中，否则就会变成错误的链接。

2. 数字图书馆方式

数字图书馆是网络信息资源组织的发展趋势，它随着现代信息技术的发展应运而生，依靠计算机技术、网络技术等数字信息资源系统，寻求一种有效的信息组织管理方式，并对相关信息进行深层的加工处理，提供多层次的、智能的信息服务。

数字图书馆的基本目标是创造一个良好的信息环境，对网络信息资源进行知识化组织、智能化访问和服务。

数字图书馆是互联网发展到一定阶段的产物，其信息组织的主要优势如下。

（1）信息存储的分布式。数字图书馆的信息资源存储在不同的数据服务器上，借助于分布式数据库技术、通信技术和计算机网络技术，使得信息传播不受空间位置的限制。数字图书馆在一定程度上满足了公众对网络信息资源的需求，但不能满足不同用户的个性需求。

（2）信息组织的非线性。数字图书馆将信息组织为一个网状结构，信息节点之间互相链接和调用。

（3）信息组织结构的特殊性。数字图书馆中的信息组织结构由指针、元数据和数据组成。指针是在网上对数字化信息进行存取的唯一标识，目前有 URNS 和 PURL 两种。元数据是用来描述数据本身的内容特征和其他特征的数据，对应于传统图书馆中各种目录卡片和自动化图书馆中的 MARC。数据则是数字图书馆的信息实体。

数字图书馆的信息组织结构能方便用户检索使用信息。陈光祚教授认为："个人数字图书馆是数字图书馆的一种类型。它是最贴近用户个性需求的数字图书馆，可以说个人数字图书馆是 e 时代的私人藏书楼。"

3. 虚拟图书馆组织方式

虚拟图书馆是搜索引擎、主题树方式、专业指南系统等的进一步完善，不同的虚拟图书馆的信息资源要针对特定的用户。它是网络信息资源组织的有效形式，针对某一学科或领域的研究者的需要，将互联网上的有关研究机构、实验室、电子书籍、学术期刊、会议论坛等与某一学科领域相关的网络信息资源汇集之后，以主题树或数据库方式结合超文本方式链接起来。它为用户提供浏览或检索，用户在访问某一学科的虚拟图书馆网页时，通过激活相关的网络线索即超链接就可以浏览到与本学科相关的大量资料。

虚拟图书馆的信息查询服务，不仅提供某个关键词或某些关键词组合的检索，某种程度上来说，其查询结果有一定的推荐性。因此，虚拟图书馆的建设要求更高。虚拟图书馆的建设需要自动跟踪技术来及时更新指引库，需要编制高度自动化且具有很高的智能分析能力的网络自动搜索软件来代替人工资料收集。

虚拟图书馆对网络信息组织的主要优势主要体现在：

（1）专业性或专题性。目前互联网上存在的数以万计的虚拟图书馆大都是学科专业性的或专题性的，这是与综合性的一般搜索引擎和面向公众服务的数字图书馆的主要区别之一。

（2）用人工关键词标引法。虚拟图书馆对搜集到的网页、网站大都进行人工关键词标引，其标引质量较高。

（3）采用自动或人工分类方法。虚拟图书馆对收集来的网页、网站，按照学科专业或专题的各个学科分支及方面进行聚类，这种聚类可由人工进行，也可自动实现。

（4）采用数据库方法。在虚拟图书馆中，顺排档和各种倒排档是以数据库的方式存储的。

（5）采用超链接。与一般的搜索引擎一样，在检索结果中可通过记录中的 URL 字段调出原始的网页网站。

虚拟图书馆在信息组织中的不足表现在：虚拟图书馆对网页、网站的收集和维护大都是采用人工手段，这种方法的效率较低。

4. 主题树方式

主题树方式组织信息资源的方法是将信息资源按照某种事先确定的概念体系分门别类地加以组织，用户通过浏览的方式层层遍历，直到找到需要的信息线索，然后链接到相应的网络信息资源。许多著名的网络检索工具如 Yahoo!、搜狐等，都采用这种方式组织信息资源。利用主题树方式组织信息资源的主要优点为：

（1）主题树屏蔽了网络资源系统相对于用户的复杂性，提供了一个基于树浏览的简单、易用的网络信息检索与利用界面。

（2）信息检索由用户按照规定的范畴分类体系，逐级查看，按图索骥，目的性强，查准率高。

（3）采用树型目录结构组织信息资源，具有严密的系统性和良好的可扩充性。

但主题树方法为了保证主题树的可用性和结构的清晰性，范畴体系的类目不宜过多，每一类目下的信息索引条目也不宜过多，这就限制了一个主题树体系所能容纳的信息资源数量，所以主题树结构不宜建立大型的综合性的网络资源系统。

三次网络信息的生成原理与二次网络信息的生成原理相同，是对二次网络信息的搜索和对已搜集的二次网络信息的组织。网络信息资源三次组织工具主要指元搜索引擎，它是将多个引擎集成在一起，并提供一个统一的检索界面。其主要功能是将用户的查找要求递交给其他搜索引擎，并过滤其他搜索引擎传递来的检索结果，包括消除重复信息等。元搜索引擎设计相对简单，但对网络的负载太大。元搜索引擎的信息组织特征及相关问题本文不作详述。

网络信息资源组织的发展趋势应是超媒体与其他信息技术的结合，由于目前各方面条件所限，它的实施是一个逐步的过程，把传统的文献组织方法的优点融合于网络之中，并发挥网络本身的特点，使信息组织简单易用。从用户角度讲，网上的信息组织要易于查询，满足用户不同层次的个性化需求；从组织者角度讲，网上信息组织要简便，且可扩充，易于专业人员更好地应付处理大量的信息；从技术角度讲，未来的网络信息组织应向自动化、集成化、智能化的知识组织方向发展，融合分析、归纳、推理等方法实现知识挖掘。

课后案例：网络信息资源组织案例

中国互联网络信息中心（CNNIC）在京发布第 47 次《中国互联网络发展状况统计报告》。数据显示，截至 2020 年 12 月，我国搜索引擎用户规模达 7.70 亿，较 2020 年 3 月增长 1962 万，占网民整体的 77.8%。搜索引擎作为互联网的基础应用，是网民获取信息的重要工具，其使用率自 2010 年后始终保持在 80%左右，使用率在所有应用中稳居第二。搜索引擎的存在，一方面使得海量信息不至于成为一种无组织、无秩序的负担；另一方面使得普通个人从中挑选与获取信息的成本极大地降低了。搜索引擎除了帮助人们跨越空间、行业和领域的鸿沟获得信息外，也在不知不觉中抹平了时间的皱褶。由于搜索引擎的存在，当一则新闻随时间的推移从各大网站首页消失之后，来自天南地北的用户们仍然可以找到它，这取决于该信息与个人需求的相关程度，以及其所在页面的重要程度。时间因素仍然存在，但已不再那样至关重要。媒介环境中的游戏规则因此被部分改写了，曾经具有纵深感的历史仿佛已被压平。

当"寻找内容的方式"的重要性压倒内容，当软件算法成为我们的信息中介与助手，传播领域的权力格局已然生变。作为搜索引擎核心的软件算法、人工智能，无不是人为编制的规则。收录哪些，不收录哪些？如何排序，如何过滤？谁在制定规则？尽管这些问题的答案都被"商业机密"的屏障包围，但问题本身是值得追问和警惕的。例如，由于在实际的使用中，人们关注的通常只是搜索结果的前几页，甚至前几项列出的结果，由此衍生的"竞价排名"也成为搜索产业赖以生存的一大经济来源。

在现实生活中，面对纷繁复杂的网络信息资源，我们并不总能在有限的时间内找当恰当的信息来满足我们的需求。通过互联网获取需要的信息已基本成为人们的首要选择，但是在网络中，我们经常遇到这样的情况：需要的信息或者不能找到，或者是找到的信息太多了，信息过载，根本就难以准确把握哪一项信息来源更为权威可靠；又或者是找到之际已错过了使用价值。因此，网络信息资源的管理不仅是政府机构需要关注的问题，对于普通民众来说，有效的网络信息资源管理，对其高效获得可满足自身需要且数量适中的网络信息资源，也是相当必要的。

在日常的工作与生活中，目前人们主要通过哪些技术工具获取、管理、组织自身需要的各类网络信息资源？

习 题 4

一、单项选择题

1. 按加工深度的不同，以下哪一方法不是信息改编与重组的常用方法？（　　　）

　　A. 汇编法　　　　　　　B. 摘录法　　　　　　C. 综述法　　　　　　D. 文献法

2. 信息资源组织，又称信息资源整序，是利用一定的科学规则和方法，通过对信息资源外在特征和内容特征的描述和序化，实现（　　　　）的转换。

　　A. 有序信息流向无序信息流　　　　　B. 无序信息流向有序信息流

　　C. 信息流　　　　　　　　　　　　　D. 信息资源

3. 数字图书馆依托互联网技术成为发展到一定阶段的产物，成为网络二次信息资源的组织方式之一，以下哪项不是其信息组织优势？（　　　）

　　A. 信息存储的分布式　　　　　　　　B. 能满足不同用户的个性需求

　　C. 信息组织的非线性　　　　　　　　D. 信息组织结构的特殊性

4. 信息效用组织法是根据信息的实用价值来组织信息的方法，它能够反映和满足用户的信息需求，在实际生活中应用极为广泛，以下哪种方法不是信息效用组织的方法？（　　　）

　　A. 主题组织法　　　　　　　　　　　B. 特色组织法

　　C. 重要性递减法　　　　　　　　　　D. 权值组织法

5. 形式特征组织法是根据信息的形式特征，使用一套形式化的符号系统，按照一定的规则组织信息的方法。常见的形式特征组织法不包括（　　　）。

　　A. 字顺组织法　　　　　　　　　　　B. 号码组织法

　　C. 分类组织法　　　　　　　　　　　D. 时空组织法

二、问答题

1. 什么是信息资源组织？信息资源组织的目的是什么？

2. 简述信息资源组织的基本方法。

3. 简述虚拟图书馆组织方式的特点和优缺点。

4. 结合实际，谈谈网络信息资源组织的新方法和新应用。

第 5 章　信息资源存储与检索

导入案例：存储虚拟化技术

随着大数据时代的到来，数据量的存储需求迅速增长，存储技术越来越受到业界关注，越来越多的企业把数据存储作为重要项目来管理，从而带来存储管理技术的快速发展。然而，存储设备的差异性，使高效管理这些设备面临诸多困难。对存储管理而言，虚拟化是一种具有广阔前景的解决方案。存储虚拟化技术解决了存储设备管理效率的问题，不同类型的存储资源整合问题，异构存储系统的兼容性、扩展性、可靠性、容错容灾等问题。

存储网络工业协会（SNIA）对存储虚拟化的定义：通过对存储（子）系统或存储服务的内部功能进行抽象、隐藏或隔离，使存储或数据的管理应用、服务器、网络资源的管理分离，从而实现应用和网络的独立管理。

存储虚拟化技术的思想是将资源的逻辑映像与物理存储分开，为系统和管理员提供一幅简化、无缝的资源虚拟视图。对于用户来说，虚拟化的存储资源就像是一个巨大的"存储池"，看不到具体的磁盘，也不关心自己的数据在具体的哪个存储设备中。存储虚拟化技术提高了动态适应能力。它将存储资源统一集中到一个大容量的资源池，无需中断应用即可改变存储系统和实现数据移动，对存储系统能够实现单点统一管理。

虚拟化技术已经在存储领域得到广泛的应用。各个存储设备厂商也陆续推出了自己的虚拟化存储产品。存储虚拟化技术在各行各业中已经开始了大规模应用。这些应用包括数据中心、电信行业、银行证券保险行业、政府信息系统等。

虽然存储虚拟化技术已经得到了较大的发展，但对于企业和用户而言，存储虚拟化并不是万能的，企业存储管理人员需要把自己现有的存储资源、存储技术和存储虚拟化相关联，找到最适合自己企业的存储策略才是最为重要的，从而更好地利用资源、节约成本、简化存储管理。

（来源：电子政务网，2013 年 10 月 9 日，http://www.e-gov.org.cn/egov/web/article_detail.php?id=144801）

案例启示：随着大数据时代的到来，传统的存储系统已经满足不了企业用户的数据存储需要，存储虚拟化技术由此应运而生。但是由于数据存取权限、数据备份和销毁、数据安全和成本等问题，存储虚拟化并没有完全普及。相信在不久的将来克服了这些困难后，存储虚拟化会得到更广泛的应用，从而有效实现企业和用户的存储系统效率提高和安全稳定运行，降低使用成本。

5.1　信息资源存储

5.1.1　信息资源存储的含义与作用

1. 信息资源存储的含义

信息资源存储是指将经过加工处理后的信息资源（包括文件、图像、数据、报表、档案等），按照一定的规定记录在相应的信息载体上，并将这些载体按照一定特征、内容、性质组织成系统化的检索体系。

2. 信息资源存储的作用

信息资源存储的作用主要表现在以下四个方面：

（1）方便检索。将加工处理后的信息资源存储起来，形成信息资源库，这就为用户检索所需要的信息提供了极大的便利。

（2）延长寿命。信息资源存储可以有效地延长信息资源的使用寿命，提高信息资源的使用效益。

（3）利于共享。将信息资源集中存储到信息资源库中，为用户共享使用其中的信息内容提供了便利，人们还可以反复使用，提高了信息资源的利用率。

（4）方便管理。将信息资源集中存储到信息资源库中，就可以利用先进的数据库管理技术定期对其中的信息内容进行修改和更新，剔除其中已经老化失效的信息内容。

3. 信息资源存储的重要意义

信息资源存储的重要意义主要体现在以下几个方面：

（1）有利于增大信息资源的拥有量。

（2）有利于集中管理信息资源。

（3）有利于开发高层次的信息资源。

（4）有利于充分利用信息资源，提高管理工作效率。

5.1.2　信息资源存储的原则与要求

1. 基本原则

信息资源的存储形式多种多样。而信息资源的存储是以备日后信息利用的，选择合适的存储形式很重要。因此，信息资源存储时需要遵守以下基本原则：

（1）统一性。统一性原则是指信息资源的存储形式应该在全国甚至全球范围内保持一致，这就要求信息资源存储时需要遵守相关的国家标准或者国际标准。

（2）便利性。便利性原则是指信息资源的存储形式要以方便用户检索为前提，否则会影响用户使用该信息资源。

（3）有序性。有序性原则是指信息资源存储时要按一定规律进行排列，以方便用户检索。

（4）先进性。先进性原则是指信息资源的存储形式应该尽量采用计算机以及其他新兴材料作为信息资源存储的载体。

2. 基本要求

信息资源存储时需要遵守的基本要求包括：

（1）求全。所谓"全"，是指信息资源存储要尽可能地做到全面系统，应有尽有。

（2）求新。所谓"新"，是指存储的信息资源要新颖。越是新颖的信息资源，其使用价值越大。

（3）求省。所谓"省"，是指信息资源存储过程中要尽量降低费用，以便最大限度地提高效益。

（4）求好。所谓"好"，是指要建设和管理好与信息资源存储相关的设备和设施。

5.1.3　信息资源存储的主要类型

信息资源存储按照不同的划分原则可以分成不同的类型。下面介绍比较常见的几种。

1. 按存储载体进行分类

如果按载体形式划分，可将信息资源存储分为以下七种类型：

（1）人脑载体存储。在文字产生之前，人类只能依靠人脑的记忆功能来存储信息，所以说人脑是一种初始的载体存储形式，但人的记忆力毕竟有限，时间一长就会忘记。

（2）语言载体存储。语言也是人类最早的信息资源存储形式之一，人们通过语言来达到传递信息、沟通思想的预期目的。

（3）文字载体存储。文字既是一种信息表现方式，也起着存储信息资源的作用，记录文字信息的材料由最初的石头、甲骨逐渐发展到后来的简牍、缣帛丝帛、纸张等。

（4）书刊载体存储。书刊的出现要晚于文字，但它是一种更有效的信息资源存储方式，其特点是信息存储容量大，并且高度集中。

（5）电信电磁波载体存储。电信载体信息资源存储形式包括电报、电话、电传等，它们的共同特点是传递速度较快，可以大大缩短信息的传递时间。

（6）计算机载体存储。计算机载体存储的特点是存储容量大，传递速度快，联网后处理信息的范围极大。

（7）新材料载体存储。随着科学技术的发展，人类发明了许多可以用作信息资源载体的新兴材料载体，包括磁性载体（如磁带、磁盘等）、晶体载体（如硅片、集成电路等）、光性载体（如光盘等）、生物载体（如蛋白质、细菌等）。这些新兴材料载体的共同特点是容量大、效率高，可以更有效地存储各种信息资源。

2. 对信息库进行分类

信息库是指按照一定目的和要求,将各种载体形式的信息组织成有序的信息集合体,所以它又被称为"数据库"。

可以按照不同的划分标准对信息库进一步细分。例如,如果按信息库的存储手段划分,则可将其分为人工信息库和机器信息库。其中,人工信息库是指按特定要求手工建立的各种信息库;机器信息库是指利用计算机对信息进行加工、存储和检索的信息库。

如果按信息库的存储内容划分,则可将其分为文献信息库、数值信息库、事实信息库、综合信息库。其中,文献信息库是指由报刊、书籍等文献资料组成的信息库;数值信息库是指专门存储各种数值信息并为特定信息需求者提供数值信息咨询服务的数据库;事实信息库是指专门存储各种事实信息并向信息需求者提供事实信息咨询服务的信息库;综合信息库是指含有文献信息、数值信息、事实信息的综合性信息库。

如果按信息库的存储规模划分,则可将其分为大型信息库、中型信息库和小型信息库。其中,大型信息库通常是指记录数在 50 万条以上的信息库;中型信息库是指记录数在 10 万~50 万条的信息库;小型信息库是指记录数在 10 万条以下的信息库。

如果按信息库的服务对象划分,则可将其分为对外信息库和对内信息库。其中,对外信息库是指对组织外部开放的经营性信息库;对内信息库是指面向组织内部、不具备经营性质的信息库。

5.2　信息资源存储技术

传统的信息资源存储技术主要是指纸质存储技术,现代信息资源存储技术主要包括缩微存储技术、声像存储技术、计算机存储技术、光盘存储技术、闪存存储技术、固态硬盘存储技术等,它们具有存储容量大、密度高、成本低、存取迅速等优点,获得了广泛应用。

5.2.1　纸质(张)存储技术

信息存储在纸张上的历史由来已久。自东汉时期蔡伦发明造纸术后,我国文人就将历史、传记、文学著作、书信、财务账目、书画等信息记录在纸上。与更早期的竹简记录相比,纸张轻薄且成本低廉,可大量生产,易于携带和保存,成为人类在较长时期内使用的主要书写材料,承载了大量的信息存储任务。然而,单靠手工抄写文字信息费时费力,不能满足大量复制的需要。南宋时期,毕昇发明了活字印刷术,使得文字信息可以大量复制,广为传播。

纸质印刷存储是指将带有文字信息的印版表面涂上油墨类的物质,用一定压力印到纸张表面用以保留和传递信息。由于纸张上的文字信息直观易读,所以纸张是人们最常用的信息载体。其不足之处是:存储信息密度太低,体积过大,占用空间太多,而且纸张易燃烧,易受潮霉烂,易遭虫蛀、风化,因而保存信息的时间偏短。

纸质存储具有伪造困难、不易盗取、存放时间长等特点,同时还具有证明历史的不可替代的作用，又具有收藏、文物等价值。在电子信息高度发达的社会里，仍然有报纸、书籍的印制，纸质存储仍然有用武之地。一是出于安全考虑，将纸质信息作为电子信息的备份，当发生意外时可以恢复，起到安全保障的作用。二是有些人认为，读书、看报等对纸质信息的阅读，不仅有利于保护视力，还可以避免过多地受到电磁辐射。三是与纸质存储相比，虽然电子信息在复制、传递方面有巨大的优势，但需要专门设备，而这些设备运转常常需要电源，不仅消耗电能，而且经常需要充电等辅助工作。但纸质信息的无法编辑、复制烦琐、储存占用空间大等问题，使其不适合大量信息的存储，仅可以用来存储少量且重要的信息。

5.2.2　缩微存储技术

1839 年，英国人丹塞（John Benjamin Dancer，1812～1887 年）用摄影技术将 51cm 的文件缩小为 2.2cm，开辟了缩微存储的先河。1925 年，美国人首先装配成旋转式缩微摄影机。1932 年，美国国会图书馆将馆藏资料拍摄成缩微胶片。1933 年，用于拍摄报纸的平台式缩微摄影机研制成功。1936 年，德国研制成功缩微平片。此后，人们开始用缩微技术来保存各类馆藏档室资料。第二次世界大战以后，缩微技术蓬勃发展。1954 年，世界上第一台计算机输出缩微胶片装置研制成功。1957 年，缩微阅读复印机问世。之后缩微存储技术逐步与计算机通信技术相结合，向自动化、大容量方向发展。

缩微存储技术主要是利用摄影机来将印刷品上的内容缩微拍摄到胶片上，冲洗成缩微胶片后予以存储。缩微摄影机有旋转式、平台式、步进式等三种类型；有银盐、重氮、微泡三种材料的胶片；有卷式（16mm 和 35mm）、片式（148mm×105mm 标准尺寸）规格的缩微胶片。

缩微存储技术的主要优点包括：

（1）存储信息密度高，可以节省用纸张存储信息所占空间的 98%。在存储相同资料的情况下，缩微胶片与普通纸占用空间比为 1∶50。

（2）存储方法简单，成本低，比较经济。同样一份资料，如果制作成缩微胶片，则其价格仅相当于纸印刷品的 1/10～1/15，相当于磁盘的 1/100～1/1000，以及光盘的 1/10～1/100，并且可以节省邮寄费用。

（3）保存期长，在通常环境下可以保存 50 年，在标准条件下可以保存几百年。

（4）缩微品忠实于原件，不易出错。与其他存储方式（如磁盘、光盘等）相比，其误码率为零。

（5）采用缩微技术能将非统一规格的原始文件规范化、标准化，便于管理。缩微技术还可以与计算机技术、通信技术结合起来使用，实现自动化检索。

缩微存储技术的不足之处在于必须借助缩微阅读机或缩微阅读复印机才能够阅读，并且不能对照阅读，保存条件要求非常严格。

目前，缩微存储技术主要有以下几种类型：

（1）计算机输出缩微胶片。计算机输出缩微胶片（computer output microfilm，COM）通常将计算机内的机读数据通过 COM 设备转换成可以阅读的缩微影像，并直接输出到缩微胶片上。

（2）计算机辅助缩微检索系统。计算机辅助缩微检索（computer assisted retrieval，CAR）系统是指将计算机检索技术、缩微品以及纸质资料的特点融为一体的自动化检索系统。计算机与缩微胶片自动检索机直接相连，用户只要将检索指令输入计算机中，就可以在输出装置上获得检索结果。

（3）计算机输入缩微胶片。计算机输入缩微胶片（computer input microfilm，CIM）装置能将缩微胶片上的信息通过计算机和扫描器转换成计算机可读的二进制信息输入计算机中。CIM 具有经济性、耐久性、体积小、存取性能好等优点，应用范围日益扩大。

（4）激光全息缩微片。激光全息缩微片是指将印刷品内容的缩微影像，经由光束干涉，将干涉条纹存储在胶片上来实现密度极高的信息存储（148mm×105mm 的全息平片上可以存储 16 开本大小的资料 12040 页）。其主要优点是存储密度高，抗干扰能力强，显示复制设备较简单。但是，全息缩微片技术目前尚不成熟，有待进一步发展。

（5）缩微传真。缩微传真技术是将缩微照相与传真融为一体的技术，它为数字扫描和缩微图像传输创造了条件。缩微传真系统通过电话线、卫星和微波，将缩微信息传到传真接收器内，接收器收到信号后将信息转换成普通字符，再将这些字符打印或者显示出来。

5.2.3　声像存储技术

声像存储技术是指将信息通过录音或者录像等方式记录存储这样一种信息存储技术。它包括录音存储技术、录像存储技术和电影存储技术。

录音是指将声音存储起来的过程。1898 年，丹麦人波尔森（Valdemar Poulsen，1869～1942 年）制成第一台录音机，从此敲开了语音存储的大门。录音磁带发展经历了钢丝、钢带、纸基磁带、塑料基磁带、聚酯基磁带和二氧化铬磁带的过程。目前，录音磁带有普通磁带、LH 磁带（低噪声输出磁带）、钴磁带和二氧化铬磁带、铁铬磁带、金属磁带等。录音磁带存储语音信息简单方便，容易普及，但因噪声较大、易受外界环境影响，造成音质差，目前已逐渐被光盘取代。

录像是指将图像信息存储起来的过程。录像在原理上与录音基本相同，即录像是将图像信号先变成光信号，再将光信号变成电信号，继而将电信号变成磁信号，通过磁头对磁带的扫描，以剩磁方式存储在磁带上。放像时，以扫描方式使磁带上的剩磁场在磁头线圈中感应出电信号来重现图像。

在照相存储技术的基础上，电影存储技术实现了信息的动态存储，并且同时伴有声音的录制，实现了声像的合二为一。电影存储技术的主要优点包括存储信息的动态性、声像的合一性、保存的长期性、再现技术的简单性等，其主要缺点是所用设备价格昂贵，技术环节较多。

5.2.4　计算机存储技术

计算机存储技术是指利用计算机的内存储器和外存储器来存储信息。如果按存储器在计算机中所起的作用划分，则可将计算机的存储器细分为主存储器和辅助存储器。其中，主存储器（内存储器，简称"内存"）直接与 CPU 打交道，其主要特点是速度快，容量小，价格高。辅助存储器（外存储器，简称"外存"）主要用作主存储器的后备和补充，并且被人们广泛使用，其主要特点是存储容量最大，成本低，可以永久脱机保存信息。

目前，外存储器主要是磁表面存储器。磁表面存储器是指将磁性材料沉积在存储介质基体上形成记录介质，并且用磁头去读写记录介质的存储器。计算机中使用的磁表面存储器主要包括磁盘和磁带，其中，磁盘又可进一步细分为硬磁盘（简称"硬盘"）和软磁盘（简称"软盘"）两种类型。

（1）磁带。磁带的表面涂有磁性薄层，当脉冲电流送入磁头时，正对磁头的磁性薄层就被磁化，被磁化和未被磁化的两种状态分别代表"1"和"0"，就可以存储数据。磁带具有密度高、容量大、成本低、可自动存取数据等特点，但它是一种顺序存取数据的设备，存取速度较慢；在存取数据时，由于磁头与磁表面接触，因而磁性薄膜易被损坏。

（2）硬盘。硬盘内部结构由固定面板、控制电路板、盘头组件、接口及附件等几大部分组成。盘头组件（hard disk assembly，HDA）是构成硬盘的核心，封装在硬盘的真空体内，由浮动磁头组件、磁头驱动机构、盘片及主轴驱动机构、前置读写控制电路等关键部件构成。硬盘中的盘片是表面涂有磁性物质的铝合金圆盘，所有盘片都封装在一个旋转轴上，盘片之间是保持平行的。每个盘片表面上都有一个磁头，所有的磁头连在一个磁头控制器上，由磁头控制器负责各个磁头的定位运动。当磁盘高速旋转时，距离盘片几分之一微米的磁头可沿盘片的半径方向运动，定位在盘片的指定位置上进行数据的读写操作。硬盘作为极其精密的设备，由于盘片的高速旋转，细小的尘埃也相当于高速公路上的巨石，是其大敌，因此盘片必须完全密封在真空体内。

硬盘技术是半导体技术与机械技术的集合体，信息存储部分为半导体技术，定位与寻址部分为机械技术。由于其寻址受到机械技术的制约，存储速度的提升也受到一定的限制，但由于其技术相对比较成熟，仍然充当着重要的存储角色。

（3）软盘。软盘从 1972 年开始使用，由涂有氧化铁的聚酯薄膜制成，封装在纸封套内，留出一狭长槽口供磁头存取数据。它具有体积小、重量轻、便于携带和保存、存取灵活、可反复使用和多机使用等优点。软盘的主要缺点是存储密度小，存储速度和数据传输率相对较低。软盘方便携带，目前软盘的功能已经被 U 盘替代。

5.2.5　光盘存储技术

光盘存储技术是自 20 世纪 70 年代发展起来的利用激光和计算机存储信息资源的新型存储技术。它要利用聚焦成直径在 1μm 以下的激光束，在光盘表面的低熔点金属膜上逐点打微孔，以便实现信息的高密度存储。由于光盘存储容量大、易于携带、数据不易被更改等特点，已被广泛应用于各种形式的信息存储。其存储的数据不易被改写的优点区别于硬盘等存储方式，因为光盘不易受到病毒等恶意方式的攻击。光盘作为较稳定的数据存储方式已成为硬盘设备的必要补充。

光盘的构造一般分为五层，包括基板、记录层，反射层、保护层、印刷层。基板常用无色透明的聚碳酸酯板，是整个光盘的物理载体。记录层是能够反射光的专用物质的涂层，用于记录信息。记录层的工作原理是通过烧录改变反射率，由于烧录前后的反射率不同，光盘读取设备通过识别反射率的不同后给出 0 与 1 两种数字信号，实现信息的记录和存储。一次性记录的光盘和可重复擦写的光盘的区别主要是记录层材料不同，一次性记录的光盘采用的涂层材料烧录后不可恢复；可重复擦写的光盘的涂层的烧录仅改变的是涂层的性质，这种性质还可以恢复。反射层是用来反射光驱激光光束的涂层，其材料常用纯度为 99.99% 的纯银金属，保证其反射性能。保护层是用来保护光盘中的记录层和反射层的物质，所用材料一般是光固化丙烯酸类物质。印刷层是用来印制光盘的商标、图案、名称的地方。

　　光驱内部主要由激光头组件、驱动机械、电路及电路板、支撑部件等部分组成。激光头是光驱中最重要的部件，用于数据的读取工作；电路及电路板负责相关部件的电力供应和数据的传输工作；驱动部分负责光盘转动、激光头的移动和定位等动作；支撑部分用来固定光驱内的各种结构。

　　目前，市面上的光盘大体上可以细分为只读光盘、一写多读光盘、可擦写光盘三种类型。

　　（1）只读光盘。只读光盘的内容在出厂前由生产公司预先存储，出厂后用户只能读取光盘中的信息，不能更改或存储信息。只读光盘产品的类型很多，主要有 CD-ROM（compact disc-read only memory），CD（音响光盘，compact disc），CDV（影视光盘，compact disc video），CD-Ⅰ（内联式只读光盘，compact disc interactive），CD-ROM/XA（扩展只读光盘，compact disc-read only memory extended architecture），DVI（数据影视内联式只读光盘，digital video interactive）。

　　（2）一写多读光盘。一写多读光盘（write once read many optical disc，WORM）是供用户自己存储信息的光盘。WORM 比 CD-ROM 多一项功能，即一次写入信息，所以它除了具有 CD-ROM 用途以外，还可供人们自建数据库时使用。WORM 只要配备计算机、驱动器、打印机即可组成光盘检索系统，人们可将联机检索系统的数据库内容重新组织存储到 WORM 上。WORM 还可以弥补 CD-ROM 不能反映最新信息的缺点，定期将新的信息存储到 WORM 上，供用户检索。

　　（3）可擦写光盘。日本夏普公司在 1987 年率先推出了 5.25 英寸（1 英寸=2.54 厘米）可擦写光盘，它是光盘的第三代产品，采用了相变技术、磁光技术和染色聚合物技术，实现了光盘可擦写万次以上的功能。可擦写型光盘用途广，其应用前景不可估量。

　　光盘主要包括以下特点：

　　（1）存储密度高，容量大。光盘的存储密度在目前的大容量存储器中是最高的，它不仅可以用来存储计算机中的数据和文字信息，而且可以广泛用于声音和图像信息的存储。

　　（2）价格低廉，便于复制。光盘的价格仅是相同容量磁盘的 1/1000，而且体积要更小一些。如果将录有信息的光盘制成凸凹模板，就可以像压印唱片一样大量复制，其价格也与普通唱片相仿。

　　（3）坚固耐用，存储寿命较长。光盘的密封性较好，不易受尘土、有害气体以及电磁场的影响，而且它利用激光来进行非接触式存取，不仅可以快速随机存取，而且不存在磨损现象，使用寿命在 10 年以上。

光盘的主要缺点是误码率比较高，核对误码需占用 20%～30%的光盘空间。

5.2.6　闪存存储技术

说到闪存，首先要介绍计算机中的各种不同的存储器。随着计算机硬件技术的发展，基于不同的用途，计算机使用了多种不同的存储器，有只读存储器（read-only memory，ROM）、可编程只读存储器（programmable read-only memory，PROM）、可擦写可编程只读存储器（erasable programmable read-only memory，EPROM）、随机存取存储器（random access memory，RAM）等。

ROM 的原理是通过半导体电路的构造来存储数据，是通过一定的工艺一次性制造形成的，其中的数据随着原件的寿命永久保存，不能进行修改。PROM 的原理是其中的数据不是在制造过程中形成的，而是在使用中形成的，但只能写入一次，实现编程的要求。如使用"肖特基二极管"制作的 PROM，出厂时，其中的二极管处于反向截止状态，写入时可用大电流的方法将反相电压加在"肖特基二极管"上，造成其永久性击穿，即可记录数据。EPROM 是可以写入数据的，还可将写入的数据擦除，但擦除需要使用紫外线照射一定的时间，不是很方便，不过这一特性在保护信息不被更改方面非常有意义。为了弥补 EPROM 在信息擦除方面的不足，出现了电擦除式的 EEPROM，即电可擦可编程只读存储器，可方便地通过电信号擦除存储的信息。ROM、PROM、EEPROM 的共同特点是都可以在不需要电量供应的条件下长久保留数据，一般作为计算机关机后信息保存的重要存储设备。RAM 的优点是可以快速运用电信号进行写入和擦除数据，实现快速的数据更新，但断电后数据消失。各种性能不同的存储器，在计算机中担任不同的存储角色。一般 ROM、PROM、EEPROM 用来保存计算机中少量的不需要随时更改的数据，如 CMOS 中的数据，而 RAM 用来保存随时更改的数据，如内存中的数据，随着程序的加载和运行，随时可能更新数据。

闪存即 Flash Memory，属于类 EEPROM 的改进产品，但它既可以快速用电信号擦除和写入数据，又可以长久保存数据，而且断电后数据不会丢失，这一特性得到了广泛的应用。Flash Memory 与 EEPROM 也有不同的地方。EEPROM 是以一个字节（byte）为擦除单位，而 Flash Memory 可以以块（block）为擦除单位，区块大小一般为 256kB 到 20MB，因此，Flash Memory 擦除速度更快，效率更高。

闪存与内存也有一定的区别。内存都有独立的地址线和数据线，价格比较昂贵，容量比较小，速度比闪存快，用来运行程序时与 CPU 交换数据，其速度直接影响计算机的性能，但断电后信息消失。闪存更像硬盘一样，信息通过一组专有或公共的数据线来传送，速度比内存慢很多，但可以长久保存数据，并且近年来随着其存储容量的不断增加，闪存逐渐成为必不可少的存储数据、备份数据、传递数据的主要设备。

移动数码产品的普及使用，使闪存技术有了更加广阔的用武之地，闪存卡（flash card）是一种常用的存储器，一般应用在数码相机、掌上电脑、MP3 等小型数码产品中，而且闪存卡作为存储介质，由于其体积小、方便携带，成为该系列产品的主要数据存储载体。闪存卡按照应用、大小、厂商分为许多不同的种类，如有 SM 卡（smart media card）、CF

卡（compact flash card）、MMC 卡（multimedia card）、SD 卡（secure digital card）、记忆棒（memory stick）、XD 卡（XD-picture card）和微硬盘（micro drive）等。

5.2.7　固态硬盘存储技术

固态硬盘（solid state drive，简称 SSD），是用固态电子存储芯片阵列制成的硬盘，由控制单元和存储单元组成。固态硬盘具有快速读写、重量轻、能耗低以及体积小等优点，理论上来讲其速度等方面的性能应该优于机械式硬盘。但是由于机械式硬盘发展较早，技术成熟，存储容量大，目前在存储领域中仍占有较大份额。

常用的固态硬盘按照存储方式可以分为闪存（Flash）类和动态随机存取存储器（dynamic random access memory，DRAM）类。基于闪存的固态硬盘采用 FLASH 芯片作为存储介质，最大的优点就是可以移动，而且数据保护不受电源控制，能适应各种环境，使用方便，寿命较长。基于 DRAM 的固态硬盘采用 DRAM 作为存储介质，应用范围较窄，需要独立电源来保存数据，属于非主流的存储设备。

【补充资料：云存储】

云存储是在云计算（cloud computing）概念上延伸和衍生发展出来的一个新的概念。云计算是分布式处理（distributed computing）、并行处理（parallel computing）和网格计算（grid computing）的发展，是透过网络将庞大的计算处理程序自动分拆成无数个较小的子程序，再交由多个服务器所组成的庞大系统进行计算分析之后将处理结果回传给用户。通过云计算技术，网络服务提供者可以在数秒之内，处理数以千万计甚至亿计的信息，达到和"超级计算机"同样强大的网络服务。

云存储的概念与云计算类似，它是指通过集群应用、网格技术或分布式文件系统等功能，网络中大量各种不同类型的存储设备通过应用软件集合起来协同工作，共同对外提供数据存储和业务访问功能的一个系统，保证数据的安全性，并节约存储空间。简单来说，云存储就是将储存资源放到云上供人存取的一种新兴方案。使用者可以在任何时间、任何地方，透过任何可联网的装置连接到云上方便地存取数据。这通常意味着把主数据或备份数据放到企业外部不确定的存储池里，而不是放到本地数据中心或专用远程站点。

从结构模型上来看，云存储主要由成千上万的网络存储设备、分布式文件系统及其他存储中间件组成。其结构共分为四层，自下往上依次是存储层、基础管理层、应用接口层和访问层。企业使用云存储服务，能节省投资费用，简化复杂的设置和管理任务，把数据放在云中还便于从更多的地方访问数据。数据备份、归档和灾难恢复是云存储可能的三个用途。

云存储已经成为未来存储发展的一种趋势。但随着云存储技术的发展，各类搜索、应用技术和云存储相结合的应用，还需从安全性、便携性及数据访问等角度进行改进。

5.3　信息资源检索

随着信息技术的发展，信息资源呈现爆炸性的增长，如何有效地进行管理和利用，就成为情报学和信息管理类专业理论研究和应用实践的重要组成部分。作为信息资源管理的基础和核心内容之一，信息资源检索的相关理论和方法在信息资源的管理和有效利用方面发挥着日益重要的作用。

信息资源检索与信息资源存储是同一事物的两个方面，如果我们将信息资源存储看作是信息资源库的"输入"和"存放"，则可将信息资源检索看作是信息资源库的"输出"和"使用"。下面主要讨论的是信息资源检索及其相关问题。

5.3.1　信息资源检索的含义和意义

信息资源检索（information retrieval）又称情报检索，萌芽于图书馆的参考咨询工作，20 世纪 50 年代才固定成为专用术语。信息资源检索是信息用户为满足特定需求，运用某种检索工具，按照一定的检索过程、方法和技术，从各种各样的信息系统中查找、识别、获取所需信息资源的活动及过程。其概念通常有广义和狭义之分，广义的信息资源检索包括两部分，即信息的存储与检索。信息的存储主要包括在对某一专业或领域范围内的信息选择的基础上，对信息的内、外特征进行描述和加工并使其有序化，形成信息集合；信息资源的检索是指借助一定的设备与工具，采用一系列方法与策略从信息集合中查询所需的信息。狭义的信息资源检索主要指后者。

信息资源检索对于个人、国家和社会都有着重要的意义。这主要表现在以下三个方面。

（1）信息资源检索有利于充分利用信息资源，避免重复劳动。科学研究具有继承和创造两重性，这两个特性要求科研人员在探索未知或从事研究工作之前，应该知道这个内容是否有人研究、研究的进展如何以及研究的方向等，只有这样才可以使自己的工作有的放矢，避免重复劳动。

（2）信息资源检索有利于缩短获取信息的时间，提高工作效率。信息资源检索系统的利用，特别是计算机在信息资源检索系统中的应用大大提高了获取信息的速度。获取单位信息时间的缩短使得人们可以利用更多的时间来进行开拓性的工作。同时由于获取单位信息时间的缩短，也可以使人们获取更多的信息，从这些信息中获得启迪，改变认识和思维方法，提高工作效率。

（3）信息资源检索有利于决策者进行决策。科学的决策源于对信息的充分占有。信息资源检索是国家、部门、单位、企业和个人等决策者获得信息的重要途径。通过信息资源检索，可以使得这些决策者尽可能把握全局，将决策者建立在科学基础之上，大大增加决策的正确性。随着科学技术的不断发展，人们已经在信息资源检索的基础上研制出很多决策支持系统。

5.3.2　信息资源检索的基本原则

信息资源检索是从大量相关信息中利用人-机系统等各种方法加以有序识别与组织

以便及时找出用户所需信息的过程。信息资源检索时需要遵守目的性、时间性、全面性、准确性、规范性等基本原则。

（1）目的性。所谓"目的性"，是指信息资源检索时一定要以所要达到的目的为原则，绝对不要盲目行事。

（2）时间性。所谓"时间性"，是指信息资源检索时一定要有时间概念。

（3）全面性。所谓"全面性"，是指信息资源检索中心应该尽量全面、系统地为用户提供所需要的一切信息。

（4）准确性。所谓"准确性"，是指信息资源检索的结果应该尽可能地做到准确无误。

（5）规范性。所谓"规范性"，是指信息资源检索时应该遵循信息资源检索规律，按检索规则办事。

5.3.3 信息资源检索的主要类型

信息资源检索的类型有多种划分方式，如按信息资源检索的对象和目的划分、按信息资源检索的技术手段划分及按系统连接情况划分等。

1. 按信息资源检索的对象和目的划分

按信息资源检索的对象和目的划分是最常用的划分方法。根据这种方法，可以将信息资源检索分为书目检索、全文检索、多媒体检索、数据检索和事实检索五种类型。

（1）书目检索。书目检索是从存储有标题项、作者项、出版项，文摘项等书目（著录）信息的检索系统中获取标题、作者、摘要、出处、专利号、收藏处等相关信息线索的一种检索类型。检索结果不直接解答用户提出的技术问题本身，而是提供与之相关的线索，供用户参考。这是一种间接检索方式。

（2）全文检索。全文检索是从存储整篇论文、专利说明书、网页乃至整本著作的检索系统中获取全文信息的一种检索类型。它是在书目检索基础上的更深层次的内容检索，是一种直接检索方式。通过对全文的阅读，可进行技术内容及技术路线的对比分析，掌握研究现状，为研究的创新点提供参考和借鉴，可以利用各种论文全文数据库和专利说明书全文系统来进行检索。

（3）多媒体检索。多媒体检索是从存储有多媒体文件的检索系统中获取多媒体信息的一种检索方式。它是随着计算机技术的发展而产生的新的检索类型。检索结果是以多媒体形式反映特定信息的文字、图像、音频、视频等。目前可以在因特网上利用特定的检索引擎来进行检索。

（4）数据检索。数据检索是从存储有大量数据、图表的检索系统中获取数值型信息的一种检索类型。检索的结果是经过评测、评价过的各种数据，可直接用于比较分析和定量分析，可以利用各种手册、年鉴、图谱等进行检索。

（5）事实检索。事实检索是从存储有大量知识信息、实时信息和数据信息的检索系统中获取某一事物发生的时间、地点及过程的检索，可以利用各种百科全书、年鉴、名录等进行检索。

2. 按照信息资源检索的技术手段划分

（1）手工检索。手工检索是指人们利用各种印刷型的目录、题录、文摘、索引和各种参考工具书等检索工具，通过人工查找所需信息资源的检索方式。它具有方便、灵活、判断准确，可随时根据需求修改检索策略，查准率较高等特点。但由于全凭手工操作，检索速度太慢，也不便于多元概念的检索。

（2）机器检索。机器检索是指人们借助某种机械装置查找所需信息的检索方式，改进了信息资源的存储和检索方式，但是只能对某一固定存储形式的信息资源进行特定的检索，过分地依赖于设备，检索操作复杂，成本很高，并且检索质量和效率也不理想。所以很快就被计算机检索取代。机器检索主要包括穿孔卡片检索、缩微检索。穿孔卡片是一种由薄纸板制成的、用孔洞位置表示信息，通过穿孔或轧口方式记录和存储信息的方形卡片。缩微检索是把检索标识变成黑白点矩阵或条形码，存储在缩微胶片或胶卷上，利用光电效应，通过检索机查找所需信息的检索方式。

（3）计算机检索。计算机检索是利用计算机技术、电子技术、通信技术、光盘技术、网络技术等构成的存储和检索信息的检索方式。存储时，将大量的各种信息以一定的格式输入计算机中，加工处理成可供检索的数据库。检索时，将符合检索需求的提问输入计算机，在选定的数据库中进行匹配运算，然后将符合提问的检索结果按要求的格式输出。检索本质没变，变化的是信息的媒体形式、存储方式和匹配方法。这种检索方式也是当今主要采用的检索方式。

3. 按系统连接情况划分

如果按系统连接情况划分，则可将信息资源检索细分为：

（1）成批检索服务。成批检索服务是指将用户的提问积累起来，成批进行检索处理。这种方式适用于提问量大，不需要立即回答的检索服务项目。早期的计算机检索多采用这种方式。

（2）联机检索服务。联机检索服务是指检索者使用终端设备，通过通信线路，利用特定的指令和检索策略与有关数据库直接联系这样一种检索方式。目前，联机检索服务随着计算机技术和通信技术的发展，已成为极有发展前途的一种检索服务方式。

5.3.4　信息资源检索的过程和方法

5.3.4.1　信息资源检索过程

信息资源检索的基本过程如图 5-1 所示，包括：

（1）确定检索的范围和深度。信息资源检索的范围是指检索信息内容的宽度。例如，某计算机企业所需要的信息是仅指计算机价格形成信息，还是既包括计算机价格形成信息，也包括计算机价格体系信息、计算机价格体制信息等。只有明确信息检索内容的宽度，才能在信息资源检索过程中做到有的放矢，以最短的检索时间达到最好的信息资源检索的效果。

信息资源检索的深度有两个含义：一是指信息资源检索的长度。例如，如果已确定检索计算机价格信息，但计算机价格信息又分为很多年份，需要哪些年份的价格信息呢？过去的所有价格信息是否都需要？未来的价格预测信息是否也需要？所有这些都是信息资源检索的深度问题。二是指是否需要索取信息的根源。在上例中，如果已检索到所需要的计算机价格信息，还要不要索取信息原件呢？这也属于信息的深度问题。确定了信息资源检索的深度，才能使信息资源检索一步到位，避免重复劳动。

（2）选择检索工具。信息资源的检索工具很多，主要有目录、索引、文摘等。检索过程中要根据需要科学地选择合适的信息资源检索工具。一般情况下，当需要检索的信息内容十分清楚时，可以选用目录检索工具；如果只确定了检索信息的大概范围而具体内容心中无数时，则可选用索引检索工具；如果只需要获取一些信息的主干内容和重要数据，则可选用文摘检索工具。

（3）选择检索途径。信息资源检索总是根据信息的某种外表特征和内容特征来查找并索取信息资料，这些特征被称为信息资源的检索途径，包括分类途径、主题途径、信息名称途径、信息提供者途径、序号途径等，检索时可以根据需要加以选择。如果检索途径选择不当，往往会造成漏检和误检，影响信息资源检索的效果。

（4）选择检索方法。选择检索方法的目的在于寻求花费时间少、查获信息资料全的有效方法。信息资源检索的主要方法有常用法、追溯法和循环法。

（5）实施信息查找。实施信息查找是检索的实质性阶段。在信息查找过程中，如果是手工检索，则可根据检索者所提供的检索信息的标识符号进行查找，到某一具体收藏地点去查询所需的信息资料。如果是机器或计算机检索，则可以依据目录、索引以及文件名称或者主题词等去查询所需的信息资料。

（6）提取信息资料。提取信息资料既可以是将信息资料调取出来，也可能是指为信息需求者提供复印、打印服务，还可能是将信息资料直接提供给需求者使用。

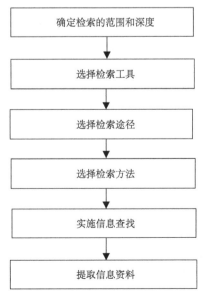

图 5-1　信息资源检索过程

5.3.4.2　信息资源检索方法

目前，信息资源检索的主要方法有以下三种。

（1）常用法。常用法又可进一步细分为顺查法、倒查法和抽查法。顺查法是指从时间上由远而近检索信息资料的方法，这种方法是根据已知课题所涉及信息资料的产生年代，需要了解它的全部发展情况，通常是从最初的年代开始查找，然后逐期逐年进行查找。例如，如果想查找某学科的发展史，则可以采用顺查法进行查找。这种方法的优点是漏检率小，查准率高；其缺点是费时费力，效率低。倒查法是指从时间上由近向远进行回溯性检索信息资料的方法。这种方法将主要注意力放在查找近期的信息资料上，就新课题研究而言，非常适合采用倒查法来查找所需要的信息资料，既能节省检索时间，又能节省检索费用。抽查法是指按课题研究的需要，抽查一定时期、一定内容的信息资料这样一种方法。该方法对于研究某一历史阶段的课题非常重要。例如，如果想要获取有关电子计算机的信息资料，则只需要聚焦 20 世纪 40 年代以来的数十年就可以了。

（2）追溯法。追溯法又称"扩展法"，是指当查到某项可用的信息资料以后，可以根据其信息来源逐项向前追查信息的源头或者出处，然后依据信息源所提供的线索，再向前追查其他相关的信息资料，直到满意为止。这种方法一般是在缺乏工具书或者信息资料较少的情况下才采用，使用时比较费时、费力，所以有一定的局限性。

（3）循环法。循环法又称"分段法"。实际上是上述两种方法的综合使用。一般是先使用常用法查找一批有用的信息资料，然后利用信息资料所附的来源进行追溯查找，以便扩大查找线索。如果需要，再利用常用法查找补充信息资料，然后追查信息资料的源头。这样循环往复，直至满意为止。

【补充资料：生物学检索工具 SciFinder】

《科学引文索引》是美国科学情报研究所出版的一部世界著名的期刊文献检索工具，其出版形式包括印刷版期刊、光盘版、联机数据库以及 Web 版数据库。SciFinder 是 SCI 开发的一种生物学检索工具，它综合了 SCI、CAplus、MEDLINE 等检索工具和数据库，为生物学研究人员提供了整合的信息检索系统。目前，SciFinder 中含有 2000 多万篇生物医学论文，涉及激素、蛋白质、酶、遗传基因、DNA、微生物学、病理学、医药学等众多领域。

SciFinder 提供了专业术语、著者名称、蛋白质以及核酸串三种检索途径，无论用户选择哪一种检索途径，SciFinder 都能够指向相关的生物医学信息。以专业术语检索途径为例，检索时应该用自然语言输入，备选结果以相应的顺序予以反馈，具体操作步骤包括：

（1）启动一个新的 SciFinder 任务，选择研究题目选项。

（2）输入一个描述相关技术领域的术语。

（3）查看备选选项。

（4）查看结果。

（5）通过二次检索来缩小检索结果，使结果更加准确。

（6）通过研究论题选项来调整单词或术语。

（7）检索题目带有未限定词汇或术语集中于待检索术语的研究。

（8）查看结果。

（9）对结果重新排序。

（10）设定概览。

著者名称以及核酸串等检索途径的检索过程与上述专业术语的检索过程基本相同。

SciFinder 为用户提供了关键词、作者以及化学系列串三个主要检索入口，从这三个检索入口可以找到用户所需要的相关文献，进而通过相关文献来获取更进一步的信息，再提供下一步检索的入口，主要包括二次检索、引文分析、概念分类以及全景概览，用户可以通过上述四种检索途径最终找到原始的全文文献。在这个检索系统中，实际上综合运用了多种检索方式，连接了多个数据库，实现了跨库的无缝连接。

5.3.5　信息资源检索的效果评价

随着信息检索研究的不断发展和深入，信息资源检索已经发展成为一个具有高度实证性的学科。信息资源检索效果是指信息资源检索所产生的有效结果。评价信息资源检索效果的目的是找出检索中存在的问题以及影响信息资源检索效果的各种因素，以便进一步提高信息资源检索的有效性。

5.3.5.1　查全率和查准率

一般来说，用户从信息资源库中检索信息时，往往受多方面因素的影响，所以通常会检索出一部分相关的信息资源，漏掉一部分相关的信息资源。

如果用 A 表示用户在信息资源库中检索出的相关信息资源，用 B 表示用户在信息资源库中检索出的非相关信息资源，用 C 表示用户在信息资源库中未检出的相关信息资源，用 D 表示用户在信息资源库中未检索出的非相关信息资源。则 A+B 表示用户在信息资源库中检索出的全部信息资源，C+D 表示用户在信息资源库中未检索出的全部信息资源，A+C 表示在信息资源库中存在的全部相关信息资源，B+D 表示在信息资源库中存在的全部非相关信息资源，A+B+C+D 表示被检索的信息资源库中信息资源的总量。

信息资源检索效果评价的两个基础指标是查全率（recall）和查准率（precision），它们代表着检索的全面性和准确性。它们是 Perry 和 Kent 在 1957 年最早提出的，1962 年 Cleverdon 首次将它们运用于实际信息检索系统的评价实验（Cranfield Ⅱ）中。国内学者在理论和实践方面亦对查全率与查准率的关系做了连续和深入的研究，尤其在 20 世纪八九十年代发表了相当数量的文章，讨论也最为热烈，并在各个时期表现出不同的侧重点。其中，80 年代主要集中在查全率与查准率的互逆理论研究上，90 年代以后则主要是关注两者的影响因素及其提高策略。

（1）查全率（R，recall ratio）反映的是用户从信息资源库中检出的与其研究课题相关的信息资源的数量比例。其计算方法：用检索出的相关信息资源数量（用 A 表示）除以信息资源库中实有相关信息资源的总量（用 $A+C$ 表示），再乘以 100%，用下式表示为

$$R=\frac{A}{A+C}\times100\%$$

（2）查准率（P，precision ratio）反映的是用户从信息资源库中检索出的与其研究课题相关的信息资源的准确程度。其计算方法是：用检索出的相关信息资源数量（用 A 表示）除以检索出的全部信息资源的总量（用 $A+B$ 表示），再乘以 100%，用下式表示为

$$P=\frac{A}{A+B}\times100\%$$

查全率和查准率之间存在着"互逆相关"的关系，即若查全率提高，则查准率会相应降低，反之亦然。不同用户对查全率和查准率的要求各不相同。因此，检索人员应针对不同检索要求来调整检索策略，以满足用户的要求。对于这两个指标来说，目前仍存在着很多方面的争议，如没有考虑输出文档之间的关系和用户的饱和度等。由于查全率和查准率本身的特性和不同的侧重点，单凭两个评价指标本身，很难解决早已出现的争议和问题。

5.3.5.2　其他评价指标

20 世纪 90 年代以来，针对不同的环境和评价目标，在查全率和查准率的基础上派生出了一系列评价指标。这里选取 TREC 特定检索任务（ad hoc tracks）使用的 trec_eval 包中的 85 种检索评价指标中的 2 个常用指标 P@N、R-Precision，并对它们的基本思想进行介绍。

（1）P@N。P@N 是指检出结果中前 N 个结果的查准率。P@N 值的大小与输出的前 N 个文档中相关文档的数量有关，与相关文档所处的位置无关。在真实应用环境中，有时不可能也没有必要对系统输出的所有结果进行相关性判断，如 Web 搜索，用户往往不关心搜索引擎输出多少相关结果，只关注多少准确结果排在第一页或前几页。一般来说，相关程度高的结果越靠前，用户的满意度就会越高。也就是说，对 Web 搜索引擎的评估是看它是否能够检出高度相关的页面，而不是所有可能的相关页面，TREC-9 的 Web 任务已经开始对高度相关文档的评估。

（2）R-Precision。R-Precision 是指检出 R 个相关文档时的查准率，其涉及的主要问题是在恒定的临界值水平使用查准率评价每个主题。其计算公式为

$$R\text{-Precision}=R/N$$

其中，R 为给定主题的相关文档数量；N 为第 R 篇相关文档在系统输出结果中的位置。

尽管出现了上述在查全率和查准率基础上派生出的一系列评价指标，但是这些评价方法和指标大多未能考虑用户之间的个体差异。在当前信息检索个性化发展趋势下，应该将具体用户纳入信息检索系统效果的评价体系之中。因此，信息检索的评价应该同时考虑客观和主观两方面，应该在对检索结果客观性评价的基础上，考虑相关性主观因素。然而采用何种指标把用户的因素考虑进去，使评价结果更具有真实性和实用性，还需要进一步研究和探讨。

5.4 信息资源检索技术

5.4.1 网络搜索引擎

作为网络环境下典型的信息资源检索技术，搜索引擎已经成为普通大众访问互联网不可或缺的工具之一。自 1994 年第一个网络搜索引擎 Lycos 问世以来，搜索引擎技术得到了快速发展，互联网上出现了多种不同类型的搜索引擎，如交互式搜索引擎、第三代搜索引擎、第四代搜索引擎、桌面搜索引擎、地址栏搜索引擎、本地搜索引擎、个性化搜索引擎、专家型搜索引擎、购物搜索引擎、自然语言搜索引擎、新闻搜索引擎、MP3搜索引擎和图片搜索引擎等。

尽管搜索引擎有上述各种不同的表现形式和应用领域，但根据其工作方式的不同，可以分为全文搜索引擎（full text search engine）、目录索引类搜索引擎（search index/directory search engine）和元搜索引擎（meta search engine）三种。

（1）全文搜索引擎。从技术角度讲，全文搜索引擎是真正意义上的搜索引擎，其通过蜘蛛程序（spider）到各个网站收集、存储信息，建立索引数据库供用户查询，并按一定的排列顺序将结果返回。国外有代表性的全文搜索引擎有 Google、Fast/AllTheWeb、AltaVista、Inktomi，国内著名的如百度（Baidu）、中搜等。

从搜索结果来源的角度，全文搜索引擎又可进一步分为两种：

①拥有自己的蜘蛛程序和索引程序，并自建网页数据库，搜索结果直接从自身的数据库中调用，上述六个搜索引擎均属此类。

②租用其他引擎的数据库，并按自定的格式排列搜索结果，如 Lycos 等。

（2）目录索引类搜索引擎。与全文搜索引擎不同的是，目录索引类搜索引擎并不采集网站的任何信息，而是利用各网站向其提交网站信息时填写的关键词和网站描述等资料，经过人工审核编辑后，如果符合网站登录的条件，则输入数据库以供查询。Yahoo！是分类目录的典型代表，其他著名的还有 Open Directory Project（DMOZ）、LookSmart、About 等，国内的搜狐、新浪等搜索引擎也是从分类目录发展起来的。分类目录的好处是，用户可以根据目录有针对性地逐级查询自己需要的信息，而不是像全文搜索引擎那样同时反馈大量的信息，尽管这些信息有时不一定符合用户的期望。

（3）元搜索引擎。元搜索引擎一般都没有自己的蜘蛛程序及数据库，它们的搜索结果是通过调用、控制和优化其他多个独立搜索引擎的搜索结果得来的。在接受用户查询请求时，元搜索引擎同时在其他多个引擎上进行搜索，对结果按自己设定的规则进行取舍和排序并反馈给用户。元搜索引擎虽没有"网络机器人"或"网络蜘蛛"，也无独立的索引数据库，但在检索请求提交、检索接口代理和检索结果显示等方面，均有自己研发的特色元搜索技术。典型的元搜索引擎如 InfoSpace、Dogpile 和 Vivisimo 等。

除了上述三种搜索引擎外，还有如下三种非主流形式的搜索引擎。

（1）集合式搜索引擎。这种搜索引擎类似 META 搜索引擎，但区别在于不是同时调用多个搜索引擎进行搜索，而是由用户从提供的多个搜索引擎当中选择，因此叫它"集合式"搜索引擎更确切,如 HotBot 在 2002 年年底推出的搜索引擎。

(2)门户搜索引擎。这类搜索引擎虽然提供搜索服务,但自身既没有分类目录也没有网页数据库,其搜索结果完全来自其他搜索引擎,如 AOL Search 和 MSN Search 等。

(3)免费链接列表(free for all links,FFA)。这类网站一般只简单地滚动排列链接条目,少部分有简单的分类目录,不过规模与 Yahoo! 等目录索引相比要小得多。

5.4.2　多媒体检索

由于多媒体技术、网络技术和数字化信息处理等新技术的飞速发展,互联网上的多媒体数量激增,网络信息不再只是单纯的文本信息,图形图像、音频、视频等多媒体信息逐渐在互联网中占有越来越大的比重。它们或独立出现,或嵌入网页文档,新的图像和影像每天都在增加和更新。因而,如何实现这些海量多媒体信息的检索成为信息资源检索领域一个重要而有意义的研究工作。

根据检索方式的不同,多媒体检索主要可以分为两种方法,即基于文本的多媒体信息检索(text based information retrieval,TBIR)和基于内容的多媒体信息检索(content based information retrieval,CBIR),下面分别予以介绍。

1. 基于文本的多媒体信息检索

基于文本的多媒体信息检索实质上是将对多媒体信息的检索转换成基于文本的检索,它是早期多媒体信息检索的唯一方式,也是当前多媒体信息检索常用的检索方式。基于文本的多媒体信息检索通过对多媒体信息进行文本注释,用文本信息来描述图像、声音、视频等多媒体信息的语义信息,进而通过文本信息检索技术来间接实现多媒体信息的检索。

对多媒体信息的注释可以通过手工和自动两种方式来完成。随着网上多媒体信息的迅速增长,靠人工标注的方式已经很难实现对更多的多媒体信息的标引,因而如何实现多媒体信息的自动标引显得日益重要。目前多媒体信息自动标引通常借助于 OCR 技术、语音识别技术和信息抽取技术等来完成。

这种检索技术的优点是实现简单,符合人们的检索习惯,并可以充分利用已有成熟的文本检索技术和搜索引擎技术等。但也存在着一些缺点,如自动标注的准确性及文本表示图像方式的主观性等问题。为了克服基于文本的多媒体信息检索技术的局限性,研究者们提出了基于内容的多媒体信息检索。

2. 基于内容的多媒体信息检索

基于内容的多媒体信息检索是一种新的信息检索技术,是对多媒体对象的内容及上下文语义环境进行检索,如对图像中的颜色、形状、纹理或视频中的场景、片段进行分析和特征提取,并基于这些特征进行相似性匹配。根据媒体性质的不同,基于内容的多媒体信息检索又可以分为基于内容的图像检索、基于内容的音频检索和基于内容的视频检索。

(1)基于内容的图像检索。基于内容的图像检索是根据分析图像的内容,提取颜色、形状、纹理及对象空间关系等特征信息，建立图像特征索引，并根据特征信息之间的相似性实现检索。目前典型的图像检索系统有由 IBM Almaden 研究中心开发的第一个基于内容的商用图像及视频检索系统 QBIC，由 MIT 媒体实验室开发研制的图像自动分类系统 Photobook，由 Virage 公司开发的 virage 检索系统及中国香港中央图书馆的多媒体信息系统（MMIS）等。基于内容的图像检索目前已在指纹识别、人脸识别、商标检索和医学图像检索等领域得到广泛应用。

（2）基于内容的音频检索。基于内容的音频检索通过从音频数据中提取听觉特征信息如音量、音调、音强等，并对这些特征信息建立索引进而实现相似性检索。该领域有代表性的成果如 IBM 的 Via Voice、剑桥大学的 VMR 系统、卡内基梅隆大学的 Informedia 等。美国 Muscle Fish 公司推出了较为完整的音频检索原型系统，该系统对音频的检索和分类有较高的准确率。

（3）基于内容的视频检索。基于内容的视频检索是当前多媒体数据库发展的一个重要研究领域，它通过对非结构化的视频数据进行结构化分析和处理，采用视频分割技术，将连续的视频流划分为具有特定语义的视频片段——镜头，并在此基础上进行代表帧的提取和动态特征的提取，形成描述镜头的特征索引；依据镜头组织和特征索引，采用视频聚类等方法研究镜头之间的关系，把内容相近的镜头组合起来，逐步缩小检索范围，直至查询到所需的视频数据。视频检索的相关研究成果有 MPEG-7、JJACOB 及卡内基梅隆大学的 Informedia 数字视频图书馆系统等。

基于内容的多媒体检索整体上还处于研究、探索阶段，在处理速度、评价标准及检索手段等方面还存在诸多问题，但随着该领域技术的进一步提升，基于内容的多媒体信息检索将会有更加广泛的需求。

5.4.3　跨语言信息检索

英语是互联网上信息资源最广泛使用的语种。然而，除英语外，还存在着中、法、德、俄、西等语种的网络信息资源。对于某个语种的用户来说，如何消除因语言的差异而导致的信息检索困难，使其不仅可以访问本语种的相关信息资源，还可以方便地利用日益丰富的其他语种的信息资源，成为信息检索要解决的重要问题之一。跨语言信息检索（cross-language information retrieval，CLIR）就是因此而产生的。

所谓跨语言信息检索，是指用户以自己熟悉的语言来构建和提交检索提问式，系统据此检索出符合用户需求的包含多个语种的相关信息。跨语言检索中，用户查询提问式所使用的语言，一般为母语或熟悉的第二外语，称为源语言（source language），而系统检索到的信息所包含的语种，称为目标语言（target language）。如何在源语言与目标语言之间建立沟通桥梁，是跨语言信息检索研究的核心问题。

根据跨语言信息检索过程中所处理的对象，可将跨语言信息检索的技术方法分为提问式翻译、文献翻译和非翻译三种。

（1）提问式翻译。提问式翻译是指将用户提交的查询请求翻译成系统支持的多种语言，然后对不同语言的信息资源进行检索，该方式是目前 CLIR 研究的主要方法。其优点体现在两个方面：一是可以紧密融合单语种信息检索技术；二是仅对检索提问式翻译，对翻译系统的要求不高。该方式的缺点是返回的信息资源仍用目标语种表达，因此也有人认为该方式是种不完全的跨语言检索方式。该方式实现的关键点在于提问式翻译，在具体实现上主要有两种模式，即基于词典的模式和基于双语语料库的模式。

（2）文献翻译。除提问式翻译外，跨语言信息检索的另一种实现方式是文献翻译，即先将系统支持的多语种信息翻译成与检索提问式相同的语种，然后按单语种信息进行检索。目前实现文献翻译的技术主要有机器翻译系统和基于字典翻译文献索引词两种方法。其中机器翻译系统要求能够将目标语种的信息翻译成源语种，能够执行深层次的语法分析，利用丰富的上下文信息，解决一词多义和歧义等问题。尽管在特定的领域具有较高的翻译质量，但机器翻译技术对于如网页等信息的翻译精度仍然较低，有待进一步的突破。

（3）非翻译。非翻译方法主要是通过如潜语义索引模型等技术建立原始文档与对应的翻译文档之间的联系，进而获得双语文档集的特征信息和检索词的映射关系等，并以关联文档中的语词检索出另一语种的相关信息。非翻译方式不需要词典、词表和机器翻译系统，也不存在翻译过程中消除歧义等问题，具有很高的灵活性和适应性，其缺点是文档关系的建立需要预先有足够的训练数据。

作为信息资源检索的重要研究领域，跨语言信息检索获得了广泛的关注，并取得了一系列研究成果。目前，在跨语言信息检索领域，已研发出如 Aport、Eric 和 Mulinex 等系统，也有投入使用的商业系统，如 Cindor、Rotondo 和 TextFinder 等。

5.4.4　XML 信息检索

由于具有可扩展性、简单性、开放性和互操作性等诸多特点，XML 信息检索自 1.0 版本于 1998 年提出以来，在科学信息存储、数字图书馆及互联网上得到了广泛的应用。XML 信息检索已经成为国际信息资源检索领域研究的热点和前沿问题。

传统信息资源检索研究往往关注于非结构化信息（自由文本）的检索，而很少关注文档结构所蕴含的语义信息。XML 作为半结构化信息的标记语言，不仅需要考虑如何从文档中找到相关信息，也需要考虑相关信息的结构和粒度问题。也就是说，XML 信息检索与传统信息资源检索的区别在于，其不仅支持文档级的检索，还支持元素级（文档片段）的检索。

根据检索提问式的不同，XML 信息检索可以分为 CO 检索和 CAS 检索。

（1）CO 检索。CO 即 content only，也可称为关键词检索。顾名思义，与传统信息检索系统一样支持用户输入的关键词查询表达式，只不过不同之处在于其检索返回的是 XML 元素而不仅是整个文档。例如，查询式"information retrieval"表示检索关于 information retrieval 的 XML 文档片段。

（2）CAS 检索。CAS 即 content and structure，也可称为结构化检索。其在关键词检索的同时，还支持对检索关键词所在的结构进行限制，这种检索方式的检索表达式构造一般遵循 XPATH 等 XML 结构化查询（检索）语言。例如，查询式"//article[.,about（information retrieval）]//section[.,about（XML）]"表示检索关于"information retrieval"文档里的"XML"的 section 片段。

　　根据XML信息检索元素返回结果的要求,XML信息检索可以分为Overlap、Focused、Browse Overlap、Browse Focused 和 Best in Context 等显示模式。其中 Overlap 不考虑元素间是否重复,按照相关性得分从大到小显示所有相关的 XML 文档片段;Focused 不允许重复元素,并对元素按照相关性得分大小排序显示;Browse Overlap 则在 Overlap 检索结果的基础上按照元素所属的 XML 文档分组显示;Browse Focused 则是在 Focused 检索结果的基础上按照元素所属的 XML 文档分组显示;Best in Context 则是只显示每篇文档的最佳入口点,即用户开始浏览该篇文档的最佳起始点。

　　XML 信息检索与传统信息检索在检索的目标与用户需求、元素和内容的存储与索引、检索算法与模型构建、检索结果的呈现及相关反馈等多方面都有很多不同之处,因而自 XML 成为半结构化数据的标准之后,数据库领域的专家和信息检索领域的学者们就对 XML 信息检索进行了深入的研究,并设计开发了多个 XML 信息检索系统。其中,商业性质的 XML 信息检索系统包括微软的 SQL Server 2005、IBM 和 Oracle 的相关数据库管理系统;面向科学研究的 XML 信息检索系统包括 MPII(Max-Planck Institute for Informatics)开发的 TopX、康奈尔大学计算机科学系开发的 XRANK、德国杜伊斯堡大学开发的 HyREX,以及中国武汉大学信息资源研究中心开发的 WHU-XML 等。然而,迄今为止,关于 XML 上下文(包括文档与元素、元素与元素之间)的相关性、重复元素的过滤、可检索元素的选择和太小元素的处理等问题仍然需要做大量的实验和用户实证研究。

　　此外,分布式检索、分类和聚类、自动摘要和问答检索等也都是当前信息检索的重要相关技术,读者可以参见其他相关文献加以了解,本章限于篇幅不再赘述。

5.4.5　Web 挖掘

　　1989 年,欧洲核子研究组织(European Organization for Nuclear Research,CERN)的工程师 Tim Berners-Lee 针对科学家之间文献交流的需求,首次提出了 Web 概念与应用框架,其核心是通过超链接实现文本文档的共享。1995 年以后,Web 进入了快速发展阶段,互联网上的 Web 页面数量与服务器数量呈指数级增长,2004 年以后,互联网上的 PIW(Publicly Indexable Web)页面数已达到了 10^{10} 数量级,每天新增页面数量超过 800 万个,而 Web 服务器数量的倍增周期仅为 23 周。Web 已成为一个开放的、动态的全球信息服务中心,是当前人们获取信息的重要手段。

　　网上信息资源的海量增长为信息检索提供了广阔的发展空间,但同时也带来了挑战。如何从这些海量信息中快速、准确和有效地获取、识别或发现所需信息,单单通过信息检索技术已经无法满足人们的需求,在此背景下,Web 挖掘(Web Mining)技术得到了快速发展。

5.4.5.1　Web 挖掘定义

　　"Web 挖掘"这一术语最早由 Etzioni 于 1996 年提出来,并逐步发展为一个新的涉及数据挖掘、文本挖掘和机器学习等多学科交叉研究领域的技术。不同研究领域的学者对 Web 挖掘的理解也不一致,因此,目前尚无广泛接受的 Web 挖掘定义。以下是具有一定影响力的 Web 挖掘定义。

Etzioni 将 Web 挖掘定义为"利用数据挖掘技术自动从 Web 文档与服务中发现或抽取信息"。

陈新中将 Web 挖掘定义为"从大量 Web 文档的集合中发现隐含的模式，其过程就是从输入到输出的一个映射"。

在百度百科上，Web 挖掘被定义为"利用数据挖掘技术从与 WWW 相关的资源和行为中抽取感兴趣的、有用的模式和隐含信息，涉及 Web 技术、数据挖掘、计算机语言学、信息学等多个领域，是一项综合技术"。

综上所述，可以将 Web 挖掘定义为"利用数据挖掘、文本挖掘和机器学习等技术从 Web 页面数据、日志数据和超链接关系中发现感兴趣的、潜在的和有用的规则、模式或领域知识等"。

5.4.5.2　Web 挖掘分类

作为 Web 挖掘的对象，Web 数据包含了内容数据（content data）、结构数据（structure data）及日志数据三种类型，分别对应于 Web 数据的语义、语法与语用三个层次，根据上述三种 Web 数据类型，Web 挖掘可以分为 Web 内容挖掘（Web content mining）、Web 结构挖掘（Web structure mining）和 Web 日志挖掘（Web usage mining）三个子领域。

（1）Web 内容挖掘。Web 内容挖掘是从 Web 信息如文本、图像、声音、视频、多媒体或其他信息描述中发现知识的过程。Web 内容挖掘通常可分为 Web 文本挖掘和 Web 多媒体挖掘。由于 Web 文档绝大部分内容是以文本形式存在，因而 Web 内容挖掘也被称为 Web 文本挖掘。从信息检索的角度来看，Web 内容挖掘的任务是帮助用户过滤信息，提高信息检索质量；从数据库的角度来看，Web 内容挖掘的任务主要是试图建立 Web 站点的数据模型并加以集成，以支持复杂查询，而不只是简单地基于关键词的搜索。Web 内容挖掘通常采用自然语言处理（natural language pressing，NLP）和信息检索等技术，如文本摘要、分类、聚类和关联分析等。

（2）Web 结构挖掘。Web 并非简单的页面集合，在页面之间或页面内部都存在以超链接、HTML 或 XML 标签描述的各种结构，这类结构中隐含着大量有价值的信息。Web 结构挖掘指利用图论等方法在单个页面内部、特定页面集或整个互联网上从直接可见页面数据（publicly indexable web，PIW）等维度就结构数据进行挖掘以获取增值信息的过程。根据网络结构数据的类型，Web 结构挖掘又可以分为两种类型：一种类型是利用超链接结构并从中提取出模式；另一种类型是对文档结构的挖掘，通常利用树状结构去分析如 HTML 和 XML 等网页的标签。后一种类型主要关注页面检索结果的排序、基于主题的页面聚类和互联网宏观特性，如小世界特性和非尺度特性等的分析与应用。

（3）Web 日志挖掘。Web 日志挖掘是指利用数据挖掘技术从 Web 日志中发现 Web 用户的行为模式。Web 服务器日志记录了用户访问本站点的信息，包括 IP 地址、请求时间、方法、被请求文件的 URL、返回码、传输字节数、引用页的 URL 和代理等，反映了用户访问和交互等行为。分析这些数据可以帮助理解用户的行为，从而改进站点的结构，改善营销策略，或为用户提供个性化的服务等。日志挖掘可分为共性模式的挖掘与个性模式的挖掘，前者通过挖掘用户群体 Web 日志获取用户访问的共性规律，以改进站点的性能和组织结构，提高 Web 用户查找信息的质量和效率。后者通过统计和关联分析等找出特定用户与特定地域、特定时间和特定页面等要素之间的内在联系，为用户提供个性化的服务。一般来说，Web 日志挖掘过程分为预处理、挖掘算法实施和模式分析三个阶段。

表 5-1 对三种 Web 挖掘类型进行了对比，从中可以看出，三者挖掘的数据对象不同，在所使用的挖掘方法与应用领域方面也存在很大差异，具有相对独立性。但在具体应用中，往往需要三者并用。例如，为了提高 Web 用户个性特征（如用户兴趣）获取的准确率，不仅要挖掘用户的访问日志，还要对用户访问的页面内容进行挖掘；再如，在检索结果的排序中，页面权重值的计算同时涉及针对页面超链接的结构挖掘与页面文本的内容挖掘。

表 5-1　三种 Web 挖掘的对比

对比项	分类	Web 内容挖掘	Web 结构挖掘	Web 日志挖掘
挖掘对象	数据类型	文本、超文本、图像、音频和视频	页面间与页面内部的超链接和 HTML 语法定义的结构	Web 服务器日志、代理服务器日志和浏览器日志
	数据特点	异构的半结构化或非结构化数据	链接结构和层次结构	结构化数据
挖掘方法		文本挖掘、数据挖掘、机器学习和多媒体挖掘	专有算法，如 HITS、PageRank 和数据挖掘	数据挖掘和机器学习
典型应用		检索结果排序、查找相关网页、文档分类与聚类	文档分类与聚类、信息检索和本体学习	站点自适应和用户建模

习 题 5

一、单项选择题

1. 下列哪一项不属于信息资源存储的作用？（　　）

　　A. 方便检索　　　　　B. 延长时间　　　　　C. 利于共享　　　　　D. 方便管理

2. 下列信息存储技术①声像存储技术、②缩微存储技术、③光盘存储技术、④计算机存储技术、⑤闪存存储技术，根据出现时间进行排序正确的是（　　）。

　　A. ①②③④⑤　　　　　　　　　　　B. ②①③④⑤

　　C. ②①④③⑤　　　　　　　　　　　D. ②①④⑤③

3. 按照（　　）划分，可以将信息库分为文献信息库、数值信息库、事实信息库、综合信息库。

　　A. 信息库存储手段　　　　　　　　　B. 信息库存储内容

　　C. 信息库存储规模　　　　　　　　　D. 信息库服务对象

4. 下列不属于信息资源检索方法的是（　　）。

　　A. 常用法　　　　　B. 工具法　　　　　C. 追溯法　　　　　D. 循环法

5. 搜索引擎按照工作方式的不同可以分为（　　　）。

    A. 全文搜索引擎、目录索引类搜索引擎和元搜索引擎

    B. 集合式搜索引擎、目录索引类搜索引擎和元搜索引擎

    C. 集合式搜索引擎、门户搜索引擎和目录索引类搜索引擎

    D. 集合式搜索引擎、门户搜索引擎和免费链接列表

6. 多媒体信息检索直接对图像、音频、视频等多媒体信息进行分析，抽取特征和语义，建立索引，然后进行检索，属于（　　　）。

    A. 基于内容的检索　　　　　　　　B. 基于关键字的检索

    C. 基于数据库的检索　　　　　　　D. 基于文本的检索

7.（　　　）不是信息检索效果评价指标。

    A. 查全率　　　　　　B. 查准率　　　　　　C. 漏检率　　　　　　D. 及时率

二、问答题

1. 按照存储载体分类，信息资源存储可以分为哪几种类型？

2. 举例说明实际生活中会用到哪些信息资源存储技术？

3. 简述信息资源检索的过程。

4. 信息资源检索的方法有哪几种？

5. 简述查全率和查准率的关系。

第6章　信息资源的开发与利用

学习目标

> ➢ 信息资源开发与利用的目的及二者的关系
> ➢ 信息资源开发
> ➢ 信息系统建设
> ➢ 信息资源开发技术
> ➢ 信息资源利用技术

导入案例：让沉默的数据不再沉默

随着互联网应用的丰富，每个人每天都在生产着各种各样的数据，久而久之形成了庞大的数据库，但数据库里面的数据基本保持沉默状态。从沉默的数据中发现有价值的信息，深入挖掘、综合利用、转化为知识，才是信息管理真正价值的体现。

生产制造企业每天要消耗大量的原材料，原材料是从全国乃至全球范围内采购来的。这意味着，从源头对所有原材料的检验定检几乎是无法实现的；而传统的批检、抽检方式精确度还有待提高。此时，对企业生产环节的各类数据进行深度运算和分析，可以找出资源最优利用的方案组合。比如，哪几个产地的原材料组合在一起质量最好，某个工艺处理环节该用怎样的参数配比可以使生产加工的性能更加稳定。在此基础上，将采购和制造环节的数据打通，实现生产布局的优化。

大量餐饮企业都在建立自己的客户数据库，根据客户订餐及用餐情况，为客户建立专属档案，如姓名、电话、消费偏好、特征等，随着客户的多次用餐，这些信息将越来越丰富而鲜活。但里面的数据基本保持沉默状态。围绕数据库中记录的客户信息做出个性化服务，当客户多次订餐时，系统中所记录的客户此前订餐及用餐的相关信息，在电话接通的一瞬间，就会出现在服务人员的电脑屏幕上。服务人员可以迅速喊出客户的名字，并询问客户是否预定上次的包间等。餐馆可以通过这些做法，与那些有价值的客户建立一种牢固的情感联系。沉默数据一旦被唤醒，就会转换为客户的品牌偏好与餐饮企业的经营效益。

在教育领域，对特定的学生进行数据分析，可以得到一些非常有价值的数据。比如，对来自不同区域的学生进行分析，分析结果认为，学生成绩受不同地区基础教育发展状况的影响较大。从平均绩点看，来自东部地区、中部地区、西部地区学生的成绩呈递减趋势。在中部和西部地区，城镇学生成绩优于农村学生，东部地区则相反。分析认为，出现这种情况或与学生所受基础教育相关：在中、西部地区，城镇的基础教育资源和水平明显高于农村；而在东部地区，农村和城镇教育资源和水平相对均衡，不少农村学生在基础教育阶段反而可能学得更深。

案例启示：信息多并不意味着益处多，数据大并不意味着价值大。能不能让数据发挥出大价值，关键取决于是否具备有效整合、分析、提炼数据的能力，取决于能否从中挖掘出制胜机理、摸索出制胜线索、创造出制胜招法来。否则，再多再大的数据也只是一堆垃圾而已。

对于组织而言，数据是一种重要的战略资产，数据是构建智慧型组织的基础。从沉默的数据中发现有价值的信息，深入挖掘、综合利用并转化为知识，才是信息管理真正价值的体现。

6.1　信息资源开发与利用概述

6.1.1　信息资源开发与利用的目的

信息时代，信息资源作为国民经济和社会发展所必需的一种重要的战略资源，具有一系列物质资源和能源资源不具备的经济功能。信息资源可以极大地提升物质资源和能源资源的利用率，有效缓解这些资源日益短缺带来的严峻社会问题。

信息资源开发与利用的历史悠久，伴随着科学技术的进步，信息资源的表现形式也逐渐多样，信息资源的开发与利用方式也是多种多样的。例如，在载体形式不变的情况下，对信息内容进行加工，提高信息的效用；或者，仅仅改变信息的载体形式，发掘、扩展信息的采集和传播渠道，提高信息的可获得性和可共享性；也可以是上述两个方面的结合。信息资源的开发与利用也已逐渐由小众化、分散化和自发性活动，发展为专业机构组织、面向大众服务、自觉参与的大规模信息资源开发。

信息资源管理的核心目标就是开发与利用信息资源。信息资源开发与利用就是为了发现信息资源的价值、获取信息资源的价值、利用信息资源的价值来提升组织效益、实现组织目标。

6.1.2　信息资源开发与利用的关系

信息资源开发与利用是两个相互联系但又相互区别的概念。信息资源开发，就是对信息资源进行采集、处理、存储、传播的过程，在这一过程中不断地发掘信息及其他相关要素的经济功能，将它们转化为现实的信息资源，并努力开拓其在国民经济和社会发展中的用途。信息资源利用，就是人们根据分析问题和解决问题的需要，有目的性地、有选择性地、能动地利用信息资源以满足个人、组织和社会的需要，使现实的信息资源发挥作用和产生效益的过程。

综上所述，从活动过程（图 6-1）中看二者紧密衔接。信息资源开发是为了有效地利用信息资源，也就是说，信息资源开发是信息资源利用的前提，而信息资源利用是信息资源开发的最终目的。

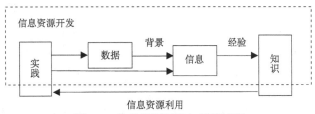

图 6-1　信息资源开发与利用过程

6.1.3 信息资源开发与利用的意义

6.1.3.1 社会层面

信息资源是国民经济和社会发展的战略资源，信息资源的开发与利用是国家信息化战略的核心内容，它的开发与利用水平在一定程度上代表着一个国家的生产力水平和综合国力。

（1）为国家发展提供战略资源。信息时代，信息资源已成为国家的战略资源。信息资源具有区别于其他资源的效用价值。其效用价值在与其他资源相结合时，其他资源通过信息资源带来的附加价值产生了更多的价值增值。因此，信息资源的开发与利用可以减少其他物质和能源资源的消耗，加快国家综合国力的提升，所以应该从国家的战略高度认识整个国家的信息资源开发。特别是随着全球网络信息资源的迅速膨胀，开发和利用信息资源不仅是加快国家经济发展、提高国家经济竞争力的需要，也是防止文化侵略和意识渗透、保护民族文化的战略举措。

（2）促进国家产业结构优化。从全球经济发展趋势来看，高科技信息产业的发展已成为世界上大多数发达国家的国家战略。世界上大多数发达国家从 20 世纪 70 年代就已经开始了产业结构的升级换代，重点发展科技含量较高、污染较少、社会收益较大的信息产业、数据库产业、知识产业、生物产业等"朝阳产业"，逐步淘汰了一些传统的经济附加值低的"夕阳产业"。在信息资源开发活动中产生的新型产业，如咨询产业、数据调查产业、信息评估产业、互联网服务产业都是附加值高、社会收益巨大的新型产业，这些产业的发展无疑可以替代部分传统产业，实现国家产业结构升级和优化，并增强国家的国际经济竞争力。

（3）增加就业机会，提高劳动力素质。信息资源的开发与利用过程中，其相关产业也相应发展起来，为社会提供了大量商业机会，又增加了大量的就业机会。目前看来，信息产业的发展速度和经济带动效应一直位于各产业之首，逐渐成长为社会的支柱性产业。而且，信息资源开发及应用中使用到的设备和技术普遍要求从业人员有较高的文化素质，所以，信息资源开发活动还促进了劳动力文化素质技能的提高。

6.1.3.2 组织层面

进入 20 世纪 90 年代以来，以微电子技术为基础的新技术革命正在推动着科技和社会经济生活的变化。在这样的环境下，一个组织能否生存和发展，很大程度取决于其是否对信息资源进行了充分开发与有效利用。

（1）提高组织的工作效率。信息是维持组织正常运作的"润滑剂"，而生产出有价值的信息产品，无疑会极大地推进组织活动的开展，提高工作效率。例如 CEO 通过专业人员的研究以及个人的分析判断而做出符合市场经济规律以及组织实际情况的经营决策，能正确引导组织的发展，使各项工作有序进行，并易于得到员工的理解和支持，加强组织的凝聚力，使组织的工作效率得以提高。

（2）改善组织的经营效果。对企业或者公司这类经济组织来说，获取最大利润是它们的最终目的。由于社会信息化程度的日益加深，它们面临着激烈的市场竞争，在不断加剧的竞争环境中，信息这一生产力要素成为这些组织制胜的关键因素之一。然而，面对浩瀚的信息海洋，努力开发信息资源是获取有价值信息的唯一途径。因此，高效地开发信息资源，生产出增值信息产品，将极大地增强组织的竞争实力，从而改善它们的经营效果。

（3）增强组织的灵活性和适应性。由于组织面临着全球经济一体化的大环境，竞争的激烈程度可想而知。在这样的环境中，信息是否畅通、及时和准确，通常决定一个经济组织能否生存和发展。因此，开发和利用信息资源能有效地避免组织在生产经营活动中遭受"触礁"的风险，增强其灵活性和对环境的适应能力。例如，著名的海尔集团，通过对市场的研究和用户心理的准确捕捉，经常在产品的创意和设计上推陈出新，生产出"小王子"冰箱、"小丽人"洗衣机等产品，从而使海尔集团能灵活应对市场并稳步发展为著名的跨国企业集团。

（4）提高组织的创新能力。信息资源开发本身是一种创造性的活动，其形成的结果即信息产品同样具有创新性。当今时代，知识创新、组织创新是社会经济发展的主旋律。尤其是随着知识经济时代的来临，组织的知识管理逐渐提上了议事日程，这种管理思想的目标是实现创新，而达到这一目标的主要手段便是开发和利用信息资源。因此，信息资源管理是推进知识创新和组织创新的主要动力，它不仅能增强组织的活力，还能为经济组织提供商机。

6.2　信息资源开发

6.2.1　信息资源开发的含义

由于在"信息资源"概念理解上的差异，目前还没有确切的"信息资源开发"的概念。这里，从狭义和广义两方面来认识信息资源开发。

从狭义的角度，信息资源开发仅指对信息资源本体（即信息内容）的开发，主要包括信息的生产、表示、搜集、整序、组织、存储、检索、重组、转化、传播、评价和应用等。通过这些环节不断重组和加工信息内容本身，提升了信息资源的质量，完善了信息服务，方便了信息资源的利用。狭义的信息资源开发挖掘了信息资源的潜在价值和显在价值。在实现信息资源自身的经济价值（信息服务和信息商品的价值）的同时，也通过信息资源的开发而降低其他资源的消耗，进而实现其他资源的升值，增加社会总收益。

从广义的角度，信息资源开发指任何能够改进和加速信息资源交流与利用的活动，包括信息本体开发、信息技术研究、信息系统建设、信息设备制造，以及信息机构建立、信息规则设定、信息环境维护、信息人员培养等活动。这种定义系统考虑了与以信息资源为核心的开发活动及其联系紧密的其他社会行为，能够揭示信息资源开发过程的系统性、复杂性和交叉性。

6.2.2　信息资源开发的内容

信息资源开发是以客观信息为对象的行为活动，目的是要揭示信息、组织信息、评价信息，为利用信息做准备。

信息资源和其他资源一样，因其开发过程中本体存在方式、表现形态不同，可以划分为一次开发、二次开发和三次开发。

（1）信息资源的一次开发。信息资源一次开发实质就是通过试验、调查、观察、描绘、摄影、扫描、记录、传输和交流等手段将原始信息或蕴含在原始信息中的潜在信息转化成便于人们认识的显性信息，形成最基础的信息资源。例如，考古学家对几千年、几百年前古人的字画进行考察，以研究其所在时代的社会风俗、天气变化规律等信息；企业市场研究人员对某季度各地区的产品销售数据进行统计分析，以发现不同地区消费者的消费趋向和产品的优缺点，从而制订更为合理的销售计划和产品设计规划等。这就是对原始信息和其蕴含信息的开发利用。

（2）信息资源的二次开发。信息资源的二次开发以基础信息资源为主要开发对象，经过分析、排序、整理、标引、归类、入库和推荐等行为，对杂乱的基础信息进行条理化、有序化、规范化、标准化和精简化，从而剔除噪声信息、干扰信息、冗余信息、垃圾信息和低价值信息等。通过信息的有效组织和管理，减少信息爆炸带来的信息过量和空间占用，以及从原始信息中提炼更有价值的规律信息等。当然在二次开发过程中，也可以产生新的原始信息，对这些信息的搜集、整理和记录反过来又构成了新的信息资源。二次开发活动的典型行为有：建立期刊全文数据库，出版画册集锦，建立全国期刊、报纸索引，剪报并发表专题信息，开发网络导航系统，开发搜索引擎等。

（3）信息资源的三次开发。信息资源的三次开发一般是指依靠人类的知识、智慧、技术对客观的信息资源进行研究、变形、宣传、推广、传播的活动，其实质是信息资源的浓缩化和多样化。例如，通过对大量信息进行综合分析产生综述、研究报告，将印刷型图片扫描成数码图片，将计算机中的资料刻录到光盘上，通过评价网站的内容引导用户使用更加理想的网站，通过电视报道宣传现有的信息成果和使用方法，通过大众演讲教授某种技能或者知识等。一般从业人员是情报研究人员、频道主持人、网站构建师、培训讲师和新闻工作者等。

事实上，信息资源的三次开发没有明显的划分界线，很多时候难以区分某一开发行为到底属于第几次开发过程。信息资源的每一次开发都需要利用大量信息和信息加工品，同时又会产出大量信息和信息加工品作为再次开发的原始信息，如图 6-2 所示。因此信息资源的三次开发之间是相互依托、彼此促进的。

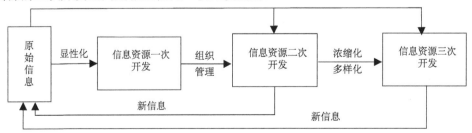

图 6-2　信息资源三次开发之间的关系

6.2.3　信息资源开发的模式

信息资源开发必须与信息资源本身的类型和特点相结合，也必须与不同行业用户的需求特点相结合。因而，在进行信息资源开发时，必须综合考虑资源特点和需求方向。目前信息资源开发主要有价值驱动型开发模式和需求驱动型开发模式两类。

6.2.3.1　价值驱动型开发模式——信息产品

价值驱动型开发，也称面向信息资源本体（内容）的开发，是指以已经存在的信息资源本体为开发对象，通过对信息资源本体的统计分析、数据挖掘、评价和总结等活动实现信息资源的价值增值，形成能反映和满足用户信息需求的信息产品。价值驱动型开发的最终目的是形成信息产品。具体开发方式有如下几种：

（1）转化型开发。转化型开发指将不同类型、不同载体、不同形式、不同语种的信息资源进行形式转换，从各个角度展示给用户，满足用户的需要。这里的转化主要是指多语言化、多介质化、数字化、多媒体化、多文件类型化。

（2）挖掘型开发。对已有的大量信息进行深入挖掘，包括数据挖掘、文本挖掘等，通过揭示隐藏在数据背后的规律来发现业务问题或新的业务机会。对数据深入挖掘的方法可以较复杂，采用专门的方法和工具，也可以较简单，关键是多角度地考察信息，要求数据挖掘人员的素质较高，同时具备数据分析知识和业务知识，而且具有较强的创新性和责任感。

（3）主题集成型开发。按照某一主题，将分散在不同领域、不同载体、不同形式中的信息按照一定规则抽取出来进行梳理排序等，重新组合成新的信息，从而在一个主题范围内实现信息的深度揭示和广泛收集。但是，它并不对信息进行深加工，仅按照一定的规则尽可能全面地搜集信息，但对信息的利用方向不做限制，如何利用由用户负责。

典型的主体集成型的信息产品和活动有文集、图集、年鉴、专题报告、机构名录、新闻集锦、建设主题网站、编辑主题栏目和建设单位图书馆等。

（4）研究评价型开发。通过对某一时期某一主题的现有信息进行归纳整理、深入分析，做出综合叙述、趋势预测和评价建议。研究评价型开发与前述各类型开发方法最大的不同，就是加入了研究者的部分主观的观点。这类方法在各类组织机构中也很常见，其结果是不同主题的信息分析报告。其结果将形成下述三类信息产品：

①综述类，包括各种综述、学科总结、专题总结、年度总结、年度进展等；

②述评类，包括各种评述、点评和评论等；

③预测类，包括各种预测、趋势分析和未来展望等。

需要说明的是，上述分类是对信息开发实践的归纳总结，便于表达和学习。各类方法在实际应用中并无严格界限，往往根据实际情况综合应用并加以创新。

6.2.3.2　需求驱动型开发模式——信息服务

需求驱动型开发，也称面向信息用户的开发，主要是信息服务部门在与信息用户沟通的基础上，根据用户的需要提供信息内容的模式。这种模式的核心是满足用户相对直接的需要，主要为组织机构的日常运营服务。具体来说具有以下四种典型方式。

（1）信息搜集型开发。信息服务部门根据业务需要发掘和搜集用户的原始数据，为更深层次的分析提供数据基础。这是组织机构最常规的数据开发方式。例如，公司为了开发新型号的产品而进行的市场调查等。

（2）展示与宣传型开发。对搜集到的原始数据进行一定处理，计算出反映事物总体的统计指标，如某类业务的总额、平均额、百分比等，再以数字、图或表的形式提供给用户。

（3）代理服务型开发。代理型服务也是定制服务，是信息服务部门根据用户需要由更加专业的信息服务人员进行的代理检索、搜集和分析等服务，以及用户交互界面设计或者信息系统软件的开发等。

（4）共建共享型开发。共建共享型开发是指在多个信息资源拥有者之间实现资源共享、互联互通，打破部门、区域和行业的限制，实现信息资源一处存储，多处使用。这种方式是"物理分散、逻辑集中"这一信息系统基本作用原理的直接体现。例如，国内某家银行实现了全国各地区网点的系统联网，连锁型企业实现信息共享等。

这种类型的开发工作，一方面满足了信息资源拥有者自身的使用，另一方面也满足了信息用户从信息资源拥有者那里获得更多服务的要求。

6.3　信息资源利用

6.3.1　信息资源利用的含义

信息资源开发行为的目的在于利用。利用信息资源获取商业价值和生产力价值已成为企业以及整个社会的共识。信息资源的利用行为就是人有目的性地、有选择性地、能动地利用信息资源满足个人、组织、社会需要的行为。根据信息资源在满足人类社会利用过程中的应用层次，可以将信息资源利用分为社会利用、组织利用和个体利用。

6.3.2　信息资源利用的策略

从便于对信息资源进行管理的角度，通常将信息资源划分为记录型信息资源、实物型信息资源、智力型信息资源和零次信息资源。四大类型信息资源各有其不同的特点，对其利用存在着不同的模式、方式和方法，即人们按照分析问题和解决问题的不同需要，对不同类型的信息资源可采取不同的利用策略。

6.3.2.1　记录型信息资源利用策略

记录型信息资源又分为非数字信息资源和数字信息资源。

1. 非数字信息资源的利用

对于非数字信息资源的利用，主要通过传统纸质阅读等方式获取其中的信息内容，并在此基础上进行信息揭示与标引、信息存储与排序、信息加工利用、综合比较、归纳推理等一系列有序化的信息组织和分析研究工作。

同时，对于大量非数字信息中的有价值或有必要长期保存部分，要做好数字化工作，对其进行规范化、标准化后纳入计算机中保存。任何组织机构都会产生大量的非数字信息资源，包括会议记录、现场记录、工作日志记录、用户意见反馈、纸质调查问卷信息等。非数字化信息的数字化过程有两种形式：一是以文件形式存入计算机；二是以数据库形式存入系统。也可以二者结合，以数据库保存和管理文件名。不论采用何种方式，首要的工作就是分类、排序和做出索引，使之形成序列明确、便于查找的体系。将非数字信息资源转化为数字信息资源后，统计分析是经常采用的分析方法。

2. 数字信息资源的利用

数字信息资源是指存于计算机中的信息资源，从范围来看，包括互联网信息资源、应用系统信息资源和单机信息资源；从保存形式来看，包括文件形式和数据库形式。

对于数字信息资源的分析，是目前研究的热点，包括数据挖掘、联机在线分析、文本挖掘、大数据分析等。数据分析是一个博大精深的领域，正朝着一门独立学科，即"数据科学"的方向发展。

6.3.2.2　实物型信息资源利用策略

对于样品、样机、文物等实物信息资源，既可以在技术研发方面发挥作用，也可以在组织文化建设方面发挥作用。在技术研发方面，许多新技术引进、新产品开发都需要利用反求工程（reverse engineering，RE），就是针对已有产品原型、实物、软件和影像等，利用相应技术探索该产品的设计、制造和管理的关键技术，进而开发同类产品并进一步升级。在概念和思维方式上，反求工程与产品正向设计不同，反求工程是逆向思维，根据已有产品来构造产品的设计模型，在此基础上进行再设计、再创造；而正向产品设计是按照"产品功能描述—产品概念设计—产品总体设计—产品详细设计—产品工艺流程设计—产品制造"的基本过程展开。但是在实际工作中，往往是二者交叉进行。

在组织文化建设方面，可以通过本组织自创始之日起的一系列产品样机、文物、文件、有重大意义的音像资料等信息资源进行组织的历史教育，宣传组织的创业历史和优秀组织精神。许多具有一定历史的企业、学校等组织都建有这样的展览室，一方面供来宾参观，宣传组织文化；另一方面对职工进行教育，以增强职工的责任感和使命感。

6.3.2.3　智力型信息资源利用策略

智力型信息资源是存在于人脑中未编码的知识信息，属于隐性知识。组织中的隐性知识是建立在组织或个人经验基础上，并涉及多种无形因素的知识，是难以公式化和明晰化的知识。隐性知识一般分为两类：一类是技术方面的隐性知识，包括那些非正式的、难以表达的技能、技术诀窍等；另一类是认知方面的隐性知识，包括心智模式、信念和价值观，这些认知方面的隐性知识反映了组织或个人对现时的看法和对未来的预测。

由于隐性知识具有更高的不可模仿性而具有更高的战略价值，它可以使组织获得长久的能力与技术，获得更多的竞争优势，因而受到许多组织的高度重视。在知识管理理论中，对隐性知识的管理是重要内容。对隐性知识的管理，其根本目的就是通过知识共享提升组织的竞争力。主要任务有：

（1）隐性知识有序化。首先是将组织的隐性知识分类和排序，形成有序的整体，包括制定组织的知识地图。

（2）隐性知识显性化。之所以称其为隐性知识，就是因为难以显性化，其原因既有知识本身难以用文字表达，也有知识掌握者不愿意公开的因素。此处是尽量将其显性化。包括尽量定量或半定量测量、文字描述、视频音频表达等。

（3）隐性知识共享。使个人的隐性知识成为更多人的知识，为组织的持续创新和竞争力的提高提供有力的知识支持。隐性知识尽管难以明确表达，但是仍然可以通过交流和演示等方法共享，使更多的人掌握。知识共享是提高组织智能的核心，是提高组织核心能力的关键。影响知识共享的障碍来自信息技术、领导和员工的认识水平、组织文化的阻力和管理措施不力等。

（4）隐性知识的普及应用。隐性知识管理的最终目的是使组织和个人掌握的有价值的隐性知识获得普遍的、制度上的应用。

为了有效管理组织的隐性知识、利用好智力型信息资源，可以采取如下措施：

（1）以知识地图为工具系统化了解组织的隐性知识。首先是对隐性知识进行评估，评价其价值，然后用知识地图进行标示。知识地图首先对组织的知识进行分类，然后标出具体的人或团队所掌握的特长知识。通过知识地图可以比较全面、系统地掌握本组织的隐性知识类型和所掌握的团队及个人，当然，知识地图也是动态调整的。

（2）以宣传、演讲、树立标杆等方式灌输组织认同的价值观，反对组织不认同的价值观。对于正能量组织文化的树立，关键是领导的言行一致，行重于言。

（3）以讨论、示范等方式传授特殊技能。例如某人具有通过观察客户购买行为来辨别客户购买意愿及偏好，从而使营销工作更加有针对性的能力。这种技能难以用语言表述，但是可以由其进行示范，也可以用录像的方式编制教学影像，以使更多的员工掌握这种营销技能。当然这需要政策的配合，要让贡献特殊技能的人员获得应有奖励。

（4）利用网络平台建立知识交流平台。例如在本组织的办公自动化系统中建立专业论坛、博客平台等，为职工提供互相交流的机会。

（5）建立学习型组织，在组织内部营造利用知识交流、知识共享和共同创新的氛围。

6.3.2.4 零次信息资源利用策略

零次信息属于非文献信息，以人们的日常观念、意见、口头表达、正式与非正式讲话等形式存在。零次信息内容庞杂、分布广泛，无法通过文献检索等形式获取，只能通过社会调查等形式收集。调查的方式有问卷调查，访谈调查和实际观察。零次信息的收集工作对于调查人员的素质要求很高，不但要求拥有比较广博的知识，同时还要有比较丰富的经验和高度的责任感。在信息界流传的一句话是"进去的是垃圾，出来的还是垃圾"，指的就是如果对零次信息收集有误，以后不论采取何种办法加工和分析，结果不但是徒劳无用，而且可能因误导决策而有害于组织目标的实现。对信息获取的要求是准确、及时和全面，为了达到这个标准，在获取零次信息时要注意如下三点。

（1）信息源的可靠性。信息源的可靠性针对两个方面：一是信息提供对象。对于访谈调查，要注意访谈对象的身份、所提供信息的可靠性和价值；而对于问卷调查，要注意被调查对象的代表性和分布特征。无论是访谈调查还是问卷调查都要根据所要收集的信息内容选择合适的被调查者。二是信息获取途径。面对面访谈的信息，其可靠性高于问卷信息；对于会议信息，亲临现场显然要比收听报道和相关人士的口头传达可靠、全面。

（2）获取信息的及时性。有些信息具有很强的时间性，时过境迁之后，信息就失去其利用价值。所以对于有些信息的获取，快速及时极为关键。

（3）信息内容的价值性。零次信息内容极为广泛庞杂，关键是如何判断哪些是有用信息、哪些是值得收集的信息，这就要求信息管理人员具有丰富的业务知识、实际经验，并且了解组织目标，从而判断信息的价值。

零次信息收集之后，要对其进行整理加工，首先形成记录信息，然后进行描述和分析，形成信息成果。信息成果归结起来有三大形式：一是消息类产品，包括舆情综述、动态简报、某现象述评等；二是数据分析类产品，典型的是问卷调查数据分析；三是研究报告，包括专题报告、调查分析报告、趋势分析和预测报告等。

6.3.3　信息资源利用的模式

信息资源利用的模式是"双螺旋模式"，信息资源的利用和积累相互缠绕，螺旋上升，在利用信息资源的过程中生成新的信息，在积累信息资源的同时也在利用着已有的信息资源。信息资源利用的常见方式主要有以下三种类型：

（1）信息资源提供服务。信息资源提供服务是指有选择地为信息资源利用者提供信息资源的服务方式。信息资源提供服务的主要表现方式包括广播节目播放、电视节目播放、图书出版发行、图书阅览、图片阅览、档案阅览、报纸杂志发行、新书通报、馆藏图书档案的外借和阅览、文献复制服务、信息发布服务等。

（2）信息资源咨询服务。信息资源咨询服务是指在信息资源提供服务方式的基础上发展起来的一种服务方式，其基本特点是改变所采集或存储的信息资源的形态以产生新的信息资源。信息资源咨询服务的主要表现方式包括热线解答、出版发行书目服务、报刊论文索引服务、馆藏文献线索咨询服务、数据咨询服务、统计资料咨询服务、定题信息服务、在研项目跟踪服务、用户教育服务、信息预测服务等。

（3）信息资源网络服务。信息资源网络服务是指建立在计算机、通信等现代信息技术的基础上，以应用软件为手段，以信息资源库为利用对象的一种服务方式。它既可以将信息资源提供服务方式和信息资源咨询服务方式统一起来，也可以有助于最大限度地实现个性化信息服务。信息资源网络服务的主要表现方式包括图文信息电视广播服务、电子出版物的发布、电子函件、电子公告板（BBS）服务、联机公共目录查询（OPAC）服务、光盘远程检索服务、远程电视会议服务、用户电子论坛、用户点播服务等。

6.3.4　信息资源利用中的用户行为

6.3.4.1　用户信息行为

关于用户信息行为（users' information behavior，UIB），威尔逊认为，信息行为是与信息资源和信息渠道相关的人类行为的总和，包括主动和被动的信息查询和信息使用。贝特斯（Marcia J. Bates）认为，信息行为是目前用来描述人类与信息互动的许多方式首选的术语，特别是人们如何寻求和利用信息。信息行为一词也用在图书情报科学中，指的是通过各种类型的研究，以了解人际关系信息的子学科。

本书认为用户信息行为是指用户满足自身信息需求所采取的需求表达、信息获取、信息利用等行为。具体包括：

（1）信息查询行为。信息查询行为即用户查找、采集、寻求所需信息的活动。用户可以利用个人途径、借助信息人员提供的服务或通过使用信息系统等查询和获取信息。

（2）信息选择行为。信息选择就是从某一信息集合中把符合用户信息需要的一部分信息（子集合）挑选出来。信息选择是对查询过程和查询结果的优化。

（3）信息利用行为。信息利用行为作为信息活动的最后一个环节，在认识需求、获取信息的基础上进行。用户利用信息的目的是解决他的问题。信息利用行为的机理可归纳为接收信息、理解信息、吸收信息、扩充知识、指导行为、创造新信息等过程，其中核心环节是对信息的吸收。

网络用户的信息行为包括用户在网上的所有活动，建立在信息需求和思想动机基础之上，利用网络提供的信息内容和信息服务，从事信息需求的认识与表达、信息查询、信息选择、信息存储、信息吸收与利用、信息加工及信息交互等活动。

6.3.4.2　用户信息素养

美国图书馆协会在 1989 年的信息素养最终报告中对具有信息素养的人是这样定义的："这种人知道如何去学习。他们知道如何去学习是因为他们知道知识是怎样被组织的，应如何去发现和利用信息，并且这种信息能够被别人接受，他们准备终身学习，因为他们总能够发现那些为将来要完成的任务或做出的决定所需要的信息。"

美国国家图书情报委员会（NCIS）认为信息素养是一种查找、检索、评价、组织、控制和利用信息的能力。华南师范大学未来教育研究中心的桑新民教授认为，可从以下六个方面确立培养学生信息素养的内在结构与目标体系：高效获取信息的能力；熟练、批判性地评价信息的能力；有效地吸收、存储、快速提取信息的能力；运用多媒体形式表达信息，创造性使用信息的能力；将以上一整套驾驭信息的能力转化为自主、高效地学习与交流的能力；学习、培养和提高信息时代公民的道德、情感、法律意识与社会责任感。

培养信息素养的方法：提高人们的信息意识，训练他们的信息素养；终身学习和学习的革命；加速科学、技术和教育领域的信息化，特别是农村的信息化；校园信息素养培养；制定国家信息素养标准；投资国家基础设施，扶植信息素养的培养；营造统一的信息文化。

> **【补充资料：信息时代，农民工、老人是不是正在被高科技抛弃？】**
>
> 材料 1：
>
> 　　电话订票、网络购票对于熟悉流程的购票人来说，十分轻松、方便。但由于文化水平的差异，这些新事物，对于许多农民工而言，反而增加了难度。正如农民工朋友们所说："网络购票，对我们来说太复杂，太不切合实际了。我们连买票的资格都没了。""每年春运，排队买票，对我们农民工是折磨。今年我们想要这样的折磨，也没有了。"
>
> 材料 2：
>
> 　　老人无法出示健康码进站遭到拒绝，94 岁老人被抬进银行做人脸识别，老人不会使用手机支付交不了医保……近段时间以来，多起与老人使用智能技术困难相关的消息备受舆论关注。

6.4　信息系统建设

　　信息资源的开发与利用多指建立一个信息系统，实现对信息资源的自动化管理。事实上，信息系统建设也是信息资源开发的一种行为，而且还是一种基础性行为，它为信息资源内容开发提供了基础平台。

6.4.1　信息系统的定义与特征

　　信息系统是一个人造系统，它由人、硬件、软件和数据资源组成，目的是及时、正确地收集、加工、存储、传递和提供信息，实现组织中各项活动的管理、调节和控制。

　　人们为了支持组织决策的制定、协调和控制，利用信息技术构建的，对信息进行收集、整理、存储、加工、分配、查找、传输的系统就是信息系统。可以从三个角度来认识和理解信息系统，即用户角度、系统角度和技术角度。

　　（1）用户角度。用户关心的是系统的功能，在他们看来信息系统是为了实现某一功能而存在的，因此，不同的功能就对应着不同的信息系统。根据用户所属的组织类型，信息系统可分为政府信息系统、企业信息系统、军队信息系统等；根据用户所属部门的职能，信息系统可分为市场销售信息系统、生产制造信息系统、财务会计信息系统、人力资源信息系统等；根据用户所在层级，信息系统可分为战略层信息系统、管理层信息系统、知识层信息系统、操作层信息系统等。

　　（2）系统角度。从系统论的角度来认识信息系统，就要分析信息系统的输入元素、处理元素、输出元素和控制元素及其相互关系。信息系统具有以下特点：

　　①信息系统是一种"人-机"系统。信息系统的目的在于组织决策的制定、协调和控制，因而必须是一个人机结合的系统，人机之间协调程度越高，信息系统的整体效率就越高。

　　②信息系统是一个动态系统。随着环境和技术的变化，组织的目标会有所变化，信息系统也应该随之做出相应的调整和变化。随着网络技术的发展，出现信息系统整合的

趋势，原来分散的"信息孤岛"逐步被整合到一起。

③信息系统是一个相对封闭的系统。信息系统的输入是有关组织运行状态的信息，而输出则是帮助管理者决策制定、协调和控制的信息。输入/输出都通过特定的方式和途径进行，从这个意义上看，信息系统是一个相对封闭的系统。

④信息系统是一个综合性的系统。一方面，信息系统体现了对组织的全面综合管理，它可以提供广泛、全面的信息以协助决策的制定、协调和控制；另一方面，信息系统体现了管理思想与信息技术的综合，人们越来越认识到，仅有先进的信息技术并不能保证信息系统的成功和组织目标的实现。

（3）技术角度。从技术角度看，信息系统一般由人、硬件、软件、数据库、工作规程组成。系统中的人员分为终端用户和技术人员两类；硬件包括计算机、服务器、网络、数据输入/输出设备等；软件包括操作系统和应用程序；数据库是数据和数据存储管理设备的综合；工作规程包括系统的使用规则、安全保障规则、人员职责、权限规则和系统控制的标准。

6.4.2　信息系统的生命周期

任何系统都会经历一个发生、发展和消亡的过程，称为系统的生命周期。信息系统的开发应用，也符合系统生命周期的规律。随着企业或组织工作的需要和外部环境的变化，对信息的需求也相应地增加，要求设计和建立更新的信息系统。当系统投入使用后，可以在很大程度上满足企业或组织管理者对信息的需求。但是随着时间的延续，企业或组织规模或信息应用范围的扩大或设备老化等原因，信息系统又逐渐不能满足需求了。这时对信息系统会提出更高的要求，周而复始，循环不息。

6.4.3　信息系统的开发方法

6.4.3.1　结构化系统开发方法

结构化系统开发方法（structured system development methodology，SSDM）是目前应用最为普遍的一种开发方法，是在信息系统生命周期模型的基础上发展起来的。其基本思想是用系统的思想和系统工程的方法，按照用户至上的原则，结构化、模块化、自顶向下地对系统进行分析与设计，自底向上地逐步实施，从而构成整体系统。

结构化系统开发方法，就是把整个信息系统开发过程划分为若干个相对比较独立的阶段，每一个阶段有明确的任务和目标、预期达到的工作成效，以便计划和控制进度，协调各方面的工作。前一阶段的工作成果是后一阶段的工作依据。

结构化系统开发方法的开发过程可划分为系统规划、系统分析、系统设计、系统实施、系统运行与维护五个阶段，如图 6-3 所示。

（1）系统规划。根据用户的系统开发请求，进行初步调查，明确问题，确定系统目标和总体结构，确定分阶段实施进度，然后进行可行性研究。

（2）系统分析。系统分析是结构化系统开发方法的一个重要阶段。当企业确定要开发新系统时，开发人员首先进行详细调查，了解旧系统和用户需求。在此基础上进行结构化分析，与企业协商确定新系统的功能需求和性能需求，提出新系统的逻辑模型，解决新系统"做什么"的问题。

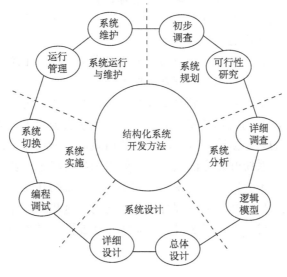

图 6-3 结构化系统开发过程

（3）系统设计。系统设计根据新系统的逻辑模型进行物理设计，详细设计出系统实现的技术方案，即新系统的物理模型，解决新系统"怎样做"的问题。系统设计包括总体结构设计、物理配置方案设计、代码设计、数据存储设计、输入/输出设计、处理流程设计等。

（4）系统实施。系统实施的任务是实现一个能满足用户要求的、能正常运行的新系统。其主要工作包括计算机及网络系统的购置、安装调试；根据程序设计说明书进行程序开发与调试；数据的准备与输入；人员培训与系统切换等。

（5）系统运行与维护。每个系统开发项目完成后即投入使用，进入正常的运行与维护阶段。一般来说，这是系统生命周期中历时最久的阶段，也是 MIS 实现其功能、发挥效益的阶段。系统维护阶段的主要工作包括进行系统的日常运行管理、评价、监理、审计等。分析系统运行结果，如果运行结果良好，则送管理部门，指导生产经营活动；如果运行有问题，则要对系统进行修改、维护或者是局部调整。

结构化系统开发方法强调阶段的顺序性和依赖性，前一阶段的完成是后一阶段工作的前提和依据，而后一阶段的完成往往又使前一阶段的成果在实现过程中具体了一个层次。从时间的进程来看，整个系统的开发过程是一个从抽象到具体的逐层实现的过程，每一阶段的工作都体现出自顶向下、逐步求精的结构化特点。在系统实现中，将逻辑设计与物理设计分开，即首先进行系统分析，然后进行系统设计，从而大大提高了系统的正确性、可靠性和可维护性。对每个阶段的工作任务完成情况进行审查，对于出现的错误或问题及时加以解决，否则不允许转入下一工作阶段，也就是对本阶段工作成果进行评定，使错误难以传递到下一阶段。错误纠正得越早，所造成的损失就越少。

但是结构化系统开发方法也有其劣势：

（1）预先定义所有需求。结构化系统开发方法的基本前提是必须能够在早期就冻结用户的需求，只适用于可以在早期阶段就完全确定用户需求的项目。在实际中要做到这一点往往是不现实的，用户很难在早期准确地陈述其需求。

（2）灵活性差。结构化系统开发方法完全按照已经确定的设计目标进行，因此，很难适用于运行环境经常变化的信息系统的开发。

（3）开发周期长。结构化系统开发方法要求必须按顺序一个阶段一个阶段地进行开发，严格的阶段划分和文档要求造成开发周期漫长。

（4）不直观，用户最后才能看到真实模型。采用结构化系统开发方法，只有到系统实施的阶段，用户才能看到实际能使用的系统。在系统实施阶段之前的时间里，用户由于长时间看不到实际的系统会感到疑惑，开发热情减退，影响开发人员与用户的交流。

综上所述，结构化系统开发方法适用于一些组织相对稳定、业务处理过程规范、需求明确且在一定时期内不会发生大的变化的大型复杂系统的开发。它对复杂的技术性系统，像航天发射、航空指挥和炼油管理等也比较适用。这些应用都需要有严格且规范的需求分析、预先确定的说明书，以及对整个系统建立过程的严密控制。

6.4.3.2 原型法

原型法是在 20 世纪 80 年代发展起来的，它是在计算机软件技术发展的基础上形成的一种系统开发方法。原型法是在系统开发初期，凭借系统开发人员对用户需求的了解和系统主要功能的要求，在强有力的软件环境支持下，迅速构造出系统的初始原型，然后与用户一起不断对原型进行修改、完善，直到满足用户需求。

原型法的开发过程如图 6-4 所示。

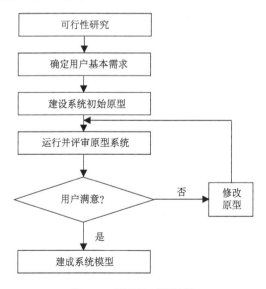

图 6-4　原型法开发过程

（1）可行性研究。对系统开发的意义、费用、时间做出初步的计算，确定系统开发的必要性和可行性。

（2）确定用户基本需求。系统开发人员向用户了解其对信息系统的基本需求，即应该具有的一些基本功能，人机界面的基本形式等。

（3）建设系统初始原型。在对系统有了基本了解的基础上，系统开发人员争取尽快地建造一个具有这些基本功能的系统。

（4）运行并评审原型系统。用户和开发人员一起对完成的或经过若干次修改后的系统进行评审，提出完善意见。

（5）修改原型。开发人员根据用户的意见对原始系统进行修改、扩充和完善。开发人员对原始系统进行修改后，还要与用户一起就完成的系统进行评审，如果不满足要求，则要进行下一轮循环，如此反复地进行修改、评审，直到用户满意。

如果经用户评审，系统符合要求，则可根据开发原始系统的目的，或者作为最终的信息系统投入正常运行，或者把该系统作为初步设计的基础。

作为开发管理信息系统的一种方法，原型法从原理到流程都非常简单。原型法循环往复，逐层递进，对系统需求的认识遵循了人们认识事物的规律，更容易被人们掌握和接受，可以确保用户的要求得到较好的满足。原型法改进了用户和系统开发人员的交流方式，降低了系统开发风险，一定程度上减少了开发费用。但是，原型法的开发过程对开发工具要求高，对用户的管理水平要求高；原型法的适用范围是比较有限的，适用于小型、简单、处理过程比较明确、没有大量运算和逻辑处理过程的系统。

6.4.3.3　面向对象方法

面向对象的思想最早起源于一种名为 Simula 的计算机仿真语言。从 20 世纪 80 年代中后期开始，专家们进行了在系统开发的各个环节中应用面向对象的概念和方法的研究。该方法将信息系统开发阶段与面向对象程序设计结合在一起，形成了一种新的系统开发方式与模型，即面向对象方法（object-oriented approach，OOA）。面向对象方法是一种把以对象为中心的思想应用于软件开发过程中的开发方法。

1. 面向对象方法的基本思想

客观世界可以看成是由许多不同种类的对象构成的。每个对象都有其内部状态和运动规律，不同对象间存在联系和互动，即通过建立适应一般思维方式的问题描述模型的一种方法。

（1）客观事物是由对象组成的，对象是在原事物基础上抽象的结果。

（2）对象是由属性和操作方法组成的，其属性反映了对象的数据信息特征，而操作方法则是用来定义改变对象属性和状态的各种操作。

（3）对象之间的联系通过消息传递机制来实现，而消息传递的方式通过消息传递模式和方法所定义的操作过程来完成。

（4）对象可以按其属性来归类，借助类的层次结构，子类可以通过继承机制，获得其父类的特性。

（5）对象具有封装的特性，一个对象就构成一个严格模块化的实体，在系统开发中可被共享和重复引用，达到软件（程序和模块）复用的目的。

2. 面向对象开发方法的开发过程

按照面向对象开发方法的基本思想，可以将其开发过程分为以下四个阶段。

（1）系统调查和需求分析。对所要研究的系统所面临的具体管理问题以及用户对系统开发的需求进行调查和研究，弄清目的是什么，给出前进的方向。

（2）面向对象分析。运用面向对象系统开发方法，对问题域和系统责任进行分析和理解，找出描述它们的类和对象，定义其属性和操作，以及它们的结构、静态联系和动态联系，最终获得一个符合用户需求，并能够反映问题域和系统责任的面向对象分析模型。通过面向对象分析建立的系统模型是以对象概念为中心的，它由一组相关的类组成。面向对象分析可以采用自顶向下的方法，逐层分解建立系统模型，也可以自底向上地从已有定义的类出发，逐步构造新类。

（3）面向对象设计。面向对象设计的目标是产生一个满足用户需求、可实现的设计模型。面向对象设计可以进一步分为系统设计和对象设计，系统设计确定实现系统的策略和目标系统的高层结构；对象设计确定求解空间中的类、关联、接口形式及实现服务的算法。

（4）面向对象程序设计。面向对象程序设计的任务是将从面向对象分析和设计中得到的模型用程序设计加以实现。具体操作包括：选择合适的程序设计语言编程、调试、试运行等。建议尽可能采用面向对象程序设计语言，可更好地实现设计阶段所选的模型。

6.4.3.4 CASE 方法

计算机辅助开发方法也称计算机辅助软件工程法（computer aided software engineering，CASE），是一种自动化和半自动化的系统开发方法。它集图形处理技术、程序生成技术、关系数据库技术和各类开发工具于一身，全面支持系统调查以外的每个开发步骤。严格地讲，CASE 并不是真正意义上的独立方法。目前，CASE 仍是一个发展中的概念。各种 CASE 软件也较多，没有统一的模式和标准。采用 CASE 工具进行系统开发，必须结合一种具体的开发方法。CASE 方法只是为具体的开发方法提供了支持每一个过程的专门工具。CASE 工具实际上把原先由手工完成的开发过程转变为以自动化工具和支撑环境支持的自动化开发过程。

CASE 方法具有以下特点：

（1）解决了从客观对象到软件系统的映射问题，支持系统开发的全过程。

（2）提高了软件质量和软件可重用性。

（3）加快了软件开发速度。

（4）简化了软件开发的管理和维护。

（5）自动生成开发过程中的各种软件文档。

目前，CASE 中集成了多种工具。这些工具既可以单独使用，也可以组合使用。CASE 的概念也由一种具体的工具发展成为开发信息系统的方法学。

6.5　信息资源开发与利用的技术

6.5.1　数据挖掘

6.5.1.1　数据挖掘的概念

1995 年，在美国计算机年会上，提出了数据挖掘的概念。数据挖掘是从大量数据中抽取有意义的、隐含的、以前未知的并有潜在使用价值的知识的过程。数据挖掘是一个多学科交叉性学科，它涉及统计学、机器学习、数据库、模式识别、可视化以及高性能计算等多个学科。

数据挖掘是一类深层次的数据分析方法。由于各行业实现了业务自动化，商业领域产生了大量业务数据，分析这些数据也不再是单纯为了研究的需要，更主要是为商业决策提供真正有价值的信息，进而获取利润。但所有企业面临的一个共同问题是企业数据量非常大，而其中真正有价值的信息却很少。因此从大量的数据中经过深层分析，获得有利于商业运作、提高竞争力的信息，就像从矿石中淘金一样，数据挖掘也因此而得名。

因此，商务智能中的数据挖掘可以描述为：按企业既定业务目标，对大量的企业数据进行探索和分析，揭示隐藏的、未知的或验证已知的规律性，并进一步将其模型化的先进有效的方法。

6.5.1.2　数据挖掘的基本过程

整个数据挖掘过程可以分成多个阶段，阶段的划分大同小异。不管如何划分，数据挖掘通常包括如下基本过程：

（1）数据收集。对挖掘问题进行分析，确定挖掘任务，并根据挖掘任务收集有关的数据。

（2）数据预处理。首先对数据进行清洗，即消除数据中的噪声和不一致；然后将数据转换成适合数据挖掘的格式。

（3）数据挖掘。这里的数据挖掘是指知识发现中的一个关键环节，而非整个知识发现过程。在这个阶段，针对数据运行选择的挖掘方法（如决策树、神经网络、SVM 等），得出挖掘结果。

（4）知识评价。采用各种兴趣度指标评价挖掘结果，从而发现用户感兴趣的知识。

6.5.1.3　数据挖掘方法

（1）分类（classification）。分类是找出数据库中一组数据对象的共同特点并按照分类模式将其划分为不同的类，其目的是通过分类模型，将数据库中的数据项映射到某个给定的类别。它可以应用到客户的分类、客户的属性和特征分析、客户满意度分析、客户的购买趋势预测等，如一个汽车零售商将客户按照对汽车的喜好划分成不同的类，这样营销人员就可以将新型汽车的广告手册直接邮寄给有这种喜好的客户，从而增加商业机会。

（2）聚类（clustering）。聚类是将一个群体分成多个类，使同类个体尽可能相似而不同类间个体差异尽可能大。与分类模型不同的是，聚类模型从未知开始，既不知道具体的分类标准，也不知道会有些什么类。按照给定的聚类参数（如距离等）进行分解、合并，得到的结果由领域专家进行甄别，如果不满足目标，需要改动聚类参数，重新聚类。一旦达到目标，分类规则也就通过聚类参数得到。它可以应用于客户群体的分类、客户背景分析、客户购买趋势预测、市场的细分等。

（3）关联分析（association analysis）。关联分析用于发现事物间的关联规则，或称相关程度。关联规则的一般形式是：$A \rightarrow B[s, c]$。它表示：如果 A 发生，则 B 有 c 的可能发生，且 A、B 同时发生的比例为 s，c 分别称为关联规则的支持度和可信度。在客户关系管理中，通过对企业的客户数据库里的大量数据进行挖掘，可以从大量的记录中发现有趣的关联，找出影响市场营销效果的关键因素，为产品定位、定价与定制客户群，客户寻求、细分与保持，市场营销与推销，营销风险评估和诈骗预测等决策支持提供参考依据。

（4）回归（regression）。用属性的历史数据预测未来趋势。其主要研究的问题包括数据序列的趋势特征、数据序列的预测以及数据间的相关关系等。它可以应用到市场营销的各个方面，如客户寻求、保持和预防客户流失活动、产品生命周期分析、销售趋势预测及有针对性的促销活动等。

（5）时间序列分析（time series analysis）。用已有的数据序列预测未来。从这一点上看，其与回归模型很相似。但回归模型不强调数据间的先后顺序，而时间序列模型要考虑时间特性，尤其要考虑时间周期的层次，如天、周、月、年等，有时还要考虑日历的影响，如节假日等。

（6）偏差检测（deviation detection）。偏差包括很大一类潜在有趣的知识，如分类中的反常实例，观察结果对期望的偏差等，偏差检测的目的是寻找观察结果与参照量之间有意义的差别。在企业危机管理及预警中，管理者更感兴趣的是那些意外规则。意外规则的挖掘可以应用到各种异常信息的发现、分析、识别、评价和预警等方面，如入侵检测等。

6.5.2 云计算技术

近年来，云计算（cloud computing）作为一种新的服务模式得到迅速发展，在亚马逊、谷歌、微软、华为、百度、阿里巴巴等企业进行了推广和应用，取得了显著的经济效益和社会效益，越来越受到政府、企业、研究机构以及广大用户的重视。云计算涉及虚拟化技术、互联网技术、信息终端等多种信息技术，而且融合了决策科学、服务科学、管理科学等多门学科的基础理论，为用户提供了一种新型的服务环境。

6.5.2.1 云计算的概念

约翰·麦卡锡（John McCarthy）在 1961 年首次提出了将计算资源转换为公共服务的思想，这正是当今云计算的核心思想之一。而云计算的名称来源于亚马逊公司的 EC2 （elastic compute cloud）产品，该产品允许用户通过租用的形式使用虚拟化的计算资源，并且这些资源能够随着用户的需求进行动态扩展。

自 2007 年 IBM 正式提出云计算的概念以来，许多专家、研究组织以及相关厂家从不同的研究视角给出了云计算的定义。目前关于云计算的定义已有上百种。

IBM 认为云是一个虚拟化的计算机资源池，一方面描述了提供服务的系统平台，即用来构造应用程序的基础设施；另一方面描述了可以通过互联网进行访问的可扩展的应用程序，用户只需要通过浏览器和互联网接入设备就可以访问云计算应用程序。

美国国家标准和技术研究院（NIST）给出的云计算定义是：云计算是一种资源利用模式，它能以方便、友好、按需访问的方式通过网络访问可配置的计算机资源池（例如网络、服务器、存储、应用程序和服务）。在这种模式中，可以快速供应并以最小的管理代价提供服务。

这里给出云计算的一般定义：云计算是一种大规模资源共享模型，以虚拟技术为核心技术，以规模经济为驱动，以互联网为载体，以用户为主体，按照用户需求动态地提供虚拟化的、可伸缩的商业计算模型。更确切地说，云计算是一种服务模式而不单纯是一种技术。

6.5.2.2　云计算的特征

云计算具有与其他传统信息服务环境不同的特点，具体表现在三个方面：虚拟化、弹性、按需服务。

（1）虚拟化。云计算能够将各种物理资源转化成虚拟资源形成资源池，用户能够通过任意的终端设备在任意位置方便地使用云计算服务，无须关心云计算服务的出处。

（2）弹性。云计算拥有大规模的数据中心，不仅能够为海量用户提供便捷服务，还能够根据用户的需求，动态变化自身的计算能力。

（3）按需服务。云计算将各种资源虚拟化成资源池，用户能够像使用水、电、气等社会公共资源一样根据自己的需求购买云计算服务。

6.5.2.3　云计算的服务模式

云计算包括三种典型的服务模式，即基础设施即服务（infrastructure as a service，IaaS）、平台即服务（platform as a service，PaaS）和软件即服务（software as a service，SaaS）。IaaS 将基础设施（计算资源和存储）作为服务出租，PaaS 把平台作为服务出租，SaaS 把软件作为服务出租。

（1）基础设施即服务。IaaS 通过虚拟化技术、自动化技术和服务器模板技术，将 CPU、内存、存储、操作系统及相关软件以远程计算服务的方式提供给用户。IaaS 将上述资源虚拟化为资源池，能够为网络环境下的用户提供所需的计算资源、存储资源以及网络资源。对于信息化建设初期的中小企业，使用 IaaS 云计算服务能够大大降低硬件资源的资金投入，能够根据自身发展的需要，动态按需地租用 IaaS 中的各种服务资源，可以通过廉价计算机达到昂贵高性能计算机的大规模集群运算能力。典型代表如亚马逊云计算

（Amazon Web Service，AWS）的弹性计算云 EC2 和简单存储服务 S3、IBM 蓝云等。

（2）平台即服务。PaaS 提供给用户基于互联网的应用开发环境，并且支持应用从创建到运行全生命周期所需的各种软硬件资源和工具，其核心技术是分布式并行计算。PaaS 服务商要求用户具有一定的信息技术水平，通过为用户提供一种互联网应用程序的接口和平台，免去用户在平台构建、硬件维护、服务兼容性等方面的困扰。例如，Google API Engine 能够支持用户在 Google 的基础架构上开发和运行自身的云计算服务，而用户无须进行大量的底层开发工作，仅需调用 Google 提供的 API 接口即可实现云计算服务。

（3）软件即服务。SaaS 是一种通过互联网提供软件的模式，用户无须购买软件，而是租用服务商运行在云计算基础设施上的应用程序，客户不需要管理或控制底层的云计算基础设施，包括网络、服务器、操作系统、存储，甚至单个应用程序的功能。该软件系统各个模块可以由每个客户自己定制、配置、组装，从而得到满足自身需求的软件系统。典型代表如 Salesforce 公司提供的在线客户关系管理（client relationship management，CRM）服务，能够让企业用户根据自身的发展状况、业务运行的实际需求、企业现有的信息化基础，以及企业在使用管理软件过程中的技术指标等因素，动态组合多种云服务资源，按照实际使用情况支付服务费用。

6.5.2.4　云计算的关键技术

云计算的关键技术包括虚拟化、分布式存储、分布式计算、多租户。

1. 虚拟化

虚拟化技术是云计算基础架构的基石，是指将一台计算机虚拟为多台逻辑计算机，在一台计算机上同时运行多个逻辑计算机，每个逻辑计算机可运行不同的操作系统，并且应用程序都可以在相互独立的空间内运行而互不影响，从而显著提高计算机的工作效率。

虚拟化的资源可以是硬件（如服务器、磁盘和网络），也可以是软件。以服务器虚拟化为例，它将服务器物理资源抽象成逻辑资源，让一台服务器变成几台甚至上百台相互隔离的虚拟服务器，不再受限于物理上的界限，而是让 CPU、内存、磁盘、I/O 等硬件变成可以动态管理的资源池，从而提高资源的利用率，简化系统管理，实现服务器整合，让信息技术对业务的变化更具适应力。VMware、Hyper-V、KVM、Virtualbox、Qemu、Xen 等都是非常典型的虚拟化技术。

2. 分布式存储

面对"数据爆炸"的时代，集中式存储已经无法满足海量数据的存储需求，分布式存储应运而生。GFS（google file system）是谷歌公司推出的一款可扩展的分布式文件系统，用于大型的、分布式的、对大量数据进行访问的应用。GFS 的设计思想不同于传统的文件系统，是针对大规模数据和 Google 应用特性而设计的。GFS 虽然运行于廉价的普通硬件上，但具有很好的硬件容错性，可以把数据存储到成百上千台服务器上面，并在硬件出错的情况下尽量保证数据的完整性。GFS 还支持 GB 或者 TB 级别超大文件的存储，一个大文件会被分成许多块，分散存储在由数百台机器组成的集群里。HDFS（hadoop distributed file syestem）是对 GFS 的开源实现，它采用了更简单的"一次写入、多次读取"文件模型。文件一旦创建、写入并关闭了，之后就只能对它执行读取操作，而不能执行任何修改操作；同时，HDF 是基于 Java 实现的，具有强大的跨平台兼容性，只要是 JDK 支持的平台都可以兼容。

谷歌公司以 GFS 为基础开发了分布式数据管理系统 BigTable，是一个稀疏、分布、持续多维度的排序映射数组，适合于非结构化数据存储的数据库，具有高可靠性、高性能、可伸缩等特点，可在廉价 PC 服务器上搭建起大规模存储集群。HBase 是针对 BigTable 的开源实现。

3. 分布式计算

面对海量的数据，传统的单指令单数据流顺序执行的方式已经无法满足快速数据处理的要求；同时，我们也不能寄希望于通过硬件性能的不断提升来满足这种需求，因为晶体管电路已经逐渐接近其物理上的性能极限，摩尔定律已经开始慢慢失效，CPU 处理能力再也不会每隔 18 个月翻一番。在这样的大背景下，谷歌公司提出了并行编程模型 MapReduce，让任何人都可以在短时间内迅速获得海量计算能力，它允许开发者在不具备并行开发经验的前提下也能够开发出分布式的并行程序，并让其同时运行在数百台机器上，在短时间内完成海量数据的计算。MapReduce 将复杂的、运行于大规模集群上的并行计算过程抽象为两个函数——Map 和 Reduce，并把一个大数据集切分成多个小的数据集，分布到不同的机器上进行并行处理，极大提高了数据处理速度，可以有效满足许多应用对海量数据的批量处理需求。Hadoop 开源实现了 MapReduce 编程框架，被广泛应用于分布式计算。

4. 多租户

多租户技术目的在于使大量用户能够共享同一堆栈的软硬件资源，每个用户按需使用资源，能够对软件服务进行客户化配置，而不影响其他用户的使用。多租户技术的核心包括数据隔离、客户化配置、架构扩展和性能定制。

6.5.2.5　云计算的应用

云计算在电子政务、教育、医疗、卫生、企业等领域的应用不断深化，对提高政府服务水平、促进产业转型升级和培育发展新兴产业等都起到了关键作用。政务云上可以部署公共安全管理、容灾备份、城市管理、智能交通、应急管理、社会保障等应用，通过集约化建设、管理和运行，可以实现信息资源整合和政务资源共享，推动政务管理创新，加快向服务型政府转型。教育云可以有效整合幼儿教育、中小学教育、高等教育以及继续教育等优质教育资源，逐步实现教育信息共享、教育资源共享及教育资源深度挖掘等目标。中小企业云能够让企业以低廉的成本建立财务、供应链、客户关系等管理应用系统，极大地降低了企业信息化门槛，迅速提升企业信息化水平，增强企业市场竞争力。医疗云可以推动医院与医院、医院与社区、医院与急救中心、医院与家庭之间的服务共享，并形成一套全新的医疗健康服务系统，从而有效提高医疗保健的质量。

6.5.3　大数据技术

信息社会，"大数据"被认为是信息时代的新"石油"。大数据中隐藏着巨大的机会和价值，将给许多领域带来变革性的发展。因此，大数据研究领域吸引了产业界、政府和学术界的广泛关注。大数据时代已经到来。

6.5.3.1　大数据的定义

随着大数据的流行，大数据的定义呈现多样化的趋势。本质上，大数据不仅意味着数据的大容量，还体现了一些区别于"海量数据"和"非常大的数据"的特点。大数据的三种定义较为重要。

（1）属性定义（attributive definition）。国际数据中心（Internet Data Center，IDC）是研究大数据及其影响的先驱，在 2011 年的研究报告中定义了大数据："大数据技术描述了一个技术和体系的新时代，被设计用于从大规模多样化的数据中通过高速捕获、发现和分析技术提取数据的价值。"这个定义刻画了大数据的四个显著特点，即容量（volume）、多样性（variety）、速度（velocity）和价值（value），即大数据的 4V 特点。

（2）比较定义（comparative definition）。2011 年，麦肯锡全球研究院给出的大数据定义是：一种规模大到在获取、存储、管理、分析方面大大超出了传统数据库软件工具能力范围的数据集合，具有海量的数据规模、快速的数据流转、多样的数据类型和价值密度低四大特征。

（3）体系定义（architectural definition）。美国国家标准和技术研究院（NIST）则认为"大数据是指数据的容量、数据的获取速度或者数据的表示限制了使用传统关系方法对数据的分析处理能力，需要使用水平扩展的机制以提高处理效率"。此外，大数据可进一步细分为大数据科学（big data science）和大数据框架（big data frameworks）。大数据科学是涵盖大数据获取、调节和评估技术的研究；大数据框架则是在计算单元集群间解决大数据问题的分布式处理和分析的软件库及算法。一个或多个大数据框架的实例化即为大数据基础设施。

以上三种定义，每种定义都反映了大数据的特定方面。大数据有三种形式：结构化、半结构化和无结构化。传统的数据通常是结构化的，易于标注和存储。

6.5.3.2　大数据的特点

（1）数据量大。我们正生活在一个"数据爆炸"的时代。从 1986 年到 2010 年的 20 多年时间里，全球数据的数量增长了 100 倍。根据著名咨询机构 IDC 做出的估测，人类社会产生的数据一直都在以每年 50% 的速度增长，每两年就增加一倍，这被称为"大数据摩尔定律"。这意味着，人类在最近两年产生的数据量相当于之前产生的全部数据量之和。据相关调查，2020 年全球数据量达到 60ZB（数据存储单位换算见表 6-1），与 2010

年相比，数据量将增长到近 60 倍，预计到 2025 年全球数据量将达 163ZB。

人类进入信息社会以后，数据以自然方式增长，其产生不以人的意志为转移。随着 Web2.0 和移动互联网的快速发展，人们已经可以随时随地发布微信、微博等信息。今后，随着物联网的推广和普及，各种传感器和摄像头将遍布人们工作和生活的各个角落，这些设备每时每刻都在自动产生大量数据。各种数据产生速度之快，产生数量之大，已经远远超出人类可以控制的范围，"数据爆炸"成为大数据时代的显著特征。

表 6-1　数据存储单位之间的换算关系

单位	换算关系
Byte（字节）	1 Byte = 8 bit
kB（kilobyte，千字节）	1 kB = 1024 Byte
MB（megabyte，兆字节）	1 MB = 1024 kB
GB（gigabyte，吉字节）	1 GB = 1024 MB
TB（trillionbyte，太字节）	1 TB = 1024 GB
PB（petabyte，拍字节）	1 PB = 1024 TB
EB（exabyte，艾字节）	1 EB = 1024 PB
ZB（Zettabyte，泽字节）	1 ZB = 1024 EB

（2）数据类型繁多。大数据的数据来源众多，科学研究、企业应用和 Web 应用等都在源源不断地产生新的数据。因此，大数据的数据类型也非常丰富，包括结构化和非结构化数据，其中，结构化数据占 10%左右，主要是指存储在关系数据库中的数据；非结构化数据占 90%左右，种类繁多，主要包括邮件、微信、微博、音频、视频、链接信息、位置信息、手机呼叫信息等。类型繁多的异构数据，对数据处理和分析技术提出了新的挑战，同时也带来了新的机遇。

（3）处理速度快。大数据时代的数据产生速度非常迅速。大数据时代的很多应用都需要基于快速生成的数据给出实时分析结果，用于指导生产和生活实践。因此，数据处理和分析的速度通常要达到秒级响应，这一点和传统的数据挖掘技术有着本质的不同，后者通常不要求给出实时分析结果。为了实现快速分析海量数据的目的，新兴的大数据分析技术通常采用集群处理和独特的内部设计。以谷歌公司的 Dremel 为例，它是一种可扩展的、交互式的实时查询系统，用于只读嵌套数据的分析，通过结合多级树状执行过程和列式数据结构，它能做到几秒内完成对万亿张表的聚合查询，系统可以扩展到成千上万的 CPU 上，满足谷歌上万用户操作 PB 级数据的需求，并且可以在 2～3s 内完成 PB 级别数据的查询。

（4）价值密度低。大数据看起来很美，但是其价值密度却远远低于传统关系数据库中的那些数据。在大数据时代，很多有价值的信息都是分散在海量数据中的。以目前普遍存在的监控视频为例，如果没有意外事件发生，连续不断产生的数据是没有任何价值的，当发生意外情况时，也只有记录了事件过程的那一小段视频是有价值的。为获得发生意外情况时的那一段有价值的视频，不得不投入大量资金购买监控设备、网络设备、存储设备，耗费大量的电能和存储空间，来保存摄像头连续不断传来的监控数据。从这点来说，大数据的价值密度是较低的。

6.5.3.3　大数据的应用

大数据无处不在，包括金融、汽车、电信、能源、餐饮、体育和娱乐等在内的社会各行各业都已经融入了大数据的印迹，表 6-2 是大数据在各个领域的应用情况。

表 6-2　大数据在各领域的应用

领域	大数据的应用
制造业	利用工业大数据提升制造业水平，包括产品故障诊断与预测、分工艺流程、改进生产工艺、优化生产过程能耗、工业供应链分析与优化、生产计划
金融行业	大数据在高频交易、社交情绪分析和信贷风险分析三大金融创新领域发挥重要作用
互联网行业	借助于大数据技术，可以分析客户行为，进行商品推荐和有针对性的广告投放
电信行业	利用大数据技术实现客户离网分析，及时掌握客户离网倾向，出台客户挽留措施
能源行业	随着智能电网的发展，电力公司可以掌握海量的用户用电信息，利用大数据技术分析用户用电模式，可以改进电网运行，合理地设计电力需求响应系统，确保电网运行安全
汽车行业	利用大数据和物联网技术的无人驾驶汽车，在不远的未来将走入人们的日常生活
物流行业	利用大数据优化物流网络，提高物流效率，降低物流成本
城市管理	可以利用大数据实现智能交通、环保监测、城市规划和智能安防
餐饮行业	利用大数据实现餐饮 O2O 模式，彻底改变传统餐饮经营方式
生物医学	大数据可以帮助流行病预测、智慧医疗、健康管理，同时还可以帮助解读 DNA，了解更多的生命奥秘
体育和娱乐	大数据可以帮助训练球队，决定投拍哪种题材的影视作品，以及预测比赛结果
安全领域	政府可以利用大数据技术构建强大的国家安全保障体系，企业可以利用大数据抵御网络攻击，警察可以借助大数据预防犯罪
个人生活	大数据可以应用于个人生活，利用与每个人相关联的"个人大数据"，分析个人生活行为习惯，为其提供更加周到的个性化服务

6.5.3.4　大数据关键技术

当人们谈到大数据时，往往并非仅指数据本身，而是数据和大数据技术二者的综合。大数据技术，是指伴随着大数据的采集、存储、分析和应用的相关技术，是一系列使用非传统的工具来对大量的结构化、半结构化和非结构化数据进行处理，从而获得分析和预测结果的一系列数据处理和分析技术。

讨论大数据技术时，首先需要了解大数据的基本处理流程，主要包括数据采集、存储、分析和结果呈现等环节。数据无处不在，互联网网站、自动化生产系统、政务系统、办公系统、零售系统、监控摄像头、传感器等，每时每刻都在不断产生数据。这些分散在各处的数据，需要采用相应的设备或软件进行采集。采集到的数据通常无法直接用于后续的数据分析，因为对于来源众多、类型多样的数据而言，数据缺失和语义模糊等问题是不可避免的，因而必须采取相应措施有效解决这些问题，这就需要进行"数据预处理"，把数据变成一个可用的状态。数据经过预处理后，会被存放到文件系统或数据库系统中进行存储与管理，然后利用数据挖掘工具对数据进行处理分析，最后利用可视化工具为用户呈现结果。在整个数据处理过程中，还必须注意隐私保护和数据安全问题。

从数据分析全流程的角度，大数据技术主要包括数据采集与预处理、数据存储和管理、数据处理与分析、数据安全和隐私保护等几个层面的内容（表 6-3）。

表 6-3　大数据技术的不同层面及其功能

技术层面	功能
数据采集与预处理	利用 ETL 工具将分布的、异构数据源中的数据，如关系数据、平面数据文件等，抽取到临时中间层后进行清洗、转换、集成，最后加载到数据仓库或数据集中，成为联机分析处理、数据挖掘的基础；也可以利用日志采集工具（如 Flume、Kafka 等）把实时采集的数据作为流计算系统的输入，进行实时处理分析
数据存储和管理	利用分布式文件系统、数据仓库、关系数据库、NoSQL 数据库、云数据库等，实现对结构化、半结构化和非结构化海量数据的存储和管理
数据处理和分析	利用分布式并行编程模型和计算框架，结合机器学习和数据挖掘算法，实现对海量数据的处理和分析；对分析结果进行可视化呈现，帮助人们更好地理解数据
数据安全和隐私保护	在从大数据中挖掘潜在的巨大商业价值和学术价值的同时，构建隐私数据保护体系和数据安全体系，有效保护个人隐私和数据安全

大数据技术是许多技术的集合体，这些技术并非都是新生事物，如关系数据库、数据采集、数据仓库、ETL、OLAP、数据挖掘、数据隐私和安全、数据可视化等技术是已经发展多年的技术，在大数据时代得到不断补充、完善、提高，也可以视为大数据技术的组成部分。

课后案例："云"后"雾"来计算服务新生代登场

如果说云计算是现在时，那么雾计算就是将来时。

当手机提示存储空间已满时，你可以选择把图片上传至"云端"来节省空间；企业无须购置大量实体设备，可选择购买服务的方式，和其他机构一道共享"云平台"的强大计算能力……如今，在日常的生活和工作中，几乎随处可见云计算的踪影。

和名声大噪的云计算相比，刚刚崭露头角的雾计算可谓是"新生代"。日前，在电气电子工程师学会（IEEE）年度媒体交流会上，国际雾计算产学研联盟大中华区主任、上海雾计算实验室联合主任、IEEE 会士杨旸教授透露，全球首个雾计算参考架构国际标准（IEEE1934）已经发布，同时相关机构正在积极推动开发雾计算节点设备。

"如果说云计算是现在时，那么雾计算就是将来时。在雾计算技术被大规模应用后，通信网络将实现完全智能化，计算服务将进入新时代。"杨旸说。

那么，什么是雾计算？它和现有的云计算、边缘计算等计算技术有什么关系？雾计算主要应用于哪些领域？

● **负责上传下达的"中层干部"**

雾计算是一个从云（cloud）到物（thing）的系统级多层次计算架构，具有分发计算、通信、存储、控制和联网等多种功能，更加靠近用户端。它通过资源共享机制、协同服务架构来有效提升生产效率和用户体验。

尽管对于大多数普通用户来说，雾计算还是一个相对较新的概念，然而，早在2012年，美国思科公司就给出了雾计算的详细定义。那么，和人们相对熟悉的云计算、边缘计算相比，雾计算有哪些特点？

云计算类似于公司的"最高管理者"，处理最重要的事务并做出最终决策。因此，云计算负责全局核心数据的统筹分析和处理、异常诊断和溯源、隐患预测和搜寻、知识发现和创造、长期规划和战略决策等重要工作。边缘计算则类似于"一线工作人员"，资源来源于简单、独立的低成本设备，处理本地收集的数据并做出及时决策，就近提供边缘智能服务或应用。

而雾计算类似于"中层干部"，它不仅是负责上传下达的信息通信管道，更能够分析和处理更大区域范围内的相关复杂数据，做出及时而准确的决策。雾计算的计算资源分布在从云到物连续环境的任何地方，连接集中式的数据中心和分散式的网络边缘，实现云计算到边缘计算的全面融合。

"因此，雾计算使得网元节点之间具备了广泛对等的互联互通和协同服务能力，可以弥补云计算在数据本地处理和实时服务方面的不足，从而有效地增强了网络资源和服务的灵活性、安全性、实时性和拓展性。"上海科技大学信息科学与技术学院教授罗喜良指出。

● **可有效减少数据负载、提升效率**

基于国际雾计算产学研联盟（Open Fog Consortium）的前期积累，雾计算参考架构的第一个国际标准（IEEE1934）已由IEEE正式发布。

随着IEEE1934的发布、演进和完善，雾计算将成为通用的多层次计算技术框架，支持智能物联网、5G通信和人工智能等数据本地化和计算密集型的应用需求。

以火灾救援机器人为例，当机器人进入救援现场，首先用激光扫描现场地形，然后进行数据处理，建立现场地图，最后才能采取搜救行动。由于现场采集的数据量较大，如果将全部数据传送到云端进行处理，难以及时做出反应。此时，倘若在救援现场附近临时布置雾计算节点，便可使机器人具备强大的信息处理能力，实现快速响应。

雾计算通过利用本地计算资源，可有效降低服务的响应时间、通信带宽和运营成本；通过以用户为中心的协同服务架构，可有效提升服务的灵活性、个性化和拓展性；通过减少海量数据的长距离传输，可以有效增强服务的安全性和可靠性；通过开放共享的网络资源和商业模式，可以有效加快服务的智能化演进和附加价值生成。

如同人类社会和组织机构中的资源分布情况、能力权限分级和决策控制机制，雾计算充分利用各种网络中多层次网元节点的计算、通信和存储资源，积少成多，积极发挥不同位置、不同层次节点的能力、优势和作用，通过全面协作和利益共享，实现和保障各个领域的物联网应用和服务的实时性、智能化和高效率。

当前，雾计算技术的研究开发和标准化工作才刚刚开始。未来，雾计算将在哪些领域展开应用也是大家十分关心的问题。

云计算、大数据给人们生活带来的便利显而易见。同样，随着雾计算技术的不断发展成熟和普及应用，智能物联网将越来越便捷、越来越贴近人类社会的组织架构和决策机制，从而能用更自然和人们更熟悉的方式为每个人提供触手可及、无处不在的智能服务。

"以用户为中心"和"面向服务需求"是雾计算的核心优势和特点，但在分析评估系统性能、服务效率和用户体验时，我们必须同时考虑网络通信速度、计算效率和存储能力对智能服务的支持和约束情况，需要综合利用多学科、多维度的基础理论进行分析和联合优化，这是开展相关研究的主要理论难题和障碍。

此外，如何在雾计算节点之间建立信任关系、在节点之间推动资源充分共享、在云-雾边缘等多层次之间实现高效通信和紧密协作、在异构节点之间完成复杂任务的公平按需分配、灵活适配各行各业的多种应用需求等，这些都是雾计算技术在研发和应用推广过程中所面临的重要挑战和瓶颈问题，亟须在科研和实践工作中进行探索和突破。

（来源：新华网，2019 年 1 月 23 日，http://www.xinhuanet.com/politics/2019-01/23/c_1124027640.htm）

习题 6

一、单项选择题

1. 信息管理活动的最终目的与归宿是（　　）。
   A. 信息需求　　　　　　　　　　　B. 信息传递
   C. 信息存储　　　　　　　　　　　D. 信息开发与利用

2. （　　）是引发用户信息行为的原动力。
   A. 信息需求　　　　　　　　　　　B. 信息资源的开发
   C. 信息资源的利用　　　　　　　　D. 以上都是

3. 价值驱动型开发，也称面向信息资源本体（内容）的开发，具体开发方式包括（　　）。
   A. 转化型开发信息需求　　　　　　B. 主题集成型开发信息资源的开发
   C. 挖掘型开发信息资源的利用　　　D. 以上都是

4. 信息资源的利用模式是一个（　　）。
   A. 阶梯状模式　　　　　　　　　　B. 直线上升模式
   C. 双螺旋模式　　　　　　　　　　D. 抛物线模式

5. 下面属于信息系统的生命周期的是（　　）。
   A. 系统规划　　　　　　　　　　　B. 系统分析
   C. 系统实施　　　　　　　　　　　D. 以上都是

6. 信息系统是一个人造系统，它由人、计算机硬件、软件和（　　）组成。
   A. 设备　　　　B. 物质　　　　C. 能源　　　　D. 数据资源

7. 新系统的逻辑模型是在信息系统生命周期中（　　）阶段形成。
   A. 系统规划　　　B. 系统分析　　　C. 系统设计　　　D. 系统实施

8. （　　）常用于大型信息系统的开发。
   A. 结构化生命周期法　　　　　　　B. 企业系统规划法

  C. 原型法　　　　　　　　　　　　　　D. CASE 方法

9. 常用的数据挖掘方法和技术手段不包括（　　　　）。

  A. 关联分析　　　　　　　　　　　　　B. 聚类分析

  C. 对比法　　　　　　　　　　　　　　D. 分类分析

10. 下列关于云计算的说法哪一项是错误的？（　　　　）

  A. IaaS 将基础设施（计算资源和存储）作为服务出租

  B. PaaS 把平台作为服务出租

  C. SaaS 把软件作为服务出租

  D. Waas 把网络作为服务出租

二、问答题

1. 简述信息资源开发利用的意义。

2. 简述人们对信息需求的认识过程。

3. 用户的信息素养对其信息行为有什么影响？试论如何提升用户信息素养？

4. 信息系统的生命周期包括哪几个阶段？

5. 数据挖掘常用方法有哪些？

第7章 政府信息资源管理

学习目标
➢ 政府信息资源管理概念
➢ 政府信息资源管理的职能和内容
➢ 政府信息资源管理的技术工具
➢ 政府信息化与电子政务

导入案例："云智慧"开启"零跑动"办税新模式

为进一步深化税收征管改革，深入推进精细服务，国家税务总局清远市清城区税务局启用 V-tax 远程可视化自助办税系统，为纳税人提供不受区域、空间局限的办税渠道，开启"零跑动"办税新模式。这是清城区税务局继成功打造"云办税服务厅"后，进一步优化升级"云智慧"办税缴费服务体系，推进智慧税务建设的又一重要举措。

● 多种远程交互方式，打开办税"任意门"

"V-tax 就像一个虚拟的办税服务厅窗口，通过电脑或手机就可以像'视频聊天'一样办税，很方便。"纳税人李女士使用 V-tax 成功办理跨区迁移业务后，对 V-tax 做出肯定评价。

据了解，V-tax 远程可视化自助办税平台支持多种远程交互方式，纳税人可通过 V-tax 智慧柜台、PC 网页端和手机端"粤税通"微信小程序三种渠道登录，快速与税务人员视频连线，进行实时沟通、线上传递资料。这种办税体验就像打开办税"任意门"，在任何地方办税都像在实体办税厅一样，实现视听说相结合，远程"面对面"办理税费业务。

目前，清城区税务局已在沿江路办税服务厅设置 V-tax 远程可视化办税体验区，并添置一台 V-tax 智慧柜台供纳税人体验使用。

● 多种智能办税功能，秒变办税"百宝箱"

V-tax 除了接入渠道多样化之外，在功能上也包含了很多"宝藏功能"。据悉，V-tax 拥有智能导税、智能填单、在线帮办、后台帮办等服务功能。纳税人可通过选择业务大类、小类来定位业务主题，获取一次性告知书，了解办理该业务所需填写的报表及附送资料和办理承诺时限，选择自助办或帮办方式，办理多项税费业务。

纳税人如果选择后台帮办，则无须在线，由后台人员完成业务办理。若是选择在线帮办，则由纳税人与税务人员通过远程视频连线完成业务办理。事项办结后，V-tax 自动将表单及附件导入电子档案平台，有效提升办税效率，实现征纳双减负。

"V-tax 提供多种智能办税功能，还能让我们跟税务人员直接视频连线，实时解决办税过程中出现的难题，真是大大方便我们办理业务，提高了办税效率。"前来办理申报业务的杨女士称赞道。

● **多项业务广泛覆盖，实现办税"零跑动"**

"以前有些业务要跑办税服务厅才能办理，如今通过 V-tax 这个'线上服务窗口'就可以完成，再也不用跑来跑去，办理结果还一目了然！"纳税人李女士说道。

据工作人员介绍，V-tax 不仅可办理日常税费业务，还覆盖了更正/作废申报、跨区域迁移、解除非正常前置事项、注销与解除非正常业务等原先必须到办税服务厅前台办理的业务，基本实现了办税全平台互通，并将继续开发更多常用功能。

V-tax 的上线运行有效推动办税服务智能化、专业化、高效化，切实减轻纳税人办税负担，开启办税"零跑动"新模式。

（来源：人民网，2021 年 8 月 24 日，http://finance.people.com.cn/GB/n1/2021/0824/c1004-32204972.html）

> **案例启示**：远程可视化自助办税系统，使得办税渠道突破了区域、空间的局限，开启了"零跑动"的办税新模式，这是"互联网+"与"政府服务"的有效融合。
>
> 未来，二者融合发展将在广度和深度上同时发力。一方面，互联网政务平台应用范围将会更广，覆盖全国甚至海外；另一方面，在应用体验和效率提升方面进行深度优化。除了更多服务触网之外，深度融合和打通依然会是未来"互联网+"的发展方向。
>
> 通过"互联网+政务服务"，切实实现让群众"少跑腿、少烦心、多顺心"。通过推进"互联网+政务服务"的新型政务管理模式，以信息技术提升行政效率，使民众得到便利、实惠。

7.1　政府信息资源管理概述

知识和信息已成为国家发展战略资源之一，并成为社会改造的主要动力。作为自国家诞生以来规模最大、系统性和延续性最强的社会组织，政府总以某种方式与人们的工作和生活的每一方面直接或间接相联系，因此，其产生的信息资源的总量常常多得惊人，甚至达到无法计数的地步。据统计，目前各级政府部门大约聚集了全社会信息资源总量的 80%。较之于常规信息资源，政府信息不仅价值更高，而且质量、可信度也更理想，与国民经济及社会发展状况和水平息息相关。因此，如何加强管理、综合开发和有效利用些资源已经成为各级政府工作的当务之急，也是一个值得研究和探讨的新领域。

7.1.1　政府信息资源

7.1.1.1　政府信息资源的定义

政府信息资源是相对于除政府以外的其他社会组织（如工商企业、社会团体、医院、学校、图书馆等）的信息资源而言的。政府信息资源是一切产生于政府内部或是虽然产生于政府外部但对政府活动有影响的信息资源的统称。

政府信息资源是一种极其重要的国家资源，可以从两个层面理解，从狭义角度看，政府信息资源是指政府在履行职能过程中形成的信息，主要是指政府职责履行中产生、搜集、加工、传递或处理的信息内容本身；从广义角度看，政府信息资源不仅包括政府自身形成的信息，还包括与该信息形成相关的人与技术等要素，即政府信息资源就是政府信息本身、信息制造者、资金、技术支撑等活动要素的集合。

7.1.1.2　政府信息资源的类型

政府信息资源的主要组成内容包括政府决策信息、为社会各界服务的信息、反馈信息以及政府间的交流信息。政府信息资源类型很多，可进行多种划分。按内容划分，可分为政府信息、军事信息、科技信息、经济信息、文化信息；按信息运行状态划分，可分为连续性信息、间隔性信息、常规性信息和突发性信息；按信息表现形式划分，可分为语音信息、文字信息、数据信息、图形信息、图像信息、视频信息等；按信息传递方向和特点划分，可分为上情下达类信息（如政府宣传性信息）、下情上传类信息（如公众反馈性信息）、横向沟通类信息（如政府部门之间的双向交流性信息）等。

从信息资源共享和保密的特点与要求来看，政府信息资源又分为以下四种类型：

（1）可以完全对社会公开的信息，如国家信息政策和法规信息等。

（2）只在指定的系统或部门之间（含内部）共享的信息，如在财政部门与银行之间的外联网上流通的信息等。

（3）只在本系统或部门内部共享的信息，如内部会议纪要等。这类信息一般可以在某一系统或部门的内联网上进行流通。

（4）只对某一或某些特定个体开放的信息，如有关国防部署、尖端科学技术发展计划、党和国家领导人的秘密谈话或行动计划等绝密信息，在解密之前都属于此类信息。这类信息一般都有很高的密级规定，传播范围极其有限，一般不将其投入各种类型的网络（包括局域网）中，以防止被他人截取或是篡改。

7.1.1.3　政府信息资源的特征

政府信息资源作为一种特殊的信息资源，它在具有一般信息资源特征的基础上，从职能与作用上，也有自身特有的鲜明特征。

（1）政治性。政府信息资源的政治性主要表现在以下几方面：第一，从内容上看多分为政策法规、行业管理、统计、日常事务等信息，此类信息是政府决策、日常事务办理、为社会各界服务等政府职能得以正常发挥的基础支撑，展现出一定的政治性。第二，政府信息资源最核心的生产、拥有、使用者是各机关单位，其在日常管理进程中形成了众多的诸如法令、规章制度、策略、法律等政府文件，是政府行政职能的传递与实现，具有很强的政治性倾向。

（2）机密性。由于政府信息资源涉及国家战略规划、大政方针、外交事务等内容，在传播中，此类信息只能控制在有限的范围内，不易扩散。需要说明的是，政府信息资源的秘密等级随着时间的推移呈现出递减的趋势，并将最终逐步公开。

（3）宏观性。政府管理范围及事务庞杂且多有交集，因此，在实际运行中，不可能事无巨细都由政府亲自完成，政府只需要从宏观着眼，利用掌握的宏观性信息，进行总体指导和调控。

（4）权威性。人民群众赋予了政府各项权力，政府是在代表人民行使管理权。作为公共权力执行者的政府所产生的信息一般都要经过逐级审查、检验。因此，政府信息资源在事实上具有权威性。

（5）精确性。由于政府根据周围时态、环境不断挖掘、更新、实时提供信息，政府信息资源的精确性主要体现为信息的准确、全面。政府信息资源是政府日常运作、管理和决策的基础，与社会公众和企业在生活、生产中有着密切的联系。片面、错误甚至失实的政府信息资源可能会给政府的宏观决策、企业的管理带来不可估量的损失。

（6）安全性。政府信息资源的安全性主要指的是政府信息资源的全面、安全、可用性。随着电子政务制度的落实，政府信息的安全性问题变得异常重要。具体而言其主要牵涉政府信息资源的监控系统、数据库、网页等，当然其在某种程度上还与国家、商业机密、居民生活隐私等有关系。

7.1.2　政府信息资源管理的定义与特点

7.1.2.1　政府信息资源管理的定义

政府信息资源管理是一种集成及综合性的管理活动，具体而言就是政府部门借助计算机等信息技术手段，通过有意识地收集、存储、加工、开发与应用政府信息资源，同时对相关信息活动过程加以管理，以达到合理配置政府的各种信息资源，提升政府组织效率和公共服务水平的一系列管理过程。

因此，所谓政府信息资源管理，是指通过协调和控制政府信息资源的一系列活动，将政府信息资源活动中的各项要素（包括信息、设备、机构、技术、人员、资金等）作为管理对象，从信息资源管理的技术、经济、人文等方面去综合管理政府信息资源，以保证政府信息资源能够获得最大限度的合理利用。

可以从以下几个方面理解政府信息资源管理的这一定义：

（1）管理活动覆盖政府信息资源开发和利用等环节及整个流程。

（2）政府信息管理的关键内容是政府信息，加强政府信息的管理，最核心的要求就是要提高政府部门对行政信息的采集、处理、利用和交换共享的能力。

（3）政府信息资源管理既是一种集成性的管理，同时也是一种综合性的管理。政府信息化实现了政府部门从分散的、各自为政的方式进行政府信息管理和提供公共服务向集中的、整体和无缝的方式进行政府信息管理和提供公共服务转变。

政府信息资源管理以提升政府组织效率和公共服务水平为根本目标。通过增强信息意识，提高政府信息资源开发和利用的能力，从而最大限度地降低政府信息活动的费用，保障国家的信息安全。

政府信息资源已逐渐被视为能够产生社会效用的公共资源，政府信息资源管理所面临的问题已不仅是业务部门内部大量信息的采集、处理、存储及利用问题，而是以信息资源管理活动为中心的人力、物力与活动的综合性协调问题。

7.1.2.2　政府信息资源管理的特点

由于政府业务工作的特殊性，政府信息资源管理也具有自己鲜明的特征：

（1）管理目标的多样性。政府作为公共部门，其信息资源管理目标由政府职能决定，侧重点各有不同，不能对其进行归一化处理。一般包括提高政府的工作效率、决策质量、调节能力和廉洁程度，节约政府开支，改进政府的组织机构和业务流程的工作方式，密切政府部门与公众的联系以及更好地为公众服务（包括信息服务）等。管理目标的多样性给政府信息资源管理带来了一定难度。

（2）管理模式的灵活性。政府信息资源管理因部门的不同而各不相同，体现出灵活性的特点。这一特点要求我们在进行政府信息资源管理时，要注意因地制宜，具体问题具体分析。

（3）管理手段的多样性。在政府信息资源管理领域，行政手段和法律手段是政府信息资源的重要的管理手段，具有直接、迅速和有效等特点。在进行政府信息资源管理时，技术手段是必不可少的，新的技术成果常常首先应用于政府信息资源管理领域。市场手段通常可以在一些特殊的应用场景下奏效。

7.1.3　政府信息资源管理的产生和发展

20 世纪 70 年代以来，知识和信息正变为后工业社会的战略资源和改造动力。各种信息技术的融合引起社会的巨大变化，信息作为经济资源所能发挥的作用日益重要。政府信息资源管理便是在这样的背景下逐渐形成的。

1. 萌芽阶段

政府是规模最大、系统性最强的社会组织。伴随着社会的发展，其职能在不断扩展，政府与人们在工作和生活的各方面联系产生的政府记录激增，政府的文书工作负担日益加重，由此促使政府信息资源管理的出现。为了解决内部记录增长，以及由此带来的记录利用低效率和政府决策低效率的问题，记录管理应运而生。目前，记录管理已被公认为是现代信息资源管理（特别是政府信息资源管理）的起源。

记录管理（record management）又称文书管理。该概念最早出现在美国联邦政府的相关法律中：记录管理是与记录的生成、维护、使用和保存相关的计划、指导、组织、培训、推进和其他管理活动，其目的是使联邦政府政策和活动的文献适度优化，使政府机构的运行管理经济有效。这一概念来源于图书馆管理、文书管理、行政管理以及其他关注组织机构中的文献资料的有效存储检索和利用的学科。

记录管理的内容产生于政府内部的业务工作，一般不包括产生于政府外部但对政府日后业务活动有影响的信息；记录的对象也仅限于记录本身，不包括记录生产者、录存设备、录存技术等系统活动要素，因而记录管理在管理内容和手段上都具有局限性。

2. 形成阶段

1975 年美国国会成立了联邦文书委员会，该委员会先后向美国国会递交了 37 份报告。受其工作影响，1980 年，国会通过了《文书削减法》，第一次明确提出"信息资源管理"的概念，并且将记录管理的对象从记录扩展到文件、报告或记录中的信息。1985 年年底，美国联邦政府管理与预算局（OMB）发布了 A-130 号通告《联邦政府信息资源管理》，首次从政府的角度将政府信息资源管理定义为"与政府信息相关的规划、预算、组织、指挥、培训和控制"，并且将信息资源的范围扩展到信息本身及信息人员、设备、资金、技术等方面。这标志着政府信息资源管理思想已经形成。

在这一阶段，明确了"信息资源管理"和"政府信息资源管理"的含义及其法律地位；大量学者对政府信息资源管理的工作原理及重点等问题做了明确阐释；创设了专门的机构来管理此项工作，并赋予其一定的工作权限等。

3. 发展阶段

20 世纪 90 年代，伴随着信息资源管理理论的日趋成熟，政府信息资源管理理论从美国传播到世界各地，发展成了一种世界各国普遍重视的政府管理活动。

20 世纪 90 年代中期以后，随着信息技术不断发展及社会信息化的不断拓展和深化，政府信息资源管理由传统的内部文书管理逐渐演化为两个方向：

一是战略层次的信息资源管理。政府越来越意识到信息资源的重要性，将信息技术的运用与政府机构的组织构成、管理模式及制度、服务形式等融为一体，开始将信息资源管理与政府的战略管理相整合。

二是电子政府的建设。信息技术和网络技术的兴起是电子政府发展的直接推动力量。新兴的电子化政府机制，逐渐构成了面向整个国家的"一站式"服务、政府机构的跨部门的"一体化"业务操作流程及"现代化"的合作办公、综合运用的"科学平台"式的信息及资源共享、信息化管理的"以人为本"政府信息资源管理体制和运行机制。

目前，传统的管理模式已不符合信息社会的要求，我国的各级政府部门在信息资源的安全和管理等方面都面临着严峻的挑战。

7.2　政府信息资源管理的职能

根据美国联邦政府管理与预算局 1985 年发布的 A-130 通告《联邦政府信息资源管理》的主要思想和其他相关的政策，政府信息资源管理的基本职能就是对政府机构的信息采集、生产、加工处理、存储、传播、利用等活动进行规划、预算、组织指导、培训、促进和控制的过程，包括信息本身和相关的各种资源如人员、设备、经费、技术等。

7.2.1　制定和实施政府信息资源管理规划

为了使政府信息资源管理达到预定的目标和取得预期的效果，要制定详细、周密的规划，以保证政府信息资源管理合理、有序地进行。制定政府信息资源管理规划要在分析政府和公众的信息需求，分析现有的信息资源状况和环境条件的基础上，制定政府信息资源管理规划或行动方案的过程。简单地说，规划就是要确定做什么、如何做和谁去做。

政府信息资源管理规划工作的内容主要有：

（1）识别与信息资源管理有关的政府机构的战略业务规划和任务及其中的各种组成要素。

（2）确定机构的战略信息需求，全面评估目前的环境条件（如现有的业务流程、信息技术架构、信息系统和网络、信息资源及其利用状况、管理层和政府工作人员的认识和态度等）。

（3）建立描述政府的业务、活动信息的管理模型。

（4）建立信息资源管理的目标架构，制定战略实施计划等。

信息资源管理规划应当与政府机构的战略规划和业务规划相一致，从而帮助政府进行高效管理。要改进和变革政府采集、使用、发布信息的方式和方法，使信息冗余减至最少，信息费用减至最小，并使政府信息资源价值最大化。

在实施政府信息资源管理和开发利用过程中，要充分调动各政府部门和地方的积极性。由它们根据统一规划和各自的情况提出各部门或地区的规划和实施方案，经综合部门或归口管理部门平衡、协调后实施，以避免重复开发造成人力物力浪费。只有做好了政府信息资源管理和开发利用规划，有组织有目的地进行政府信息资源开发利用，才能实现信息交换和共享，推进信息化建设的发展，然后又可以反过来推动全社会的信息资源开发利用。

7.2.2　政府信息资源管理的组织

政府信息资源管理的组织职能是保证规划实现信息资源管理活动的连贯性、协调性和一致性所必需的工作步骤。它的职能是设计一种组织结构，使参与政府信息资源开发和利用活动的人员明确自己在集体活动中的位置，了解自己在相互协调的系统中的作用，自觉地为实现政府信息资源管理的目标而有效地工作。

7.2.3　政府信息资源管理的领导

政府信息资源管理中的领导职能就是指挥和引导政府信息资源开发和利用活动并使之实现政府信息资源管理目标的过程。它直接涉及政府信息资源管理者和管理对象之间人与人的关系，涉及对政府信息资源开发和利用活动的指导、沟通和有效的激励，引导参与政府信息资源开发和利用的工作者有效领会和出色实现有关的目标。

7.2.4　政府信息资源管理的控制

控制是对政府信息资源管理活动进行评估和调节，以确保政府信息资源管理目标的实现。在政府信息资源开发和利用活动中，一旦决策方案、活动计划通过组织付诸实施，就需要对活动进行控制。它通过监督、检查计划的执行进度，揭示计划执行的偏差，明确出现偏差的地方、性质和原因，并采取积极措施予以调节或把不符合要求的政府信息资源开发和利用活动纠正到正确的轨道上来，使之符合原来的决策和计划发展，或重新制订符合实际情况的决策，修正计划。

7.3　政府信息资源管理的内容

7.3.1　政府信息资源的内容管理

一切形式的政府信息，包括印刷品、音像制品、电子文件等，都是国家和政府的一种战略资源，在其整个生命周期都应予以妥善地管理。随着现代信息技术的发展和应用，政府信息的"电子版"和"物理版"的管理应该逐渐地走向一体化，其目的是使得政府信息的检索更为简便、快捷和准确。政府各部门需要的信息应该只采集一次，而且应该在最接近信息源的地方进行；采集到的信息应向所有获得授权的用户提供，实现信息的共享。所有的政府信息都应该有相应的行政管理，因此需要制定相应的政府信息标准和采集与应用的规范，即所谓的"数据/信息标准"。此外，还应该对政府信息的生命周期以及在其生命周期每一阶段的管理问题做出规定。

政府信息资源的内容管理通常包括以下几方面内容：

（1）从已确定的政府信息源体系中连续地选择、提取和搜索信息。

（2）采用科学的方法对杂乱无序的政府信息资源进行加工整理，组织成序，以方便人们存储和利用政府信息资源。

（3）政府部门的信息工作人员，按照一定的要求，通过严格的程序，采取科学的方法，对收集到的各类政府信息资源进行分类、排序、比较、判断、选择、编写等工作，完成政府信息资源加工即完善及转化的过程，使其成为政府信息工作所需要的有用的政府信息资源。

（4）政府信息工作者根据政府信息用户的需要提供相关信息，满足不断变化的政府用户信息资源需求。

7.3.2　政府信息资源的经济效益管理

政府信息资源管理的经济效益管理比较突出的任务体现在对政府信息化的项目管理中。因此要求对政府信息化项目的投资计划、投资总额进行严格审核，对项目内容严格把关，对项目产出效益严格监控。

预算是经过一定的程序核定的未来一个时期内的收入和支出的计划。政府信息化项目通常涉及金额较大，通过政府信息资源管理预算可以对收入和支出加以有效的控制和管理。预算是实现政府信息资源管理规划的重要手段。它反映政府为信息资源管理活动提供的资金保证如何，从一个重要方面体现国家对政府信息资源管理的政策，规定了政府信息资源管理的方向，同时也对信息资源管理的目标进行约束。

7.3.3　政府信息基础设施的管理

基于政府工作所涉及的内容及其安全性的要求，政府信息基础设施必须独立于国家信息基础设施之外，作为一个整体来加以考虑。同时，政府信息基础设施的建设必须与政府信息化的目标一致，必须与政府应用信息系统的发展一致，必须与技术发展的趋势一致。政府信息基础设施的建设既要从长远出发，又要避免设备的闲置和浪费，要合理利用投入的资金。因而，必须充分论证，审慎规划。而且，政府信息基础设施的建设规划必须是整个政府信息化规划的一部分。

政府信息基础设施建设面临着一个基本的矛盾，即开放性与安全性的矛盾。开放的政府信息基础设施有利于政府与公众的互动。但是，在"黑客"猖獗，"信息战"日益成为国家安全威胁的情况下，安全性是政府信息基础设施建设必须优先考虑的因素之一。

7.3.4　政府信息资源管理相关政策和法规的制定

政府信息资源管理的一项重要内容就是在深刻反映国家利益与政治意图的前提下，制定和实施国家信息资源管理政策和法规，使政府信息资源的管理与开发工作有一个完整、统一的法律和制度保障。

政府信息资源管理往往涉及部门之间、地方之间的利益冲突，在协调无效的情况下，则需要通过法律和法规强制地予以执行，即"依法治信息"，这也是政府信息资源管理的一条基本原则。政府信息资源管理的核心问题是"管什么""谁来管"和"如何管"。必须以国家法律和政策法规的形式对这些基本问题予以回答，并且要形成制度。一些在政府信息资源管理方面比较先进和成功的国家或地区，都制定了比较完善的政策法规。

与政府信息资源管理相关的法律和法规涉及的范围非常广泛，既包括政府与政府间的关系、政府与企业间的关系，特别是政府与私营企业间的关系，还包括政府与每一个公民间的关系。随着信息化建设的深入发展以及现代信息技术的变革，新的信息政策和法律问题将层出不穷。相关的一系列政策和法律法规的制定也将会是一个动态的、不断完善的过程。

7.3.5　政府信息资源管理中信息系统与信息技术的应用管理

7.3.5.1　政府信息资源管理中信息系统的应用管理

在政府信息资源管理中，应当加强信息系统建设，以优化政府行政业务流程，建立业务信息资源库，建立科学的管理模式，提高管理水平和服务水平。政府的应用信息系统应该逐步实现标准化、模块化，最大限度地实现应用信息系统的共享，可以节省人力、物力资源，并且有利于系统的维护和更新，从而加快信息化的进程。政府应用信息系统建设应当符合政府信息化发展规划要求，遵循国家统一的信息交换标准。政府各部门所独自拥有的系统建设技术队伍应该把工作重点放在加强应用系统的维护、及时更新数据、保证信息的准确性上面。

政府应用信息系统必须符合电子政务安全规范，充分利用电子政务信息安全基础设施建设。电子政务安全规范，由信息化主管部门会同有关部门制定。加强政府统一门户网站建设，政府各部门应当积极连接和利用政府统一门户网站，加强公众网站的内容建设，及时发布政务信息，推行政务公开，加强公共服务；逐步在公众网站上公布管理事项，实行网上审批，并接受网上监督与投诉。

7.3.5.2　政府信息资源管理中信息技术的应用管理

政府信息资源管理中所采用的信息技术，有必要通过政府的技术政策、规范和标准加以管理。既要保证政府信息和应用系统的"可共享性"和"可兼容性"，也要保证采用技术的先进性和政府信息的安全性。

政府信息资源管理的技术政策，应该明确规定，例如什么技术在政府系统内适用，什么技术在政府系统内不适用；技术和软硬件设备的生命周期（如多长时间允许或必须更新计算机或通信设备）。政府信息系统的标准与规范，亦即所谓"技术标准"，应该规定政府局域网络和广域网的适用体系结构、网络协议的适用标准、服务器与工作站的选择范围、操作系统与数据库系统的适用品牌、办公自动化软硬件规范等。政府还可以通过技术政策，促进民族信息产业发展。技术政策也是确保政府信息安全的重要手段之一。政府信息化的技术政策也必须是动态的、发展的，应及时调整，并对外公布。

7.3.6　政府信息资源管理相关工作人员的信息素养培养

政府信息资源管理相关工作人员是政府信息资源的开发者和利用者，也是政府信息资源的载体。在政府信息资源管理中，如果这些工作人员缺乏对现代信息技术的了解、缺乏对信息资源价值的认识，就会影响信息资源的有效开发和利用。因此提高这些工作人员的信息素养也是政府信息资源管理的重要内容之一。

培养政府相关工作人员的信息素养可以通过以下几方面进行：

（1）培养政府工作人员正确的信息观念。从某种意义上说，政府治理的过程就是信息的收集、加工处理的过程，政府职能的有效履行，有赖于适时、准确的信息。这也就是说，信息及信息网络已成为现代政府的神经系统，因此我们须注重对政府工作人员正确信息观念的培养，使他们强烈意识到"信息就是资源""信息就是力量"，离开及时、准确的信息，政府将举步维艰，百姓将难以为继。当政府工作人员认识到信息在现代政府管理与服务中的价值和作用时，他们就会最大限度地开发和利用信息资源，提供有效的信息服务，将信息适时地转化为社会财富，创造更高的附加值。

（2）提升政府工作人员的信息能力。信息能力是指人们应用信息技术的能力和获取、加工、处理信息，分析、判断信息的能力。伴随着政府信息化的推进，我国现有的政府管理模式将发生重大变革，而代之以一种建立在现代信息技术和信息资源基础之上的全新管理模式。因此，在政府工作人员中开展以计算机网络技术为基础的信息技术教育，培养他们熟练应用、驾驭信息技术的能力，才能赋予他们快速获取所需信息、充分开发利用信息资源的本领与利用现代化工具和手段进行现代管理、提供全新服务、做出科学决策的能力。

（3）加强政府工作人员的信息道德。在信息化的电子政府中，政府工作人员既是信息生产者、加工者，又是信息传播者、使用者，他们是否严格遵守信息法律、法规，尊重知识产权，是否注重保护个人隐私、保守商业秘密、维护信息安全等都事关政府的正常运行，事关社会的安定，因此只有强化政府工作人员的信息道德教育，使信息道德规范内化为他们的信息道德品质，使他们能够严格自律、自觉遵守信息道德义务，才能保证社会的良性运行，保证政府信息化建设的顺利推进。

7.3.7　政府信息安全管理

政府机构通常存储了具有一定密级要求的大量信息，这些信息的不适当公开常常会带来严重后果（比如，危及国家安全或者政党利益，给犯罪分子以可乘之机，引起社会恐慌等）。正因为如此，政府信息的保密性关系到政府运作和国家安全，做好信息安全保密工作是进行政府信息资源管理的重要内容之一。

政府信息安全管理是一个综合的、复杂的问题。政府信息安全管理的首要问题是明确政府信息安全的职责范围。对每一类甚至于每一个重要的政府信息，都必须对其安全性做出定义，划分安全级别。同时，对危害该类信息安全的主要因素应进行分析评估，制定出主要的防范措施。

政府须制定出统一的"政府信息安全标准"。政府信息安全标准不仅应包括政府信息基础设施的物理安全、数据信息安全、系统安全与备份等，还需要有一套可操作的安全评估和审定的程序。

加强安全保密技术的自主开发。在信息战日益激烈的形势下，政府信息的安全管理还需要设定更长远的目标，关键是要有自主的知识产权和关键技术，从根本上摆脱对外国技术的依赖。

加强信息安全保密制度。据有关专家估计，信息网络中80%以上的安全问题是由制度不健全而引发的，是人为的原因。建立健全相关责任制和规范管理，是加强信息安全保密的必要手段。在安全技术不断发展的同时，应提高政府工作人员安全意识，全面加强安全技术的应用。

7.4　政府信息资源管理中应用的信息系统

信息技术的发展推动了政府信息资源管理系统的开发与应用，以及在各级各类政府工作中的普及使用。

1. 政府办公自动化系统

办公自动化系统（office automation system，OAS）是20世纪70年代中期发展起来的一种信息管理系统，面向非结构化的管理问题（即事务处理业务），是一种设备驱动型的、以程序化信息处理为主要职能的人-机系统，主要目标是提高工作人员办事效率，具有一定的信息管理、传播和控制功能，是一种面向内部的信息系统。

政府办公自动化是电子政务解决方案中最核心、最基础的部分，其成功应用与否将影响业务系统的应用和整个电子政务建设的成败。政府办公自动化系统的总体目标是：为政府办公人员建立一个高效、安全、简便的信息交流和办公环境，在机关内部和上下级之间实现真正意义上的协同办公自动化。

政府办公自动化系统（government office automation system，GOAS）就是通常所说的政府内部政务信息化系统，该系统主要包括电子邮件、公文处理、督办查办、信息处理、会议安排、活动安排和管理、领导批示管理、个人事务管理、信访管理、议案管理、档案管理、公共服务接口等功能。

实施政府办公自动化，不仅有利于提高政府部门的工作效率、管理水平和社会服务水平，而且有利于提高政府的公正性和廉洁性以及政府资源的计划性和有用性。

2. 政府决策支持系统

决策支持系统（decision support system, DSS）是以管理科学理论为基础，以 IT 和仿真技术为手段，针对半结构化的决策问题，支持决策过程的智能化人-机系统。它可为决策者提供决策所需的数据、信息、背景材料和方法、模型，帮助明确决策目标和问题识别，建立和修改决策模型，提供各种备选方案并加以评价和优选，主要面向内部高层决策，并非一般信息资源的人-机系统。

政府决策支持系统（government decision support system, GDSS），是指通过统计信息的收集、汇总、分析、图形化显示分析结果以及查询等功能的智能化，从大量分散的数据中自动提炼出政府决策所需要的信息，在降低政府部门工作人员信息处理劳动强度的同时，突出信息对领导决策的重要作用，从而极大地提高政府决策的科学性和准确性。从政府决策的特殊性可以看出，政府决策支持系统既不同于一般的企业级决策支持系统，也不同于传统意义上的政府办公自动化系统，它所涉及的范围更为广泛。

3. 政府信息资源定位服务系统

政府信息资源定位服务系统（government information locator service, GILS）作为一种政府信息检索系统，可实现跨机关查询政府信息，同时可识别数据来源，保障数据安全，因此可用该工具识别、描述政府信息资源。

GILS 的总目标是使一般公众能找到他们所需要的政府信息。该系统通过提供描述政府信息的标准方式、提供获取政府信息统一窗口从而提高政府信息检索的准确率、促进政府机构内部的信息资源管理工作。

GILS 是一个分布式信息资源利用体系。各级政府机构利用 GILS 规定的标准方式来描述自己拥有的信息资源，建立相应的资源目录和检索系统（称为 GILS 定位器或 GILS 服务器）。如果信息资源本身是数字化资源，则在资源目录和实际资源之间建立链接。公众可以通过互联网直接检索这些目录数据，并通过链接直接获得相关数字资源。各个机构的 GILS 服务器也通过互联网与其他政府机构的 GILS 服务器相连，彼此之间可以互为客户机，并且利用 Z39.50 协议来检索对方服务器上的 GILS 数据。因此，用户可以通过某个机构的 GILS 系统去检索其他机构的 GILS 系统，形成虚拟、透明的政府信息资源检索体系。

7.5 政府信息化与电子政务

政府信息化是指政府部门为更加经济有效地履行自己的职责，向全社会提供更好的服务而广泛地应用信息技术，开发利用信息资源的活动和过程，是政府信息资源管理的高级阶段。

7.5.1　政府信息化发展概况

7.5.1.1　国外政府信息化的发展过程

20 世纪 70 年代初，西方发达国家普遍应用计算机于事务处理领域；70 年代中后期，计算机开始应用于综合性管理业务；部分发展中国家也开始在政府部门应用计算机。20 世纪 80 年代，局域网和 MIS 成为政府信息技术应用的主流，对决策分析的支持也取得了一定进展；大多数发展中国家开始应用 IT。20 世纪 90 年代，政府广泛采用先进的信息网络技术，应用的领域渗透到政府职能的各个方面。政府信息化成为国家信息基础设施（NII）建设的重要内容之一。

20 世纪 60 年代，美国和少数发达国家开始把计算机应用于重复性强的规范数据处理业务（如会计、档案）。美国政府信息化起步较早，建设资金投入量大，仅从 1981 到 1998 年间在 IT 应用方面的支出就高达 4000 亿美元。进入世纪交替时期后，美国制定了"走进美国"等一系列计划，要求从 1997 年至 2000 年在政府 IT 应用方面完成 120 项任务。到 21 世纪初，实现政府对每个公民的服务的全方位电子化。

法国政府 1999 年 1 月也宣布实施名为"为法国进入信息社会做准备"项目，利用信息技术使公共服务现代化，利用网络来向公众提供服务。

日本政府在 1987 年度的《情报化白皮书》将政府信息化、产业信息化和家庭信息化并列为信息化的三大领域。日本中央政府应用的信息技术大体上经历了 4～5 代的演进，基本上建成了支持其主要业务工作的 MIS 和 DSS，每年的 IT 支出约需 80 亿～100 亿美元。

7.5.1.2　中国政府信息化的发展过程

我国电子政府建设是在 1998 年规划、1999 年正式启动和实施的（1999 年曾被国内业界誉为"政府上网年"）。该工程到 2000 年年底实现 80%以上的部委和各级政府在 163/169 网上建立正式的网站，并且提供有关信息共享和便民服务的应用项目，从而构建我国的"电子政府"或"电子政务"。1999 年 5 月，我国政府开通了政府网站的导航中心和服务中心。该网站提供了在 gov.cn 下注册的所有政府网站的"导航中心"（用户可以通过行政区划或关键词查询）以及"政府新闻""政网专题""发布政府信息资源""登录政府网站"等栏目。它既为我国各级政府部门上网提供全面的宣传和服务，也为国内外企业和个人通过网络了解和接触中国政府各级部门提供了重要途径。

2000 年 1 月，由国家经贸委经济信息中心、中国邮电电信总局联合发起的"政府上网工程"百城市政府上网推进交流大会在北京召开，目的是充分展示宣传各级各地政府部门上网工作的阶段性成果，总结和推广政府优秀网站建设和应用服务的先进经验，加强国家有关部门对政府上网工作的规范指导，解决"政府上网工程"存在的有关问题，确保"政府上网工程"持续健康发展。

"政府上网工程"的实施有力地推动了我国政府办公自动化与政府网上便民服务，在网络上实现了政府在政治、经济、社会、生活等诸多领域中的管理和服务职能。这些基于网络的职能主要包括介绍政府部门机构职能等基本信息，向社会公开政府部门的政策法规、办事程序等政务信息，提供政府电子服务窗口，宣传地方产业，接收公众反馈信息等。其具体应用可以分解成三部分：政府部门内部的电子化办公，政府各部门之间及金融、电力等重要营运部门之间通过计算机网络进行的信息共享和实时通信，政府部门与社会公众之间网络达成的双向信息交流。显然，这些职能和具体应用目标的实现，对于全面树立中国各级政府公共形象、转变政府职能和工作作风、提高办事效率和管理水平、促进政务公开和廉政建设、丰富网上中文信息资源等，都有着划时代的意义。

7.5.2　政府信息化的内涵

7.5.2.1　政府信息化的目标

1. 改善政府的信息收集、交换和发布，提高政府工作效率和决策水平

应用先进的 IT，促进政府组织机构和工作流程的优化，使政府能更好地适应国内经济和社会发展的需要，更好地适应激烈的国际竞争和复杂的国际环境，使政府能提供更多更好的公共服务，同时也得到更好的公众监督。

2. 促进本国信息产业的发展，带动全社会的信息资源开发利用

政府信息化的推进过程中，通过政府采购，可以扶植民族产业，特别是对一些关键技术和产品的研发具有深远意义。

3. 引导其他领域的工程应用

通过政府信息化工程的推进，由政府先承担应用风险和取得经验，再将经验用于社会各领域，实现推动国家信息化整体进步的目标。

7.5.2.2　政府信息化的任务

（1）建立适当的信息收集、交换、发布和分析处理机制。采用适当的技术，使政府的工作和决策拥有充足、及时、准确、适用的信息资源，使广大公众能便利地获取政府拥有的可以公开的各种信息资源。

（2）建立先进实用的应用信息系统和信息网络，提高政府的工作效率。应用信息系统和信息网络的建立与完善，能够使政府各级机关适应快速变化的外部环境，提高政府的监管能力、回应力及应变能力。

（3）建设可靠高效的政府信息网络，便于公众有效监督政府工作。高效的政府信息网络使政府能向每个公民提供快速、方便、廉价的服务，减轻公民为政府的需要而产生的经济负担和时间负担，使公众能方便有效地监督政府的工作。

（4）政府信息化与政府职能转变和政治文明建设融合，建立一个精悍、高效、廉明、公正、民主、开放的政府。

7.5.2.3　政府信息化的作用

1. 政府信息化在国家信息化中占有核心地位

信息资源是国民经济和社会发展的战略资源，信息资源的开发和利用的程度是衡量国家信息化的一个重要标志，所以国家信息化必须把信息资源的开发和利用置于核心地位，这也是国家信息化建设取得实效的关键。而政府信息资源在国家信息资源中占主导地位，政府不仅是国家信息资源的最大拥有者，也是最大的信息生产者、消费者和发布者。政府信息资源管理不仅可为公众提供政府和社会的相关信息，也是政府开展工作和日常管理的重要保障。

2. 政府信息化在国民经济信息化中具有重要的示范作用

加快国家信息化建设是党中央、国务院推进国民经济发展和社会全面进步的重要战略部署。国家在信息化建设中，必须把政府信息化建设当作重点，一方面是为了提高宏观经济管理、决策和服务能力，提高国民经济运行的质量和效率；另一方面，通过政府信息化建设的示范作用，极大地推动国民经济信息化建设。榜样的力量是无穷的，示范的作用是巨大的。大力推进政府信息化，将会有效地推进和加快国民经济信息化进程。

3. 政府信息化在国民经济信息化中具有极强的带动作用

政府信息化不仅涉及国民经济和社会发展的各个方面，而且涉及广阔的地域，因此，政府信息化建设必然带动国民经济和社会发展各个方面的信息化建设。仅从信息资源的开发和利用来说，政府信息资源的开发和利用，必然带动企业和社会信息资源的开发和利用。

一方面，政府信息资源的开发需要企业和社会的支持；另一方面，政府信息资源的开发利用为企业和社会服务，实现信息共享。政府信息资源的开发和利用，必然极大地带动企业和社会各个方面的信息资源的开发和利用。

从促进信息产业的发展来看，政府是信息技术产品的最大用户，政府信息化不仅可以带动电子信息产业的发展，也可以大大带动信息服务业的发展。同时，政府信息化工程建设是以提高投资效益为中心，以高度的责任感和严谨的科学程序进行的，坚持少花钱，多办事，质量第一，统筹规划，科学论证，精心设计，健全责任制，管好用好政府投资，可以带动企业和社会信息化建设健康发展。从推动国民经济发展的全局来看，政府信息化不仅可以加快国民经济新的增长点的形成，而且能够成为带动整个国民经济发展的重要驱动力。

7.5.3 电子政务建设

7.5.3.1 电子政务的概念

电子政务一词是由英文 electronic government（简称 E government）翻译而来的。尽管很多国际组织和学者都对电子政务这一概念进行了定义，但至今仍无一个统一的说法。一方面是由于电子政务是一个多学科交叉的新生事物，从不同的学科视角出发，会产生不同的理解和认识；另一方面是由于电子政务的本质和内涵随着各国政府的改革与创新而不断发展。

事实上，电子政务的概念具有很大的外延和发展空间，所有单一视角的定义方式都很难全面包容其含义。国内外研究机构和学者在对这一问题进行研究时，所选择的视角和遵循的逻辑各不相同，但正因为如此，才使这些理论在整体上构成了对电子政务概念的较为全面的描述，使人们能够更透彻地把握电子政务的含义。基于公共管理视角，一些有代表性和影响力的对电子政务的定义有以下几种：

（1）联合国（UN）经济与社会事务部的定义（2005）。广义上的电子政务包括所有运用信息与通信技术手段（从常见的传真机到先进的无线掌上设备等）来实现政府日常公共事务的处理，是"政府的一项永久性承诺，通过对服务、信息与知识的高效便捷、成本核算的传递，来增进公共部门与公民个人之间的关系"。它是对政府所要提供服务的一种最行之有效的实现方式。

（2）欧盟（EU）的定义（2007）。电子政务是公共行政利用信息和通信技术，结合组织转变及新的技能，实现改进公共服务和加快民主进程，加强对公共政策支持的目标。

（3）经济合作发展组织（OECD）的定义（2003）。电子政务是利用信息和通信技术，特别是互联网，并将其作为工具，塑造更好的政府。

（4）世界银行（WB）的定义（2005）。电子政务是指政府部门利用信息技术（例如广域网、互联网和移动计算）转变政府同公民、企业和政府其他部门的关系。

（5）太平洋国际政策协会的定义（2002）。广义上的电子政务是利用信息技术提升政府的效率和效能，提供更便捷的服务和更多的信息，并使政府更负责任。电子政务包括通过互联网、电话、社区中心、无线设备或其他通信系统提供的服务。

（6）美国国务院的定义。美国国务院在《2002年电子政务法案》中关于电子政务的定义说明如下：通过政府对基于互联网和其他信息技术的应用，结合实现这些技术的流程，达到两个目的。一是增强政府对公众、其他机构和其他政府实体的信息与服务的递送及访问；二是带来政府运作的改进，包括效率、效能、服务质量或转变。

（7）我国学者的定义。我国学者对电子政务的定义为：电子政务是指各级政府部门以信息网络为平台，综合运用信息技术，在对传统政务进行持续不断的革新和改善的基础上，实现政府组织机构和工作流程的优化重组，将政府的管理和服务职能进行整合，超越时间、空间的界限，打破部门分割的制约，全方位地向社会提供优质、规范、透明、符合国际标准的管理和服务，实现公务、政务、商务、事务的一体化管理和运行。

类似的关于电子政务的定义不胜枚举。通过对众多电子政务定义的表述进行归纳，可以看出，一个完整的电子政务的定义，至少应该包含下列五个方面的内容：①信息技术的应用；②互联网的引入；③信息提供；④服务递送；⑤政府效率和效能的提升。因此，一个全面的电子政务的定义不能仅停留于服务递送的层次，更不能局限于信息技术在政府中的应用，而应该从包含政府运作和服务递送在内的多角度进行全面阐述。一个有助于深入理解电子政务的多种功能和意义的可操作性的定义如表 7-1 所示。

表 7-1　电子政务的可操作性定义

内容	含义
强大的服务递送和信息提供功能	提供交互式的电子服务和信息递送方式；通过服务和信息递送，产生交易和反馈
组织创新和转变	多层次地参与消除组织和职能的边界；信息时代的公共部门改革，包括在政府运作中提高效率，对服务和管理的分离，增加相关责任，改进资源管理和市场化并利用市场的力量增强公共部门和私人部门间的关系
基于信息技术但不局限于信息技术	信息技术基础设施是发展电子政务的关键；充分利用信息技术能力递送系统和服务；职能和知识的重叠增加了公共部门的复杂性，信息技术知识不足以解释和预测未来趋势
应用与服务的集成和无缝链接	电子政务的实现远不只是自动化的服务递送和一系列的网站；政府需要从前台效率的基础上发展到更高的层次，建立一个以公民为中心、一站式集成和可靠的服务交互环境
不同的发展模式和方案	不同的国家有不同的发展模式；实施方案因应用环境（政治、经济、社会）而各异

综上所述，本章对电子政务做出如下定义：电子政务是一个包含内容广泛的政府转变创新行动，通过发挥与利用信息和通信技术的驱动作用，发展与递送高质量、无缝、集成的信息和公共服务，重构政府部门的业务和流程，整合系统应用及功能，实现以公民为中心的电子包容和电子民主。

7.5.3.2　电子政务的本质

虽然电子政务至今尚无确切、统一的定义，但西方学者一般认为，电子政务实质上就是将工业化模型的大政府（主要表现为集中管理、分层结构、在物理经济中运行）转变为新型的管理体系，以适应虚拟的、全球性的、以知识为基础的网络经济。也有学者认为，电子政务是以计算机及网络技术为基本手段进行公共事务的管理与公共服务的提供，使信息技术在政府公共部门的应用从简单的取代手工劳动、提高办公自动化技术水平发展到优化业务流程和服务范式的新层次。我国学者认为，电子政务并不是如何把信息技术应用于政府和公共事务的处理问题，也不是如何应用信息技术来提供信息和电子服务，增进行政的效率问题，而是政府面对信息技术所带来的新的社会范式挑战，如何进行政府再造，促进政府转型，建立适应信息社会需要的新的政府治理范式，促进善治，实现善政的问题。

具体而言，电子政务的本质包括以下四个方面的内容。

1. 电子政务的核心内容是政府再造

不少国家和地区在发展电子政务时，提出了"以公民为中心"，利用信息技术实现政府转型的电子政务战略。这意味着电子政务作为现代技术手段在政务活动中不断被推广应用，并与 20 世纪 80 年代在西方国家兴起的"政府再造"乃至社会政治体系变革运动走向合流。迈入 21 世纪充满竞争的信息社会中，政府必须抛弃陈旧的观念与制度，从组织结构与制度、管理与运作模式乃至组织文化与伦理等各个层面，全面推动行政现代化，重新改造政府组织并赋予其新活力，致力于提高行政生产力及政府服务质量。电子政务的实施必须对传统公共事务管理方式、公共服务传递方式、政府业务流程、政府组织结构模式等方面提出挑战。

在把信息技术应用于政府的时候，如果对政府存在的价值、意义、使命和任务等根本问题缺乏反思，对政府改革的目标和方向缺乏反思，对传统政府管理的缺陷和误区缺乏反思，那么信息技术应用于政府，不仅无助于政府自身存在问题的解决，无助于政府的改革和转型，而且只能强化现行政府结构和制度安排中所存在的一些缺陷和弊端，限制信息技术的应用和发展潜力的实现，更有甚者，会成为加强社会控制与组织压迫的工具，成为扩大社会不公平的工具，成为为少数人和少数利益集团服务的工具。

电子政务不是传统政务与信息技术的简单相加，电子政务建设并不是在行政组织结构形式、职能及其行使方式不变的情况下使传统型政府获得一种技术手段和提高各政府部门的办公自动化水平，不是简单地提高其运用技术的能力，更不是让现代网络信息技术去适应传统型的政府，而是要将现代网络信息技术融入政府的改革之中并发挥作用，使传统型的政府组织结构、职能行使方式和行政业务流程适应网络信息技术的要求，综合提高政府部门的公共治理能力、依法行政能力、科学决策能力、应对突发事件能力和公共服务能力，促进电子政务与政府再造的一体化。

电子政务的建设过程就是运用信息技术对符合电子化、信息化管理要求的政府管理模式、业务模式与服务传递方式进行改进、完善和固化的过程。电子政务建设和发展过程中所表现出的大多数问题都是管理、组织和政治等政务问题，而不是技术问题。通过建设政府部门的网络平台和各种电子政务应用系统，实现组织扁平化、流程优化以及资源共享，使政府部门协调运行，树立政府部门的服务观念并提高其行政效能，这些都是政府再造的重要内容与目标。

2. 电子政务是信息时代的政府治理模式

各国政府利用信息技术已经超过 40 年。然而，仅仅将信息技术应用到政府中，并不等于就是电子政务。造成这种概念上不等同的原因在于电子政务是一种治理模式。政治学家和管理学家提出治理的概念，主张用治理（governance）替代统治（government）。他们在社会资源配置中既发现市场失灵，又发现政府失灵，治理可以弥补国家与市场在调控和协调过程中的某些不足。治理一词的基本含义是指在一个既定的范围内运用权威维持秩序，满足民众的需要。治理的目的是在各种不同的制度关系中运用权力去引导、规范和控制公民的各种活动，以最大限度地增进公共利益。治理的最终目的是维持正常的社会秩序。世界各国多年来努力进行政府治理改革，但是进展较预期遭遇更多的局限。电子政务的开展为政府提供了一项改进治理的新方式。

电子政务是信息技术所赋予的新治理模式。电子治理所具备的优势，归根结底，是其具有信息技术的能力。它能为政府提供以下三种改变的可能性：①自动化。取代目前人力执行信息的流程，包括信息的接收、储存、处理、输出或传送。②信息化。支持目前人力执行信息的流程。例如，支持目前决策制定、沟通以及执行的过程。③转变。创造新兴信息技术、执行信息的流程或支持新兴人力执行信息流程。例如，创造全新公共服务递送的方法。电子治理的目的就是善治。所谓善治就是使公共利益最大化的社会管理过程。善治的本质特征，就在于它是政府与公民对公共生活的合作管理，是政治国家与市民社会的一种新型关系，是两者的最佳状态。构成善治的基本要素可归纳为如下六项：①合法性，指社会秩序与权威被自觉认可和服从的依法状态。②透明性，指政治信息的公开性。每一位公民都有权获得与自己的利益相关的政府政策信息，包括立法活动、政策制定、法律条款、政策实施、行政预算、公共开支以及其他有关的政策信息。③责任性，指人们应当对自己的行为负责。④法治性，指法律是公共政治管理的最高准则，任何政府官员和公民都必须依法行事，法律面前，人人平等。⑤响应性，指公共管理人员和管理机构必须对公民的要求做出及时和负责的反应，不得无故拖延或没有下文。⑥有效性，指管理的效率。它有两方面的基本意义：一是管理机构设置合理，管理程序科学化，管理活动有弹性；二是最大限度地降低管理成本。

3. 电子政务代表着政府服务范式的转变

电子政务有转变政府服务的潜力，它可使公共服务行政从传统的官僚范式向"电子政务范式"转变。主要原因是电子政务的发展改变了传统的行政程序观点与组织原则，并改善了旧有行政的效率与效能。

传统的官僚范式强调以内部生产效率、功能理性、部门化、层级控制与管制为基础的管理。相对而言，电子政务范式是深受信息技术影响的范式，它强调使用者的满意、控制与弹性以及内、外部成员的网络管理。此外新型范式也偏向于强调创新、组织学习与建立企业型政府，以确保政府创造的能力；同时，依据信息技术的发展，电子政务也可以避免标准化的服务，而在个人偏好与需求下提供量身定做的服务。除此之外，电子政务也改变了政府的组织原则，过去的政府组织强调由上而下和层级的沟通，新的范式则强调团队合作、多方向网络、当事人的直接沟通、快速的回馈圈。在网络化服务中，公民无须了解何部门应该为其事务负责，而功能化的部门结构与生产过程也将随着单一入口式的设计而消失不见。

电子政务作为一种在线服务范式，是运用信息技术来提供政府服务的，其基本含义包括：第一，电子政务以公众至上和顾客导向为服务理念。电子政务并不是简单地将传统的政府管理事务原封不动地搬到互联网上，而是将信息技术与新的政府服务理念、服务范式、价值目标有机结合，对政府组织结构、业务流程进行完善和优化的结果。第二，电子政务以向公众提供便捷的服务与向公众提供能够获得服务的手段、便于公众对政府管理进行监督、建立和发展新的公共责任与监督机制、实现公共利益为目的。因此，电子政务不仅要着眼于提高政府管理的效能和办事效率，而且要着眼于提高服务质量，更好地服务于社会，要着眼于政府管理功能与社会服务功能的有机结合。第三，在电子政务服务模式下，网络和应用平台将政府部门与企业和公众有效地联系起来，打破了政府部门之间的界限，使涉及同一个业务流程运作的相关部门组合起来，进行跨部门的网络化协同办公。这样，只需要从一个多功能的入口或站点，人们就可以获得政府的各种政策信息和服务。

4. 电子政务的实现是一个渐进的动态发展过程

从以上有关电子政务本质的三点阐述中，可以理解电子政务不是政府的一次或一时的创新行动，也不是一项信息技术工程项目，更不是仅仅将信息技术应用到政府的日常运作中。在政府推进电子政务建设、逐步实现电子政务的各种潜在效益的过程中，不仅需要应对并解决诸多的技术问题，而且要涉及并变革传统政府中存在的深层次的管理和组织文化问题。因此，电子政务的实现不可能是一蹴而就的，而是一个持续不断的建设、运行、维护和更新相统一的动态过程，是一个运用技术手段调整政府组织结构、再造行政业务流程的不断探索、积累和发展的实践过程。电子政务的实现过程就是运用现代科学技术力量对旧的政府管理体制、组织结构模式、业务流程、服务范式进行改革和再造的过程。

造成电子政务持续、渐进式发展的原因主要有以下三点。

第一，电子政务本身的复杂性和高难度。电子政务是一个随着实践发展而不断完善的新生事物，人们对于电子政务的认识也是一个不断深入的过程，需要在实践中积累和总结。电子政务的实施必然要求对原有政务体系进行改革和创新，由此将涉及原有权力和利益的调整，无论在技术上还是利益上都有相当大的难度，甚至不可避免地会受到既得利益者的抵触和反对。

第二，各种条件和资源的制约。任何国家和地区的政府在发展电子政务时总是会遇到资源条件的限制，发展中国家面临的客观条件和资源短缺问题往往更为突出，发展中国家电子政务客观环境的准备更不是短时期内就能完成的。

第三，现阶段技术的不确定性。信息通信技术的进步本身仍处在"蜂聚期"，各种新技术层出不穷，从而为实现电子政务的目标要求不断提供新的、更有力的技术手段。在这种技术飞速进步的时代，电子政务建设中的任何"一步到位"的设计思想和解决方案，显然都是不可能的。

电子政务的本质对于电子政务的持续、健康发展至关重要。它从根本上对那些将电子政务作为一种信息技术工程项目来认识和建设的错误思想进行了否定，引导政府管理者保持清醒的头脑，坚持正确的发展方向，集中资源解决关键性问题，实现从根本上创新传统政府的使命。同时，电子政务的本质也让政府管理者对电子政务的发展规律有明确的认识，对电子政务建设的艰巨性和长期性有充分的思想准备，既要消除盲目的乐观态度，又要克服畏难的悲观情绪，坚定全面、高效实现电子政务潜在效益的信心。

7.5.3.3　电子政务的组成

电子政务的定义是认识电子政务的基本前提，它回答了"是什么"的问题；电子政务的组成则是实施电子政务的基本前提，它回答了"如何做"的问题。根据电子政务为不同利益相关者带来的好处，可以将电子政务简单地描述为以下两个方面的内容。

（1）在线服务。在线服务即为公民、企业提供的在线服务。这一层面通常也被称为电子政务的前台。公民、企业是处在政府之外接受政府服务的利益相关者，提供服务是电子政务革命的焦点。政府可以通过诸如以公民为中心的门户网站为这些利益相关者提供简化了的服务，使他们能更加快捷和最大限度地获得政府信息和服务，降低办事成本和提高办事效率，增强公民的参与意识。

（2）政府运作。政府运作是指为政府内部提供支持。这一层面通常也被称为电子政务的后台。它包括政府自身运作的各个部分，特别是政府员工。诸如电子办公、基于网络的文档管理、电子表单和类似的行为等，都是充分利用信息技术使政府的运作简明化的手段，这将有利于政府行政行为的规范和办公效率的提高，以及政务工作透明度的增加和科学决策水平的提升。

从需求层面而言，电子政务前台必须要变得"更大""更好"。①在与公民的接口上，服务内容（核心业务）必须要分权化。②电子化服务。在线服务必须要立足于公民及企业关键性的生活事件。③依赖信息技术提供传统的服务。④电子化民主。如更强的责任心，公开、透明、更多的信息取得渠道，广泛参与等。

从供给层面而言，电子政务后台必须要变得"更小"和"更聪明"。①行政控制必须中央集权化；②政府内的流程再造，包括在政府之内信息的互相交换；③政府间的流程再造，包括政府和其他部门间跨领域的信息交换；④原有科层组织、作业流程、技能行政文化等的再造工作。

尽管在线服务和政府运作面临着不同的利益相关者——内部的和外部的，但不能将它们割裂开来，分别加以思考。只有上述两个层面都得到了充分的发展，才能最终塑造一个更高效率、更负责任的现代政府。

政府信息资源的开发和利用是电子政务建设的核心任务，是促进政府体制改革和职能转变的一个有效手段，也是国家信息化水平的一个重要标志。

课后案例："互联网+政务服务"的"青岛模式"有何创新力量？

青岛市"数字政府"建设起步早、体制顺、高度集约、紧扣善政惠民，一直走在全国前列。2016 年 1 月，国务院确定江苏、浙江、贵州、甘肃和山东青岛，共同承担全国"互联网+政务服务"试点任务，其中青岛市是唯一的城市代表。2018 年 4 月首届数字中国建设峰会上，"青岛模式"作为目前全国在"互联网+政务服务"领域建设最高水平的代表，成功入选年度最佳实践成果。

以数据整合共享开放为核心，青岛统筹电子政务、大数据、公共信用、政务公开、政府网站和信息资源"六位一体"发展，在大数据、云计算等新型互联网技术的催化下，"放"出了含金量，"管"得更智慧化，"服"高了获得感。"青岛模式"获得国家点赞背后究竟蕴藏怎样的创新力量？

● "四统一分"，体制先行

网络不联通、系统不贯通、数据不汇通等问题是各地数字政府建设普遍面临的关键基础性障碍。然而，这些困扰在青岛并不突出——体制基础好、历史包袱小是"青岛模式"的根本优势。

早在20世纪90年代，青岛就提出了"四统一分"的管理体制，即统一机构、统一规划、统一网络、统一软件和分级推进。后来，青岛进一步明确"三不原则"，即各个部门不再设立新的信息中心，不再建设新的电子政务基础设施，不再建设新的机房。以此为契机，整合"数字碎片"、打破"信息孤岛"、拆除"数据烟囱"，由政府出资建设电子政务共享平台，对之后申请的发展项目审批和财政资金投入严格把关。由青岛市电政信息办统一负责拟订大数据发展战略、规划和政策，引导和推动大数据研究和应用工作；统筹规划、管理、协调、推进电子政务基础平台建设和运行管理，有效避免了多头管理和重复建设。

"'四统一分'整体配套是我们工作的关键核心，更是'青岛模式'的底层密码，"原青岛市电子政务和信息资源管理办公室副主任张艳在接受采访时表示，"多年来我们一以贯之，无论任何质疑和阻碍的'杂音'，我们都咬定原则不放松，阵痛总比顽疾在身强。"

有了"四统一分"的支撑，实现统一审批、统一执法、统一公示、统一办事服务平台等便不在话下。多年来，青岛市一直坚持不懈地推进政务数字化统筹整合，不断加强政用、商用、民用数据的聚、通、用，形成了以低成本建设、大规模应用、高度集约化为特色的"青岛模式"。

● **新型互联网赋能政府数字化转型**

全球正迈入信息技术时代，计算和数据由量变完成质变，孕育出云计算和大数据，并且加速人工智能的蓬勃发展，成为最重要的生产力和生产资料，影响从线上波及线下，从商业领域扩展到了政务、城市、产业等国计民生各个方面。这对政府数字化转型提出了更为迫切、更高标准的要求。

立足现有的电子政务资源，青岛充分挖掘云计算、大数据、物联网、人工智能等互联网相关新技术，在全国率先搭建起以"两地四中心"为构架的政务云。所谓"两地四中心"是指政府侧建设云管理中心，对云资源、云网络、云数据、云安全实现全面监管；青岛本地建设两个云中心实现互备，保证政务业务高可靠；在德州建设了灾备中心实现数据容灾，建设规模和技术标准均处于国内领先水平。

深度服务青岛政务云建设的数梦工场董事长兼CEO吴敬传表示，新型互联网是一种敞开想象力的资源整合，业务再造。"比如我们为青岛设计的政务云，就是一个开放的、标准的、有序的架构，以此为基础，可以催生政府、产业和城市一系列创新变革，引领新治理、新服务和新经济。"

青岛政务云的建成，实现了网络安全平台、基础软件平台和数据支撑平台的有机结合和高度统一，消除了信息共享和流程互通的障碍，有利于推动各级政务信息化平台整合集中，进而实现多级政府、多部门间的大规模业务协同和联合服务。

"新型互联网技术，包括云计算、大数据、区块链、人工智能等，实际上是'互联网+'技术的相互融合，从底层上讲，对于数据交换共享和青岛的平台建设，是极有利的支撑。"张艳说，"同时，在民生服务方面，这些技术的应用更贴近老百姓的使用习惯，'以人为本、开放共享、安全可控'的原则和'最多跑一次'改革、放管服改革的理念完全吻合，在教育、医疗、民政、社保等领域都有广泛的应用空间。"

● **1+1>2，数字青岛跑出加速度**

以"四统一分"制度为坚实地基，在新型互联网技术的大力加持下，青岛不断创新应用实践，"数字政府"在此跑出了加速度。

——为生活做减法。在移动办事上阻击痛点：针对移动互联时代广遭百姓"吐槽"的多头下载、重复建设等痛点，青岛加快资源和渠道整合步伐，接入与企业运营和市民生活密切相关的 26 个部门的 130 余项政务服务，打造统一"网上政务超市"，实现了不以事项、而以事件为牵引，大事小事一箩筐、一站式掌上办事全搞定。在数据协同上苦下功夫：青岛人社局联合公安、国土、工商等 14 个部门及多家银行，搭建核对系统，打通 25 项数据信息共享，实现新申请家庭"逢进必核"、存量数据"定期核对"、关键信息"高频核对"。"从此，申请救助不得不跑十几个部门汇集家庭经济状况信息证明的日子一去不返，市民足不出户，手机端点击申请，数据就会跑起来替群众完成申请核对全流程。"青岛市人社局信息中心软件开发负责人姜荣强告诉记者。2017 年，该系统共核对 12.62 万户、22.9 万人。

——为企业圆梦想。通过汇集 60 个部门、46 万法人、310 类审批证照、7100 多项行政执法等涉企数据，青岛以公共信用信息建设为核心，实现跨部门、跨层级、跨领域互联互通、资源共享和流程再造，审批只跑一次事项达 100%，零跑腿事项达 60%，市行政审批服务大厅立即办、当天办事项达 50%；对信用良好企业进口的低风险货物快速放行，放行周期由 20 天缩短至一周之内；招商引资项目审批时限压缩至 14 个工作日，提速 51%，时限为全国同类城市最短；银监、税务部门与 32 家银行合作，以企业纳税信息为基础开展企业纳税信用评价，根据结果向企业提供纯信用类"税收贷"，给融资难、贵、慢的小微企业带来福音。目前，青岛市场主体总量稳健增长至 128 万户，为山东省第一名，全国副省级城市第四名。

——为城市添平安。数据治理开启了平安青岛建设的新模式。平安青岛不仅在线下，也在线上。"青岛模式"特别强调网络安全，2018 年中国第二场重大主场外交活动——上合青岛峰会，就是对青岛电子政务网络安全保障能力的一次集中检验。峰会期间，青岛党政机关网站和电子政务应用系统是全球黑客竞相攻击的焦点，青岛市电子政务和信息资源管理办公室举全办之力，在各专业技术力量的协助下，共同抵御来自国内外互联网黑客的攻击和威胁，拦截 90 余万次攻击。吴敬传告诉记者，"承接本次峰会信息系统平台安保工作期间，我们选派政治合格、技术过硬、经验丰富的工程师组成专项小组参与青岛市电政信息办应急值守，抑制各类恶意扫描、暴力破解等行为 28 万余次，圆满完成了保障任务"。

青岛市大数据发展促进局副局长张理敬表示："好的体制基础+新的技术赋能，呈现出 1+1>2 的效果，这是'青岛模式'的特色所在。可以说，新型互联网技术发挥了变'输血'为'造血'的作用，为实现网络环境下的'一体化政府'和'一站式服务'打造坚实基础，为促进政府职能转变、提升政府治理体系和治理能力现代化提供有力保障。"

（来源：青岛政务网，2018 年 9 月 5 日，http://www.qingdao.gov.cn/n172/n1530/n32936/180905085645301270.html）

习 题 7

一、单项选择题

1. 政府信息资源管理的特点是什么？（　　　）

A. 管理目标的多样性   B. 管理模式的灵活性

C. 管理手段的多样性   D. 以上都是

2. 政府信息资源管理是一种集成及综合性的管理活动，具体而言就是政府部门借助计算机等信息技术手段，通过有意识地（   ），同时对相关信息活动过程加以管理，以达到合理配置政府的各种信息资源，提升政府组织效率和公共服务水平的一系列管理过程。

A. 收集数据   B. 收集、存储、加工、开发与应用政府信息资源

C. 综合处理数据   D. 获取信息情报

3. 政府决策支持系统通过统计信息的收集、汇总、分析、图形化显示分析结果以及查询等功能的智能化，从大量分散的数据中自动提炼出政府决策所需要的信息，在降低政府部门工作人员信息处理劳动强度的同时，突出信息对领导决策的重要作用，从而极大地提高政府决策的（   ）。

A. 科学性和准确性   B. 速度

C. 效率   D. 可靠性

4. 政府信息化的目标为（   ）。

A. 改善政府的信息收集、交换和发布，提高政府工作效率和决策水平

B. 促进本国信息产业的发展，带动全社会的信息资源开发利用

C. 引导其他领域的工程应用

D. 以上都是

5. 以下哪项不是政府信息化的作用？（   ）

A. 政府信息化在国家信息化中占有核心地位

B. 政府信息化在国民经济信息化中具有重要的示范作用

C. 政府信息化是信息经济发展的主要推动力量

D. 政府信息化在国民经济信息化中具有极强的带动作用

二、问答题

1. 简述记录管理的发展过程，分析政府信息资源管理出现的背景。

2. 简述政府信息资源管理的基本职能、目标和主要任务。

3. 简述美国的 GILS 的起源、构成、建设目标和实施状况。

4. 美国得克萨斯州的 GILS 建设对我国有何借鉴意义？

5. 概述国内外政府信息化的发展过程和特点，政府信息化的目标、任务和作用。

6. 电子政务与电子政府有何区别和联系？

7. 概述国外电子政务的发展状况、特点和经验。

8. 分析我国电子政务的发展现状、成果和存在的问题。

第8章 企业信息资源管理

学习目标

➤ 企业信息资源管理生成和发展

➤ 企业信息资源管理目标与任务

➤ 企业信息化建设

➤ 企业信息资源管理系统

➤ 企业信息资源管理趋势

导入案例：苏宁的信息化

21 世纪初，苏宁拥有了国内商业零售领域第一家以 SAP/ERP 为核心的信息化平台，基于 ATM 专网实现了采购、仓储、销售、财务、结算、物流、配送、售后服务、客户关系一体化实时在线管理。同时，苏宁建立起全面、统一、科学的日常决策分析报表、查询系统，通过多维分析模型、商品生命周期分析模型等手段，综合运用数据仓库、联机分析处理、数据挖掘、定量分析模型、专家系统、企业信息门户等技术，提供针对家电零售业运营所必需的业务分析决策模型，挖掘数据的潜在价值。

基于 BtoB、BtoC、银企直联构筑的行业供应链，苏宁实现了数据化营销。供销双方基于销售信息平台，决定采购供应和终端促销，实现供应商管理库存功能，加强产业链信息化合作，建立电子商务平台与现有的 SAP/ERP 系统完美结合，行业间 B2B 对接，订单、发货、入库和销售汇总等数据实时传递、交流，大幅度缩减业务沟通成本；建立完善的客户服务系统以及信息数据采集、挖掘、分析、决策系统，分析消费数据和消费习惯，将研究结果反馈到上游生产和订单环节，以销定产。

利用内部 VOIP 网络及呼叫中心系统，苏宁建成了集中式与分布式相结合的客户关系管理系统，由视频、OA、VOIP、多媒体监控组成企业辅助管理系统，对全国连锁店面及物流中心实时图像监控，总部及大区远程多媒体监控中心负责实时监控连锁店、物流仓库、售后网点及重要场所运作情况。苏宁还采用了全会员制销售和跨地区、跨平台的信息管理，统一库存、统一客户资料，实行一卡式销售。

如今的苏宁以零售为核心，发展多渠道、多端口，全场景、全品类，并实现零售核心能力和资源的输出，赋能行业与社会。并且打通旗下所有场景，对供应链进行整合，聚合到互联网平台，聚焦零售本质，为消费提供聚合多元服务。作为苏宁对外开放平台的代表，苏宁易购零售云店依托苏宁的品牌、供应链、技术、物流、金融等全价值链资源开放给县镇创业者。

通过大数据、人工智能、物联网等技术，苏宁将线上线下有机融合，围绕"开店、进店、逛店、离店"四环节，提供店面运营管理、会员营销、销售交易、互动体验、人工智能应用等解决方案，实现消费者体验及多业态门店数字化升级。

（来源：苏宁电器 CRM 实施案例 构筑 BtoB BtoC 行业供应链，2008 年 7 月 15 日，http://www.56885.net/news/2008715/79780.html）

（2020第四届全球程序员节 苏宁分享数字化转型经验,2020年10月24日,http://baijiahao.baidu.com/s?id=1681443694816891707&wfr=spider&for=pc）

案例启示：苏宁在数字化转型之路，亲自体验了从传统零售到信息化、数字化转型的完整历程。如今作为中国全业态、全场景综合性服务的领军企业，苏宁线上、线下业态不只包含零售，还涉及金融、置业、物流、体育等多种业态，也为其提供了最为全面和真实的经验参考。

8.1　企业信息资源管理概述

企业是人类经济活动中最活跃的基本单位，对信息技术和信息资源的需求非常大。经济全球化与全球信息化浪潮为企业的生存和发展带来了巨大的挑战和机遇。在异常激烈的市场竞争中，企业要想在竞争中领先一筹，不失时机地抓住机遇，关键是要占有信息资源并且管理和运用好这些信息资源。

8.1.1　企业信息资源管理的含义与目标

8.1.1.1　企业信息资源及其特点

企业信息资源是企业所获得的能够反映客观事物的各种信息和知识的总称，是企业拥有的无形资产之一。一般来说，企业信息资源有狭义和广义之分。国家信息化评测中心定义的狭义企业信息资源包括企业内在结构状态信息、客户群信息、竞争对手信息三大类共 60 项信息类型。企业内部信息资源包括管理信息、人事信息、财务信息等内部结构状态信息和生产信息、供应信息、营销信息、研发信息等内部生产经营信息；企业外部信息资源包括微观信息和宏观信息，微观信息有市场信息、项目信息、技术信息等，宏观信息有政策信息、科学信息、文化信息、经济信息等。广义企业信息资源是指企业信息以及与企业信息的收集、加工、整理、存储、处理、传递、利用等相关的技术设施、资金和人才。企业信息资源一般采用的是广义定义。

除了具有信息资源的一般特征以外，企业信息资源还具有自己的一些特点。第一是专业性。企业是经济运行的微观主体和基本单元，企业信息资源和其他信息资源有较大的差异，表现出很强的专业性。企业信息资源主要是指根据企业的自身特点和行业需求，开发、收集、加工整理的本企业生产经营以及有关的政策、法规、技术创新、行业发展动态、新产品开发、竞争对手状况等方面的资料，其信息载体包括图书、报刊、软盘、光盘等。第二是及时性。由于企业所处的市场环境瞬息万变，对信息要求的及时性较之于其他单位来说要更加强烈一些，对信息的需求呈现出很强的动态性。为此，企业要及时掌握市场各方面的变化以及本企业的生产、经营、管理、营销状况，及时跟踪更新信息，并做出分析和判断。只有这样，才能为企业发展提供准确的决策依据。信息失去及时性就失去了有用性，这就要求企业利用先进技术来对信息资源进行集成管理。第三是共享性。企业信息可以被企业内部的多个部门和个人使用，具有共享性。因此，在进行企业信息资源管理时，必须打破部门之间信息资源管理的限制，实现集成管理。

8.1.1.2　企业信息资源管理及其特点

信息资源管理（information resource management，IRM）是指在企业范围内，利用计算机和网络等先进信息技术来研究信息资源在企业生产经营活动中被开发利用的规律，并且依据这些规律来对信息资源进行组织、规划、协调和调控的活动。

概言之，企业信息资源管理呈现出以下主要特点：

（1）企业信息资源管理具有时效性。对企业来说，重要的信息在意义、及时性、范围和权威性方面各不相同。企业信息资源有生命周期。在生命周期内，信息资源有效，否则信息资源无效。时效性特征要求信息资源尽可能快地得到和被使用。因此，企业在收集、处理和利用信息资源时，必须保证信息传递通道的畅通和快速。当大量的无用的信息保留在检索系统中，它们是系统的"噪声"，妨碍了重要信息的有效检索。

（2）企业信息资源管理具有用户导向性。企业信息管理服务的对象主要是企业内部用户，主要是满足企业内部各生产、管理层次的信息需求，为企业的盈利目标服务。企业信息资源管理项目主要依据企业经营的改变而改变。企业信息管理要以最低的成本得到对本企业最有用的信息，其最大的特点就是实用性和有效性。不同层次的信息需要不同的结构和存取方式。

（3）企业信息资源管理具有综合性。企业管理活动具有很强的综合性，为企业管理服务的信息资源管理也具有综合性。企业信息资源管理是为了企业战略目标的实现对信息资源进行的综合管理，而非单纯的技术性管理。企业信息资源管理一般由信息系统、信息过程、信息活动三个层面上的管理活动构成，每个层次的信息管理活动都有它自己的特殊功能。信息系统重结构，信息过程重手段，而信息活动重结果。只有充分发挥这些层次上的功能，才能充分发挥信息管理工作的综合性功能，才能更好地为企业管理活动服务。

（4）企业信息资源管理具有全局最优性。企业信息资源管理强调面向企业机构，其组织管理必须与企业的组织机构相匹配，追求在整个企业组织中全面发挥信息资源的整体作用，为企业组织的整体战略目标服务。企业信息资源管理强调的是将全部信息资源集成一体、统一配置和系统管理，以追求资源配置的全局最优，而不是个别资源构成要素的局部最优。

8.1.1.3　企业信息资源管理的目标

企业信息资源管理的基本目标是建立和管理一个集成的信息基础结构（将信息和信息技术集成在一起），使沟通、合作、业务和服务达到新的水平，在整个企业中实现信息共享，使企业的信息资源的质量、可用性和价值最大化。其最终目标是通过增强企业处理动态和静态条件下内外信息需求的能力来提高管理的效益，追求"3E"，即 efficient（有效益的）、effective（高效率的）和 economical（经济性的）。企业信息资源管理的过程就是培育和提升企业的核心竞争力的过程。核心竞争力的识别、规划和核心竞争力领域的确定，是信息资源管理实践的基本条件。面向核心竞争力领域的信息资源管理项目将成为企业信息资源管理优先发展的方向。

8.1.2　企业信息资源管理的生成与发展

8.1.2.1　企业信息资源管理生成的背景

（1）工业经济向信息经济转变。20 世纪 70 年代以来，社会经济结构发生了重大变化，人类开始迈入信息社会。信息技术和信息产业迅速发展，信息成为促进经济增长的新源泉，传统部门也越来越多地采用信息技术，信息处理量迅速增加。

（2）工作性质和经营方式变化。信息经济逐渐使工作性质从物质劳动转变为智力劳动，影响了服务业和制造业所采用的经营方式，劳动对象和生产方式也随之发生了变化。数据和信息已成为重要的生产资料和劳动对象。采集、分析和加工信息或知识，分享思想和智慧，已成为企业的重要生产活动和经营活动，依靠物质材料和能源的生产模式转变为依靠智力资源去赢得竞争优势。此外，信息决定企业资源的配置效率。信息革命使信息收集、信息处理、信息存储、信息传递、信息分析、信息使用以及交互式、网络化的信息交换实现了便捷、大容量、高速度和低成本。

（3）企业经营环境变化。企业经营环境的变化主要体现在两方面。一方面，企业交易方式变化，不再受制于地理距离。另一方面，内外部环境变得更具有信息密集性和信息敏感性。在企业外部，全球化使企业对信息的依赖程度比以往任何时候都大，也使企业监测外部环境的压力不断增大。在企业内部，需要对信息技术设备、信息资源和知识资产等进行有效的管理和利用，为企业的决策和经营服务。

（4）企业管理机制需要变革。企业信息化的发展采用了越来越多的信息技术和现代化设备，如 CAD、CAM、MIS、LAN、CIMS 以及 Intranet、Extranet、ERP、电子商务等，使企业的信息传播模式逐渐改变，由原来自上而下的等级式逐渐变为分布式和网络式。加上社会的日益信息化，使企业员工的信息来源更加多样化，更容易获得自己所需的信息。信息占有和传播方式的改变，使依靠等级制度和垄断信息以控制企业的方法逐渐失灵，需要管理者统一规划和管理企业信息资源，协调企业内部各机构的信息管理与利用工作，调动企业能利用的一切信息资源，为实现企业的计划和目标服务。于是首席信息官（CIO）出现，将所有分散的信息资源集中统筹，辅助 CEO 实现企业的目标。

8.1.2.2　企业信息资源管理的发展沿革

第一章阐述了信息资源管理的发展过程和阶段划分，其中也包含了企业信息资源管理的发展过程。不过，与政府及其他领域的信息资源管理相比，企业信息资源管理的发展也有特殊之处。

企业信息资源管理是以信息资源管理概念的提出为条件的。20 世纪 70 年代末，美国政府部门首先提出信息资源管理的概念，这在无形当中为企业管理领域的信息资源管理起到铺垫作用。在观念、环境、技术、实践等要素的推动下，企业管理领域的信息资源管理具备了多重而成熟的背景条件。

美国学者马钱德（D. A. Marchand）和霍顿（F. W. Horton）将企业信息资源管理划分为五个阶段，每个阶段的发展情况、推动力量、战略目标、基本技术、管理方法、组织状态等方面都不尽相同。

1. 文书管理阶段

文书管理阶段又称信息的物理控制阶段，大约是 19 世纪晚期至 20 世纪 50 年代。信息资源管理的重点是对信息的物理载体的管理，基本技术和工具是纸张、打字机、文件柜、制表机、缩微设备，主要管理有文书管理、记录/报告管理、函件/邮件管理、命令/指示管理、重要记录保护、办公室布局与设计。信息管理人员的任务是信息资源的保管和小范围的使用。其管理目标是提高办事效率，信息管理功能是低水平的和辅助性的。

2. 自动化技术管理阶段

自动化技术管理阶段时间约为 20 世纪 60 至 70 年代。此阶段出现了第 2、3 代计算机，电子复印机，群集文字处理机（1 代），增强性语音通信技术（第 1、2 代专用交换机）。现代通信与计算机技术在企业得到越来越多的应用。企业中开始出现集中式数据处理部门，如文字处理中心、独立应用工作站、复制中心和独立应用单位。它们逐渐成为独立的部门，从属于公司的主业务，在生产、财务及主要管理部门发挥作用。管理重点由信息载体逐渐转移到信息技术和系统，主要目标是提高信息处理速度和效率。

3. 信息资源管理阶段

信息资源管理阶段时间约为 20 世纪 70 年代至 80 年代中期。企业开始把信息看作是战略资源，信息资源管理被定义为一种以最低成本及时获得准确信息的管理能力。其内容包括计算机与电信技术、软件应用、传统的管理技术、开发和利用上述技术的人。其核心内容是信息系统的开发、管理和计算机在工商企业领域的应用。其特点是注重计算机信息系统理论和管理理论的结合，如质量控制、计算机系统的审计、计算机处理的预算、变化的管理阻力、计算机部门的组织与用人、计算机在管理中的影响等，并强调应用性，通过案例研究强调信息资源管理理论在工商企业管理中的应用。

此阶段主要特征包括：数据处理、电信和办公自动化技术的融合成为推动力量；管理目标是把信息视为战略资源和 IT 的集成管理；可用的技术有分布式数据处理，综合通信网（语音/数据），多功能工作站（数据处理、文字处理、电子邮件、时间管理、个人计算），基于台式 PC 和便携机的个人计算；管理方法主要有 IT 的水平管理和传统的信息资源管理（如规划、成本核算）的应用，经营规划与信息资源规划之间形成了紧密联系；在企业中的地位处于中高层管理到次高层管理。CIO 职位出现。信息技术开始扩散到企业的所有领域，企业内部的信息系统开始朝着集成化的方向发展，信息资源规划成为企业业务战略规划的组成部分，信息技术和信息管理的投入持续大幅度增加。

4. 商业竞争分析和竞争情报阶段

商业竞争分析与竞争情报阶段大约始于 20 世纪 80 年代中期。企业在一个竞争的环境下运作，由于市场竞争的加剧，新技术层出不穷，投资格局与竞争态势不断变化，经济全球化和企业重组的发展，竞争对手更具攻击性，商业信息超载，竞争环境日益复杂多变等原因，使企业认识到在一个迅速变革的时代中，信息资源成为企业竞争优势日益重要的来源。为了改善生存环境，必须有效地利用信息来制定更积极的战略，以便降低风险，维持或赢得竞争优势。为此，就必须及时了解和研究市场态势、资本投资和竞争对手的信息，并加以深入分析和综合。企业要在短时间内获取大量信息并加以详细分析，仅靠传统的办法是很难办到的。企业需要更有效的能够支持企业决策的信息工作体制和系统。竞争情报工作和系统的出现就是为了帮助企业以更低的成本和更短的时间获取更有用的信息，帮助抓住各种机遇，在日益激烈的市场竞争中避免被动，提升竞争力，获得和保持竞争优势。

此阶段的主要特征：关注的焦点是企业的策略和方向，重视竞争分析和信息利用的质量；追求的目标是企业的竞争优势；观察的方向主要向外；重点利用的资源是人力资源、信息和信息技术。马钱德和霍顿认为在该阶段，企业的信息管理负责人（信息主管）开始进入企业决策层。

5. 战略信息管理阶段

战略信息管理阶段始于 20 世纪末或 21 世纪初，强调通过决策的质量和利用信息来提高企业的整体业务能力。战略信息管理把"战略""信息""管理"这三个词集成起来，意味着通过战略信息管理来达到企业的目标，通过加强信息技术应用来支持企业的业务原则，提高企业的竞争优势。战略信息管理的主要内容包括企业中有效地利用信息资源的规划、实施和评价；制定政策来促进信息资源广泛利用并使其效益最大化；正确认识信息技术的作用，它是获取和管理信息的工具，利用本身不是目的；提高信息资源的战略利用水平。

此阶段也称为"知识管理阶段"，因为企业的战略已转向知识资产，包括记录的信息、公司记忆和雇员的经验，将这些资源转化为更高的生产力，提高竞争力，提高协同效率和效益。此阶段的主要特征：对 IT 依赖性的提高和 IT 对企业各层次的作业和管理决策的渗透；追求的目标是公司战略和方向，整体经营效益；基本资源和技术是人力资源管理，专家系统或知识库系统、决策支持系统、智能办公系统；观察方向是向外也向内；管理方法是为了决策、管理和操作而将信息资源的物理/技术管理与信息过程的管理结合在一起；将信息使用和信息价值与 IT 的管理结合起来，将内部信息处理和外部信息处理结合起来，信息规划与经营规划联系起来；重视支持决策的信息内容；组织地位提高到高层管理决策功能；知识资源的管理或为各级管理层采纳的一般管理哲学的基本组成部分。

表 8-1 总结了企业信息资源管理发展的五个阶段及其主要特点。

表 8-1　企业信息资源管理发展的五个阶段

年代	阶段	特征	组织地位	工具依赖与人员依赖
19 世纪晚期～20 世纪 50 年代	文书管理阶段	重点对文本和信息的物理载体进行管理（面向内部）	监督的、文秘的和支持功能	物理资源的管理
20 世纪 60～70 年代	自动化技术管理阶段	电子数据管理、电子通信、办公自动化等技术被引进和应用，重点由信息载体演变为信息技术，信息处理速度和效率得以提高（面向内部）	中层管理功能	技术资源与技术人员的管理
20 世纪 70～80 年代中期	信息资源管理阶段	将信息内容视为企业战略资源，从战略高度对信息技术进行规划（偶尔涉及外部）	最高管理层支持功能	信息资源和系统的经营管理
20 世纪 80 年代中期开始	商业竞争分析和竞争情报阶段	开发研究决策支持系统，通过信息资源的有效利用获得企业的竞争优势（面向外部）	最高管理层参谋功能	重视人力资源和信息
20 世纪末或 21 世纪初	战略信息管理阶段	知识成为最重要的战略资源，知识管理成为管理中心重要的组成部分，并在所有管理层面得到运用（外部及内部）	最高管理层战略功能	人力资源管理

还可以从管理对象、管理手段和管理人员的层面，来考察企业信息资源管理的演进和发展。在初期，管理对象主要是原始数据（包括印刷型文本及电子形式的数据），计算机则作为管理工具，管理人员称为计算机主管（computer manager）或电子数据处理主管（EDP manager）。为了使这些原始的数据和文件便于管理，并产生效用，需要对其进行分析和综合，从而转化为有用的信息，企业开始广泛应用 MIS 系统，管理人员的职责也由单纯的数据处理管理转变为 MIS 主管。信息资源管理术语出现以后，信息被视为企业的宝贵资产，适时获取和利用所需信息的能力决定了企业在管理职能、组织经营方面的竞争力。同时，IRM 的概念拓展了传统的 MIS 的界定。书信、备忘录、处理程序、电话服务、手册和目录、文件和记录等都成为企业的信息资源。在 MIS 中，部门执行是分离的，信息资源管理要将数据处理、通信、办公自动化等"孤岛"相联结，将所有信息作为一个整体来管理。企业信息资源管理逐渐与战略管理相结合，信息主管成为管理主管新的称谓，不仅负责数据处理和信息传递，还要负责企业组织信息资源的有效管理。

8.1.3　企业信息资源管理的任务与作用

8.1.3.1　企业信息资源管理的任务

1. 早期企业信息资源管理的任务

20 世纪 80 年代初，企业信息资源管理的主要任务是把各种科学技术、数据库和信息处理资源、设备集成在一起。任务主要包括下列方面：①人力资源是公司最重要的资源，故其管理放在首位。②计算机和通信设施等硬件和软件资源的管理，包括其需求管理、性能管理、系统开发与采购的管理，系统和网络安全管理；进行分布式的（信息处理设备）资源管理。③实现企业办公自动化。④进行项目管理。

2. 目前企业信息资源管理的任务

20 世纪 80 年代中期以来,随着人们认识的深化,企业对信息资源管理的要求提高了。信息资源管理的主要任务是:①对企业信息资源的开发利用进行总体规划。②组建信息资源管理机构,并进行信息技术、设备和人员的配置、维护和培训。③负责组织企业管理信息系统的规划、开发、运行、维护和管理。④建立和维护整个组织中的数据信息标准规范和管理制度。⑤对信息资源的新技术和方法进行跟踪研究,应用于组织的信息管理。⑥负责组织内部所有信息资源的安全和保密工作。⑦向组织中的所有部门提供信息资源的咨询、服务和维护。⑧综合利用信息资源辅助组织的高层决策。

8.1.3.2　企业信息资源管理的作用

企业信息资源管理的主要作用包括:①加强企业信息资源管理是企业实现科学化管理和正确决策的需要。②加强企业信息资源管理是增强企业竞争能力的重要途径。③加强企业信息资源管理有助于企业提高经济效益。④加强企业信息资源管理是企业摆脱困境的有效手段。

8.2　企业信息资源管理的框架

8.2.1　企业信息资源管理的主要内容

企业信息资源管理主要包括以下四个方面的内容:

(1)企业组织管理人员对各个层次的需求信息进行界定,明确各个领域的信息范围,再对信息收集的可行性进行分析,明确可以收集信息的范围和途径。

(2)明确信息收集的人员配置,通过恰当的途径有针对性地收集信息,收集到的信息形式可能是多种多样的,专门人员应该很好地把握信息的实质内容。

(3)对收集到的信息进行分析和处理。在分析过程中应该遵守一些具体原则。例如,明确目标,并对其进行信息分析;遵循逻辑规则,掌握信息的内在逻辑结构关系;注意信息的时序关系,正确反映信息的历史变化过程;运用科学的方法来分析信息;充分发挥信息人员的主观能动性,提高他们的信息分析能力。

(4)将信息分析结果投入实际运用中。在利用信息分析结果时,可以采用累积法、综合法、推导法、联想法、预警法、置后法等常用方法。其中,累积法是指将信息分析积累到一定程度时,零星信息会产生一种聚集效应;综合法是指把握信息的内在联系,从局部看整体,综合地发挥信息的整体效应;推导法是指利用信息之间的因果关系、关联度和类比性,以及多项拓展途径来进行合理推导,得出新结论;联想法是指通过非逻辑的推理过程来达到激发智慧、触类旁通的作用;预警法是指识别征兆,把握苗头,使信息发挥预警作用;置后法是指将暂时用不上的信息储存起来,放到以后利用。

8.2.2　企业信息资源管理的方式

企业信息资源管理分为集中式和分散式两种基本方式，指的是由企业组织的决策机制和管理体制所决定的信息资源的规划、控制、开发和使用的基本方式。集中式与分散式这两种信息资源的组织方式各有特点，并无绝对的优劣之分。确定信息资源管理的组织方式时，主要考虑到企业的决策原则、经营管理特点、信息资源需求以及在市场竞争中的基本策略、信息技术的发展水平等因素。此外，还可以采用集中与分散的组合方式，即部分信息资源要素或部分职能采用集中式，而另一部分则采用分散式。企业中常见的是：信息资源的规划、开发是集中进行的，而系统的应用和管理是分散进行的。

8.2.2.1　集中式企业信息资源管理方式

集中式企业信息资源管理是指将所有信息资源的配置、协调、控制和管理权限集中在一个统一的信息管理机构中，企业中任何一个部门的信息资源需求都由这个集中的信息管理机构来提供。集中式信息资源管理需要有集中式的主机系统、通信网络、用户终端和相应的集中式软件操作系统的支持。集中式信息资源管理的主要特点是：①进行统一集中、高度专业化的资源管理与控制；②有利于组织内全部信息资源的协调与平衡；③便于形成统一的信息资源标准和操作规范；④容易实现信息资源的完整性约束和安全性控制；⑤可以使专业人员在专业岗位和环境中不断积累经验、充分发挥，以达到较高的技术水平。

8.2.2.2　分散式企业信息资源管理方式

分散式企业信息资源管理是将信息资源分别置于组织中各部门的直接管理和控制之下，各部门内部有自己的信息管理人员或机构，他们可以按照自己的意愿配置所辖的信息资源。这种方式的主要特点是：①分散的信息资源缩小了部门内的信息技术设备的规模和能力，降低了通信费用，使信息资源的技术成本和管理成本都比较低；②信息资源直接由部门进行控制，能够比较准确、迅速地满足部门内部的信息资源需求，信息资源的控制和使用十分方便。

8.2.3　企业信息资源管理的组织框架

8.2.3.1　信息资源管理与组织结构的相关性

20 世纪 60 年代，管理学家德鲁克提出信息对于当今组织是很重要的。组织理论学家认为组织存在的意义在于给组织与环境之间的信息沟通指定必要的规则，组织内部也增加了对自动化信息系统的投入，信息管理成为组织新的职能。

组织是一个系统，具有由其构成要素组成的结构层次，要素之间有内在的联系，并且与周围环境相互作用。信息贯穿于组织活动的全过程，它将组织中的各分支机构、人员和各种活动连接起来，使组织形成一个有特定目的的系统。通过信息交流，组织内部保持相对稳定和有序，并不断根据外界环境的变化调整自身，实现组织目标。组织系统就是一个大的信息系统，其中的每个机构同时充当着信息源、信息处理、信息传递和信息利用的角色，整个组织的结构关系就是纵横交错的信道。因此，组织结构在很大程度上决定了组织内部的信息流及其中信息资源的种类，组织结构与信息结构具有密切的相关性。

另一方面，企业信息资源管理在实际推行中，由于信息资源对组织的巨大影响，尤其是更有效地支持组织战略决策的需要，建立新的信息构架不容回避，由此又要求组织从结构上进行必要的调整。一个理想的信息构架要能够在最高层次的数据模型和事实数据库的设计两方面建立起精确的联系，在组织各层次对信息进行管理和综合应用，因此，建立新的容纳机构，对组织进行相应的变革就成为必要和必需的了。

总之，组织结构在很大程度上决定信息管理的结构，而信息管理结构的建立又需要组织结构的相应调整，二者具有密切的关系。组织结构问题是企业信息资源管理实施的重大问题之一。企业信息资源管理的结构与企业自身的组织结构具有密切关系，其建构与运行要保证企业信息管理各项任务的实现。企业信息资源管理体制的确立就是二者相互联系、相互作用的结果。

8.2.3.2　企业的信息政策和组织设计问题

有关信息资源管理的政策问题必定涉及规划、组织和控制这三方面。规划是指对计算机资源的采购、开发、评价、成本控制和设计进行规划。组织是指将计算机资源组织成有效的逻辑单元。控制是指维护数据和信息的安全性和完整性。

信息资源管理在组织方面细分为下列部门：数据部、模型部（解释数据）、输出部、硬件部、软件部等。管理这些部门的人必须是在沟通技巧，知识组织、技术数据处理技能、财务和人力资源管理等方面富有经验的人员，而且要熟悉决策支持工具。

各种策划指导机构可以在专门的领域中提供方向性的建议，并向负责信息资源管理的副总裁报告。在公司层面，一个信息资源管理行政指导小组的成员来自公司经理和业务部门经理。该小组负责评议和批准每一个信息资源管理方面的计划和所需的资源。

8.2.3.3　企业信息资源管理的组织结构

1. 信息资源管理的组织机构层次

一般企业设置的信息资源管理的组织机构有四个层次，即高层、中层、基层和非正式信息管理机构。

高层信息管理机构是负责统一管理全企业各种信息的信息管理中心，负责把与企业经营管理有关的重大信息向企业决策层反馈。企业信息管理中心是信息管理系统的核心，具有输入、存储、处理、输出的控制功能，既承担和协调企业经济技术信息的输入、存储、处理、输出业务的正常运行，又实现信息系统自身的控制。通过反馈信息不断改进信息系统的组织结构、工作方法和工作程序等，更好地为生产经营活动服务。具体而言，该机构应承担信息汇总与收集、信息管理与检索、信息分析与处理、信息协调与沟通以及信息反馈功能。

中层信息管理机构是主要负责收集、传递、处理或反馈各种专业信息的信息管理机构，对企业生产经营过程中的各种有关生产工艺、供销、质量检验、设备管理、财务核算、安全环保、技术改造、新产品开发等的专业信息进行收集、反馈，以便由各有关部门及时解决或传递给企业决策层研究解决。中层信息管理机构可按信息所属专业分设于各业务归口科室。

基层信息管理机构是处于企业基层的信息管理机构，主要负责收集、传递企业内各基层生产单位（车间或分厂）在生产经营过程中所产生的信息，宜设在各车间或分厂等基层生产单位。

非正式信息管理机构包括流动信息机构、社会信息网络等。流动信息机构指的是企业的工作人员在外出开会、参观、学习、社会交往活动中，出于对企业的责任感而收集信息的自觉行为。企业应该提倡和鼓励员工有选择地收集企业的外部信息，并为企业所用。社会信息网络指的是社会上的信息机构。如信息中心、兄弟单位的信息机构、咨询公司，大专院校和科研部门等。企业一般通过网络获得与本企业有关的信息。

2. 集中、分散和集中-分散组织结构模式

企业内部由于信息系统的组织结构不同，企业信息流的传播机制存在着较大的差异。一般存在集中、分散和集中-分散三种组织结构模式。

集中型结构中企业信息中心统一负责信息的收集、加工、检索、传递等工作，企业信息流的传播机制是"信息中心→职能部门"。这种模式信息处理工作量大、要求高，一般适合中小型企业。

分散型结构中企业不设信息中心，在各车间和职能部门设专、兼职信息员，定期或不定期组织信息交流活动。这种结构适应环境能力强，但易发生信息传递障碍。

集中-分散结构中企业有独立的信息中心，负责信息的收集、加工、整理和传递，同时各职能部门或车间存在必要的信息联系。这种模式比较灵活，信息流发达畅通，有利于企业的信息交流。

3. 功能型、产品型、矩阵型组织结构模式

功能型组织结构（图 8-1）是指按照企业信息资源管理的基本功能来进行组织划分，每个分支机构执行一个专业化功能，功能型组织结构可对企业的全部信息资源进行集中、统一的管理。由于各个分支机构隶属于相应的信息资源管理功能，技术人员只对特定系统功能在技术上进行负责，所以具有专业分工细等特点，有利于实现专业化，但信息资源管理人员的地位相对较低。

产品型组织结构（图 8-2）是指按产品或服务的类型来进行机构划分，企业的每个部门面向一种产品或一种服务的管理，在产品部门内部都设有自己的信息资源管理分支机构，企业信息资源管理者在业务上隶属于某一特定产品部门，在功能上向产品部门经理负责。由于他们贴近业务管理职能，接受产品部门经理的领导，所以对用户的需求有明确的认识和了解，能够快速准确地满足用户的信息需求。但是，在部门内部难以对某些信息技术专业功能进行管理，缺乏信息资源的规范制约和全面利用，并且由于部门中

的信息资源管理人员处于辅助性地位，缺乏激励机制和个人发展空间，容易产生企业信息资源管理人员队伍不稳定的弊病。

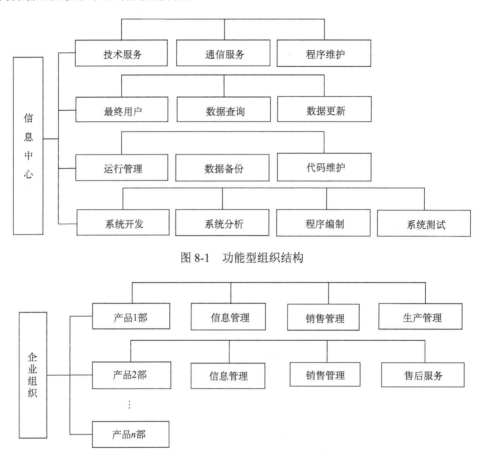

图 8-1　功能型组织结构

图 8-2　产品型组织结构

矩阵型组织结构（图 8-3）是功能结构和产品结构的组合结构，每个产品或服务部门内部的信息资源管理人员不仅要接受本产品部门经理的领导，而且要接受相应的信息资源管理功能机构负责人的领导。矩阵型组织结构综合了上述两种结构的优点，既利于专业技术的发挥，又可以快速准确地满足部门的信息资源需求。

4. 信息管理组织中的工作岗位

通常企业会根据组织的规模、行业特点和自身发展的要求来确定信息管理组织的工作岗位。常见的信息管理组织中的工作岗位可以分为首席信息官、系统研发人员、运行维护人员、信息服务与技术支持人员等。图 8-4 显示了一种信息管理组织工作岗位的分布示例。

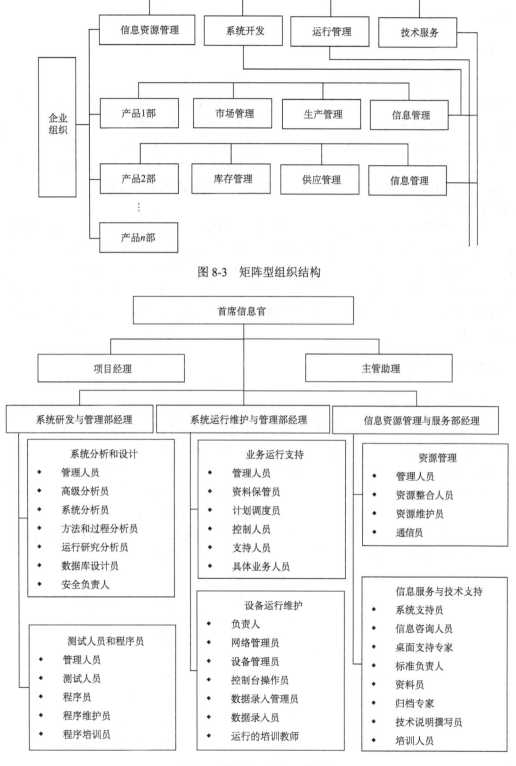

图 8-3　矩阵型组织结构

图 8-4　信息管理组织工作岗位

8.2.4　首席信息官 CIO

8.2.4.1　CIO 的概念

　　首席信息官最早出现于美国政府部门，首次提出 CIO 概念的不是信息界，而是工商企业界。1981 年，美国波士顿第一国民银行经理 Williamr Synnott 和坎布里奇研究与规划公司经理 Williamh Grube 二人在著作《信息资源管理：80 年代的机会和战略》中提出 CIO 概念。我国引入 CIO 的概念在 20 世纪 90 年代初期。随着信息技术的普及，企业信息化、政务信息化、商务信息化的发展，我国逐渐开始重视 CIO 及其管理体制的引进和应用。CIO 的设立目的就是对信息进行很好的管理进而建立企业的竞争优势，最终在市场竞争中脱颖而出。

　　CIO 主要承担企业信息管理的领导职能，是负责一个公司信息技术和系统所有领域的高级官员。CIO 对组织内所有成员的信息行为进行指导或引导并施加影响，使成员能够自觉自愿地为实现组织的信息管理目标而工作。CIO 的主要作用是使信息管理组织成员更有效、更协调地工作，发挥自己的潜力，从而实现信息管理的目标。信息管理的领导职能不是独立存在的，它贯穿于信息管理的全过程，以及计划、组织和控制等职能之中。

8.2.4.2　CIO 的作用与职责

　　1. CIO 的作用

　　CIO 在企业中的作用与信息管理部门在组织结构中的位置有对应关系，同时也与企业信息化的程度紧密相关。有的企业将信息管理部门视为技术部门，会使其起不到管理和协调作用；有的企业将信息管理职能并入人事、财务或设备等部门管理，就达不到统管全局的目的；有的企业将其归类为科研或技术部门，在开始阶段由于技术等问题占主导是可行的，而后阶段随着技术的普及，其他矛盾突出会无法发挥信息管理部门应有的作用。总之，CIO 随着信息技术在企业应用需求的增加而出现，对于重视把信息技术作为发展企业核心竞争力的企业而言，这个职位可能会创造更大的价值。

　　CIO 在企业中应该起到如下几个方面的主要作用：

　　第一，引导企业在信息社会中保持竞争优势。CIO 的工作都应围绕保持企业在信息社会的竞争优势而展开，尤其是当今企业竞争优势的基础不仅在于丰厚的资本、先进的管理经验，非常重要的另一个方面则是领先的信息技术。CIO 要对如今的经济发展形势有充分的认识，肩负起引导企业在信息社会环境中保持竞争优势的重任。

　　第二，挖掘企业的信息资源。在信息时代，企业各种决策都是在信息的汇集、分析之后做出的，信息成为企业运转和发展的一项重要资源。企业需要有专门的部门来实现信息资源汇集、加工、管理、分析的职能，CIO 的具体工作职能也就明确了。挖掘企业信息资源是 CIO 的历史使命，把信息看成是企业生存发展的资源，也是时代的最新观念。

第三，提高企业信息资源的价值。CIO 对企业信息资源的挖掘并不完全是技术上的，对竞争性情报的理解同样重要，即要懂得如何从市场上获得企业需要的信息。

第四，制定企业信息化战略并为企业信息化布局。信息化需要的不是简单的采购，而是一种企业长期的发展战略，而且能够支持企业发展战略的实现。CIO 的作用，不能只是放在系统的投资建设上，而要为企业的信息化发展布局，从长期发展的目标着手，进行思想观念、人员队伍、信息化系统的布局，为企业的决策者引入观念，为企业员工安排培训，管理信息化系统的项目投资，实现投资价值的最大化。

2. CIO 的职责

CIO 通常需要承担战略、执行、变革、沟通等多层面的工作职责。

1）战略层面

CIO 的职责是挖掘企业信息资源，制定企业信息化战略，合理布局企业信息化，评估信息化对企业的价值等。

信息资源规划是 CIO 的首要职责，信息化的第一步是信息资源规划而不是产品选型。CIO 应参与组织高层决策，这是一个组织真正建立 CIO 管理体制的重要标识，反映了信息管理在管理层地位的提升。CIO 在参与高层管理决策时，从战略的角度给组织的最高领导者提供具有决策参考价值的信息支撑。此外，CIO 要围绕组织的战略目标制定出合适的信息管理策略。

评估信息化的价值，进而引导企业在信息化方面投资，达成信息化的目标。也就是要找到信息化在企业运作链中的价值，并且量化出来，不凭定性的判断来安排信息化项目，一切以价值为依据来把握信息化进程。

2）执行层面

CIO 的职责是完成信息系统的选型和实施；维护企业信息化环境；负责信息流、物流、资金流的整合，收集研究企业内外部的信息为决策提供依据。

CIO 要在对市场的运营模式的充分理解基础上，承担为企业完成信息产品采购的任务。在硬件集成方面，需要关注的是技术的发展方向。通过招标、供应商资质管理等方式，可以比较有效地保证企业投资效益，并根据许多非常准确清楚的技术标准帮助判断产品的性价比，为企业购买合适的产品，完成集成任务。在软件系统采购方面，涉及的问题还包括企业管理层面的业务流程重组、人员配置等多方面。理解 ERP、SCM、CRM 等软件系统的应用价值、产品选型、项目实施，能够与软件供应商合作建立企业的信息化系统，这也是 CIO 的重要责任。

维护企业信息化环境，强调为企业的发展提供全方位的信息化服务，帮助企业在信息化的环境下顺利运营，提升工作效率。CIO 需要管理一个团队来保证企业的信息化设备或系统的正常运行，也要保证有新的信息化系统与企业的发展相配合。

建设内部网络、公司网站、购买 ERP 等软件系统只是企业实现信息化目标的第一步，真正的信息化目标是将企业的信息流、物流、资金流整合起来，通过建立信息化的工作环境，为企业决策者提供决策信息。CIO 需要理解企业的运作与管理、战略发展与日常业务，也需要理解信息系统的作用，掌握总体规划、分步实施的工作方法。

3）变革层面

CIO 的职责是协助企业完成业务流程重组，运用信息管理技术重建企业的决策体系和执行体系，同时要对信息编码和商务流程统一标准，制定一系列企业信息资源管理的基础标准，由此涉及信息分类标准、代码设计标准、数据库设计标准等。不仅要推动企业信息化的软硬环境优化，而且要为 CEO 当好参谋，与各高层管理者一起促进企业内外部商务环境的改善。

4）沟通层面

CIO 的职责是担当组织中部门之间的信息工作的协调者以及安排企业信息化方面的培训等。组织中的各个业务部门既是信息的提供者也是信息的使用者，但各部门对信息的使用或者输出仅仅是从自己的视角出发。CIO 必须从整体出发，协调和监督各部门做好信息工作，使信息工作步调趋于一致，推动信息化工作顺畅地运行。CIO 需要发现信息运用的瓶颈，观察研究企业运作中的信息流及其作用，协调沟通上下级关系，打造优秀团队。

8.2.4.3　CIO 的素质与能力

1. CIO 素质模型

20 世纪 80 年代，伦敦商学院信息管理学教授迈克尔·厄尔（Michael J. Earl）曾对企业 CIO 做了较全面的调查和分析，得出 CIO 的素质模型（图 8-5），并在后期的信息化进程中加以改进，在原始模型提出的"认识建立者、服务提供者、关系建立者、政治家"基础上又添加了"改革主导者、系统重建者、联盟管理者、改革家"的描述，并强调了后者在信息化进行中对 CIO 素质要求的变化。

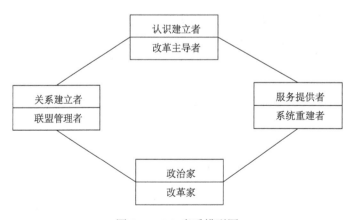

图 8-5　CIO 素质模型图

在企业业务流程的重新设计和业务改革工作中，要求 CIO 对业务流程有独到的见解，对技术引进有很好的设想，拥有大型项目的管理经验，才能作为改革的主导者；作为系统重建者的 CIO 必须紧跟形势，作为企业的"技术瞭望塔"关注信息管理中的发展和变化趋势，确保企业新的系统工程能够满足当前的和预期的业务需要；CIO 及其管理部门必须有能力识别战略伙伴，提供一套信息管理规划，与利益相关者建立起联盟，CIO 实质上已经变成了战略联盟的管理者；CIO 还要成为改革者，他们必须领导自己的部门进行改革，辨别什么是核心业务，哪些是非核心的以便外包，进而管理一个信息活动不稳定的"新模式"，特别是在旧的业务方式仍然支撑着大部分业务量的时候。

2. 战略性发展规划能力

CIO 需要为企业的信息化提供战略性的规划目标，这要求 CIO 具有较强的战略性发展规划能力，具体而言，应具备较高的对信息技术发展趋势的领悟能力和企业发展的综合分析能力。

CIO 必须具有对信息技术发展趋势的领悟能力，越是能准确地预见到信息技术的发展方向，并将信息化的价值及时发挥出来，越能增强企业的核心竞争力，信息化带动工业化才能落到实处。信息技术的发展日新月异，与信息技术密切相关的经营概念一个接着一个地涌现出来。如何让不断出现的各种系统在适当的时间进入企业，成为企业信息化的一部分，对信息技术的发展和价值评估是 CIO 肩上的重任之一。只有充分理解这些概念，才能为企业的信息化把握好方向。

CIO 为企业规划信息化战略方案时，要能发展地看问题，具有企业发展的综合分析能力。信息化不是静止的，而是不断前进提高的，因此要求 CIO 不是静态地观察企业当前的情况，更要分析企业外来的发展机会，使信息化与企业的发展战略密切联系起来。CIO 的这种综合分析能力更体现在对信息化系统的价值评估上面，如对企业流程重组的理解、企业联盟战略的理解、企业并购运作的理解、新产品开发策略的理解等。这些方面是企业发展的动力所在，信息化始终发挥平台工具的作用，帮助企业在这些战略行动中建立适宜的信息化系统。

3. 企业管理知识储备

企业信息化过程伴随的不仅仅是 IT 部门的日常维护任务的完成，许多建设任务需要详尽的规划，与生产、采购、销售等部门协同才能完成，也有许多需要外包的任务。可以看到，CIO 的角色已经从技术层面演化到企业的管理层面。企业信息化要研究的不仅是系统的运行平台、软件开发平台，更重要的是要研究企业的生产经营模型、管理形态，弄清楚企业的决策体系和执行体系是如何运作的，在这些基础上才能为企业找到信息系统的价值发挥点。分析企业的信息流、物流、资金流也不是简单地从业务部门找到报表，更需要理解企业的生产特点，企业内外各环节上的价值链是如何形成的，它们的依赖关系如何。这些理解需要的是企业运行的管理知识，价值分析更是最为重要的分析工具。CIO 所需要的这些素质仅仅来自理解和设计系统是不足够的，更需要全面学习和掌握现代企业管理知识。具体来说，作为企业的 CIO 特别需要具备项目管理、目标管理和价值管理的经验和能力。

此外，CIO 必须熟悉决策论和方法论，能够通过周密的研究、分析和判断来确定企业信息化的发展方向，具体确定信息化项目的投资取向，甚至包括选择优良的外部合作伙伴。在具体的工作中，则会更多地体现出方法论的重要性。比如企业的 ERP 项目选型，需要判断投资规模、效益预测、风险评估，需要选择产品、顾问服务和合作伙伴，需要进行大量决策。ERP 项目实施需要进行系统配置、人员培训、数据准备、模拟运行等多个阶段，在科学的方法论的指引下，才能避开风险，推动项目的成功。

4. 信息技术能力

虽然 CIO 的角色任务更强调管理方面的能力和关注企业发展的全局观念，但 CIO 的技术能力背景、项目开发经验、实施经验、规划经验也是非常重要的。CIO 的技术能力在硬件方面不是简单的电脑维护、网线连接或者程序开发，更高层次的内容体现在对企业计算机网络提供服务的稳定性、安全性方面的评估能力，软件方面则是应用方向的规划能力。

5. 学习与创新能力

在信息领域，知识的生命周期是短短的 18 个月，学习是 CIO 的终身任务，信息技术、管理技术、规划和实施技术都是要加以学习的方面。信息技术和信息系统的多样化还要求 CIO 的学习不能是机械的，需要的是整合其他学科方向的知识。具有 CIO 素质的人才在进入企业时，需要迅速理解企业的运作，关键的条件是学习能力。比如为生产企业服务，CIO 需要掌握生产管理的知识，理解企业的生产模型，把握企业采购周期、生产周期和销售周期中的信息流关系；为流通企业服务，CIO 便需要理解销售分析、物流管理的知识。

CIO 所面对的挑战不是面向过去的，而是面向未来的。CIO 参与企业发展规划，创新意识和胆略是非常重要的。新的商业模式需要新的信息系统框架，CIO 通过企业信息系统建设为企业的决策体系和执行体系服务。

8.3　企业信息资源的开发利用

8.3.1　企业信息资源管理五项基础标准

要保证标准化、规范化地组织企业信息资源，就要坚持企业信息资源管理的五项基础标准，即数据元素标准、信息分类编码标准、用户视图标准、概念数据库标准和逻辑数据库标准。

数据元素是不可再分的最小信息单位，是数据对象的抽象。研究表明，数据元素具有"原子意义"，根据企业的类型和规模，数据元素不仅在数目上存在着统计规律，还具有比较稳定的对象集。对数据元素的标准化管理包括数据元素的定义、命名和一致性管理。

信息分类编码的对象是一些重要的数据元素，它们决定着信息的自动化处理、检索和传输的质量与效率。应该遵循国家已经发布的相关标准化文件，按照一定的序列，建立适用于本企业的一整套信息分类编码标准，包括分类编码对象、编码规则和编码表的标准化管理等主要内容。

用户视图是最终用户对信息需求和数据实体的看法，主要包括企业管理的一整套单证、报表、账册和屏幕格式等，用户视图的规范化管理包括用户视图名称、标识和组成的管理。规范并且简化用户视图是企业内外信息共享和交换的基础。人工管理积累了很多冗余或者不一致的单证或报表。如果按照这样的格式来建造数据库，必然会导致低档次的数据环境。要想改变这种情况，就必须从重新设计适合"电子单证"的用户视图开始。

概念数据库是最终用户对数据存储的看法。用户的信息需求首先集中在概念数据库的界定上。概念数据库标准包括数据库的名称、标识、主关键字和数据内容列表。

逻辑数据库是系统分析设计人员的观点。在关系数据模型中，逻辑数据库是一组规范化的基本表。从概念数据库演化为逻辑数据库，其主要工作是采用规范化的原理和方法，将每个概念数据库分解成符合"三范式"要求的一组基本表。逻辑数据库的标准化管理对于建立稳定的数据结构，有计划、有步骤地实现整个企业的数据集成，具有决定性意义。

8.3.2　企业信息资源开发利用的考量问题

企业信息资源开发利用的最终形式是形成信息产品，为各级管理部门服务。因此，在企业信息资源开发利用过程中需要考虑以下几个方面的问题。

第一，认清用户需求是企业信息资源开发利用的首要问题。企业是建立在社会分工基础上的社会组织，不同企业的目标市场、产品定位、企业文化、经营理念、技术设备和组织规模都会影响到企业信息资源需求。

第二，高智力投入是确保信息资源高质量开发和利用的重要前提。信息资源的再生性表明信息资源的生命周期比较短，用户层次又比较高，需求批量也比较小，这就要求信息资源开发人员必须注意速度和时效，及时地对资源结构进行更新换代，不断改善资源结构，提高资源的前瞻性，尽可能地预测企业将要产生的新需求并且为之服务。要实现这些目标，就必须聚集一流的开发人才和管理人才，组织力量联合攻关。

第三，紧跟先进技术是提高企业信息资源开发效率的重要举措。整个信息资源管理领域都必须是现代信息技术高速渗透和普遍应用的领域，先进的信息技术不仅可以提高信息资源的开发效率，还是信息资源更新换代的主要原因。

8.3.3　企业信息化建设

企业通过专设信息机构、信息主管，配备适应现代企业管理运营要求的自动化、智能化、高性能硬件、软件、设备、设施，建立包括网络、数据库和各类信息管理系统在内的工作平台，提高企业经营管理效率的发展模式。

8.3.3.1　企业信息化的规划

企业信息化建设要贯彻"统一规划、阶段实施、不断完善、逐步升级"的原则。企业要从自身的战略目标出发，综合分析企业的生产能力、技术水平、产品结构、研发实力、管理方法、人员结构与素质、市场竞争力以及影响企业发展的各种因素，认真分析企业的真正需求，弄清楚企业为什么要搞信息化，要达到什么效果，经过充分的论证，制定出企业信息化的总体规划，然后分步实施。企业信息化是为企业的战略服务的，要服从企业的发展目标。确定信息化建设优先顺序的基本原则是效益优先，兼顾投资规模和实施难易程度等因素。逐个分析各个目标需要什么信息技术的支持，再来制定信息化规划。

企业信息化规划要充分重视统一的信息化平台规划。信息化基础平台一般应包括硬件、网络、集群数据中心、数据仓库等设施，并要考虑向未来的新技术平台的延伸。

8.3.3.2　数据中心

数据中心是以特定业务资源中的各类数据为核心，依托数据库管理、业务运行基础平台和网络系统，按照统一的标准，建立具有信息管理、数据综合分析、数据分类查询、综合统计分析及信息服务等功能的一体化业务资源数据管理体系。企业通过建立数据中心可为企业用户提供统一的信息服务，消除"信息孤岛"，也可使企业信息系统资源运用更加高效，运维和管理更加科学。

高效数据中心具有如下特征：优化 IT 设施，实现存储容量和可用性的最大化；实施灵活性设计以支持不断变化的业务需求；利用自动化工具提高服务水平和可用性；制定规划保证与业务目标的一致性。

8.3.3.3　企业信息系统的建设

企业的业务千差万别，但企业信息系统通常由一些相对稳定的管理单元构成。而每个管理单元可以视为一系列管理与决策活动，这些活动的实质是在特定的管理思想与方法的指导与控制下对相关人员、物料、资金、信息等资源进行合理使用和调度。从应用的角度讲，企业信息系统是不同层次的企业访问主体在不同的访问控制策略约束下按照特定的工作流程完成确定的工作任务，并对相应的企业数据信息进行统计分析，为企业的经营活动提供决策支持；从开发技术角度来讲，访问控制技术、工作流技术和柔性报表技术是企业信息系统的关键技术。

1. 系统选型

首先要解决好系统选型问题。应牢记"知己知彼"的原则，在软件选型前，必须进行业务流程分析和信息流程分析，在理解应用系统的基础上明确企业的管理需求，了解软件商和咨询顾问公司的特长，能不能满足本企业的需要。在此基础上制定信息系统的建设策略：购买现成的系统或者外包，或者自行开发和使用自建系统。

信息系统类型很多，比如在技术方面有 CAD、CAPP、CAM、CAE、GT 等，在管理方面有 ERP、OA、EAM、TPM、WMS 等，在自动控制和数据采集方面有 DCS，在质量管理方面有 SPC 等。这说明企业信息系统选型是一项涉及面很广，需要全面规划的系统工程。

如果企业要引进某种信息系统，CIO 必须深入思考：企业现行的管理模式与这套应用系统的管理模式有多大差距；按照这套应用系统的要求重构业务流程的难度和风险有多大；是完全采用这套应用系统，还是选用其部分模块；该应用系统与企业现有应用系统的数据接口有多少，这些接口由谁来做等。此外，每一种系统对实现期望值的作用是不同的，因此需要 CIO 决策先上什么系统，后上什么系统。如果几个系统一起上，如何控制投资，进度如何配合，系统之间如何集成以及一系列的技术问题，都将成为选型时要考虑的重要问题。

2. 系统设计、实施、运行与维护

系统设计要遵循效益驱动、标准化、面向用户、改革（创新）的原则。

设计工作分为基本设计和详细设计。基本设计要明确阐述系统的外部条件和资源需求，明确规定系统实施过程，完成系统的概略设计。它回答下列问题：建设一个什么样的系统？需要什么样的资源？如何建成这个系统？企业领导、有关部门的主管、外部的管理和技术专家要对基本设计方案进行严格的审议。详细设计的任务是：明确参与人员的职责、工作量、进度；对基本设计的确认与细化；制定命名规则；系统功能分解；系统功能设计，对各个功能模块和对象进行必要的详细说明；报表设计；系统公共模块、公共变量、代码、接口的设计；数据库和文件设计；确定测试要求，包括单元测试、集成测试、系统测试；制定编程规范。

系统实施前需要进行设备采购和招标。设备采购关键要注意采购方式、关键环节及咨询方式。招标工作要做到程序规范，坚持评标原则以及科学的评标方法。系统实施可以分为三种模式：对已有系统的重新包装；对系统提供商提供的系统组件进行裁剪组合；对新系统/组件进行编程开发。系统实施的步骤一般为调整机构、人员定岗、机房建设、硬软件测试、人员培训；编制程序、建立数据库；系统调试、用户培训、系统试运行/系统切换；验收与管理。

信息系统运行维护工作包括技术与系统培训、运行管理制度制定、信息系统运行、系统日志建立、运行性能评价和信息系统调整等。

8.4　企业信息资源管理系统

8.4.1　企业信息资源管理系统概述

8.4.1.1　企业信息资源管理系统的含义

电子计算机、通信、网络等高科技的广泛使用，为企业在更大范围内寻求可利用的信息资源提供了可能，提高了企业的信息获取能力，拓展了企业的信息获取渠道，并大大提高了企业的快速应变能力。企业信息资源管理的技术是保证企业内、外部信息在企业中准确、快捷地流动，为决策提供依据，包括后台技术和前台技术。后台技术是指企业内部信息管理系统软件，又称后台管理系统，包括财务管理、采购管理、库存管理、生产管理、人力资源管理、项目管理等。它主要用于管理企业内部运营的所有业务环节，并将各业务环节的"信息孤岛"连接起来，使各种业务的信息能够实现集成与共享。前台技术主要指客户关系管理（customer relationship management，CRM）系统，它实施于企业的市场、销售、技术支持等与客户有关的工作部门。由于其管理范围和功能直接面向市场，位于企业运营的最前端，故又称为前台系统。

企业信息资源管理系统是指人、规程、数据（信息）、硬件设备和软件设备的有机集合体。它实际上是为操作者的事务处理提供信息数据的收集、处理、存储和传输的功能，为企业管理决策层提供信息支持的人机结合系统。

8.4.1.2　企业信息资源管理系统的构建原则

用系统论方法构建信息资源管理系统应遵从系统方法的三项基本原则，即整体性原则、最优化原则和动态性原则。

（1）整体性原则。它是系统方法的首要原则。从系统论的观点看，企业信息资源管理系统的根本目的就在于发挥系统的整体效应，使系统的功能大于各子系统功能之和，使分散的各信息子系统无法满足的用户信息需求得到满足。

（2）最优化原则。它是指系统在内外因素的作用下在某个方面最大限度地适合某一特定的客观标准，是系统方法所要达到的目标。最优化原则要求在研究、解决问题时，统筹兼顾、大力协同、趋利避害，选择最佳结构和最佳运行方案，以达到最佳效果。在构建企业信息资源管理系统时，要通过系统的统筹规划，各要素、各部分的优化组合与协调互补来达到信息资源消耗的最小化和利用的最大化，使有限的信息资源产生最大的效益，最大限度地满足用户的信息需求。

（3）动态性原则。它是指企业信息资源管理系统的变化性，系统无时不在与其各要素之间、与环境之间进行着物质、能量和信息的交换，任何系统都是不断发展变化的。首先，用户的信息需求是不断变化的，人们对信息质和量的要求都越来越高，也越来越多样化，信息源的构成也日益丰富，来源越来越广；其次，信息服务提供的手段和方式越来越先进和多样化。因此在构建企业信息资源管理系统时，不能拘泥于一时一地，应充分考虑其灵活性和兼容性，使其能适应各种变化，不断得到调整和升级，随时保持最优化状态。

8.4.1.3　企业信息资源管理系统的功能

企业信息资源管理系统相当于企业的神经系统，渗透到企业组织的每一个部门，它的作用关系到企业组织的整体协调和一致，因而企业信息资源管理系统的运行情况与企业运行效率及经济效益密切相关。企业信息资源管理系统的功能主要是指它对企业所具有的功能，对信息资源进行系统管理的功能。企业信息资源管理系统涉及的范围很广，包含的内容很多。这些信息大多以零星、片段、不一致、不系统的形态存在于企业内部和外部。企业信息资源管理系统可以根据信息运动的规律和信息的内在联系，将相对独立的、普遍存在于社会之中的零散信息流组成一个系统，并按照系统原理，对零星的、孤立的信息资源进行系统处理，综合利用，减少信息流失，提高信息的有用性，并从企业系统的整体效益出发，合理输入和输出信息。它主要有以下三项功能。

（1）对企业的经营管理进行协调和控制的功能。企业信息资源管理系统可以不受企业各层次的职能机构所限制，且可以依照信息的内容和信息的流向将企业信息资源管理系统划分为若干个子系统，如市场预测信息子系统、企业资金信息子系统、产品销售信息子系统等。这些子系统有的可能跨越几个职能部门，也有的一个职能部门可能涉及几个子系统。它们可以通过部门间纵横交错的信息流动来调节各职能部门的活动，约束、控制不合理行为；也可以在部门内充分挖掘信息资源，避免信息流失。同时，企业信息资源管理系统的信息反馈可以及时发现企业活动中的各种偏差和问题，督促管理者制定措施，采取新的对策，进行纠偏，以保证企业目标实现。

（2）优化决策的功能。企业的生产经营决策是企业生存与发展过程中最重要的环节。正确的决策，不仅取决于企业家的智慧、胆略和才能，更需要以及时、准确、有价值的决策信息为依据。由于企业信息资源管理系统能对信息进行综合处理、去粗取精、提炼开发，生产出具有利用价值的信息，能适时地提供给决策者及时、有效的信息，因此，企业家通过对信息的使用，能够更为迅速、准确地做出决策，并且能够使方案最优化，从而提高企业经营的效益。

（3）信息资源整合的功能。信息整合是协调企业各个体、各要素间的关系，使其成为一个整体的凝聚剂。信息资源整合的最终目的是将信息以一定的形式公开，使信息源以外的机构能够获取信息。信息共享与信息自由都建立在信息整合的基础上。信息整合是企业与外部环境之间建立广泛联系的纽带。信息整合是领导者鼓励创新者，实现其职能的基本途径。企业信息资源管理系统可以将企业的内部信息资源与外部信息资源加以整合，为信息资源的使用者提供便捷的服务。

8.4.2　企业资源计划（ERP）系统

8.4.2.1　ERP 系统简介

ERP 系统是企业资源计划（enterprise resource planning）的简称，是指建立在信息技术基础上，集信息技术与先进管理思想于一身，以系统化的管理思想为企业员工及决策层提供决策手段的管理平台。ERP 是从 MRP（物料需求计划）发展而来的新一代集成化管理信息系统，它扩展了 MRP 的功能，是一种可以提供跨地区、跨部门甚至跨公司整合实时信息的企业管理信息系统。ERP 实现了企业内部资源和企业相关的外部资源的整合。通过软件把企业的人、财、物、产、供、销及相应的物流、信息流、资金流、管理流、增值流等紧密地集成起来实现资源优化和共享。

ERP 兴起于 20 世纪 90 年代初期的国外企业，在几年中迅速崛起并推广，尤其是网络技术，包括互联网、企业内部网、虚拟专用网等技术的发展，对 ERP 的实用化产生了积极的影响。ERP 的基本思想是将企业内部业务单元划分成若干个相互协同作业的系统，将业务流程看作是一个紧密连接的供应链，对供应链上的所有环节有效地进行管理，为企业提供丰富的管理功能和工具。在理论上，ERP 允许开发商为企业建立部门之间的信息交换，并最终使企业所有事务处理实现电子化。

ERP系统的管理对象就是企业的软硬件资源，使企业能及时、高质地完成客户订单的生产，最大限度地发挥这些资源的作用，根据客户订单及生产状况做出调整资源的决策。

ERP与企业过程再造（business process re-engineering，BPR）相关。ERP是一种将商业规则作为网络设计的一部分的企业再造方案。通过集成各个部门的金融和生产保障事务处理的企业计算环境，ERP系统能够增强任何一个企业及其部门的处理问题的能力。从理论上说，该系统能够将企业从制造过程到资产管理的所有事务处理转移到网络上进行，它是企业战略向先进的网络计算模式转变过程中最有力的企业过程再造方案。

8.4.2.2　ERP的技术手段

浏览器/服务器（browser/server）结构是ERP产品中重要的组成部分，而超文本标记语言（Java、HTML等）技术是浏览器/服务器结构不可缺少的技术基础，也是进行信息资源描述的主要手段。

安全保密技术是ERP实施过程中系统信息安全的重要保障，一般采用的措施有防火墙技术、安全认证技术、数字签名技术等。

电子数据交换（electronic data interchange，EDI）技术是电子商务活动中的重要工具，也是ERP的重要组成部分。

捆绑式的应用程序接口（application programming interface，API）策略是ERP实施过程中采用的基本方法，分核心级API和终端级API。

模块化的ERP结构是ERP系统采用的基本结构。模块化结构的特点是结构灵活、安装方便、安全可靠，版本升级简单方便，同时有各种API，可以根据用户的个别需求进行灵活的配置，而且可以在终端级进行定制。

8.4.2.3　ERP的主要功能模块

（1）财务管理模块。ERP中的财务模块与一般的财务软件不同，作为ERP系统中的一部分，它和系统的其他模块有相应的接口，能够相互集成。一般的ERP软件的财务部分分会计核算和财务管理两大块。其中会计核算包括总账模块、应收账模块、应付账模块、现金管理模块、固定资产核算模块、多币制模块、工资核算模块、成本模块；财务管理包括财务计划、财务分析、财务决策。

（2）生产控制管理模块。生产控制管理模块是ERP系统的核心所在，它将企业的整个生产过程有机地结合在一起，使得企业能够有效地降低库存，提高效率。生产控制管理是一个以计划为导向的先进的生产、管理方法。它包括主生产计划、物料需求计划、能力需求计划、车间控制、制造标准五大块。其中制造标准包括零件代码、物料清单、工序、工作中心。

（3）物流管理模块。它包括分销管理、库存控制、采购管理三部分。

（4）人力资源管理模块。人力资源管理模块通常作为一个独立的模块，加入ERP的系统中，和ERP中的财务、生产系统组成一个高效的、具有高度集成性的企业资源系统，它与传统方式下的人事管理有着根本的不同。它包括人力资源规划的辅助决策、招聘管理、工资核算、工时管理、差旅核算五部分。

案例：ERP 的应用价值在哪里？

企业资源计划（enterprise resource planning, ERP）是指建立在信息技术基础上，以系统化的管理思想，为企业决策层及员工提供决策运行手段的管理平台。从本质上讲，ERP 是一套信息系统，更是一种工具，能为企业提供决策、计划、控制和业务评估等多方面、系统化的应用服务。

对企业决策者来说，ERP 的投资额度与企业在生产设备或者销售渠道等方面的投资额度相当，甚至更高，但 ERP 的投资价值却无法以产量或者销售量的提高快速体现出来。那么，ERP 究竟能为企业带来什么？根据美国生产与库存控制学会（APICS）统计，使用 ERP 系统可为企业带来如下效益：

- 库存下降
- 延期交货减少
- 采购提前期缩短
- 停工待料减少
- 制造成本降低
- 管理水平提高

ERP 实现了企业内信息的集成与共享。利用 ERP 可帮助企业在不同部门、分支机构间实现数据的共享和基于工作流的信息传递，以保障计划协调和业务协作，使得整个企业高效运转。

ERP 可以提供数据的分析与预测，提高决策的准确性。ERP 系统对销售、采购、财务等各类数据汇总成各类报表，帮助企业全面掌握业务情况，可有效提高企业对市场需求的分析能力和决策判断能力。

ERP 还有助于提升企业竞争力。ERP 系统可以使企业和用户之间的沟通更高效快捷，更好地顺应多样化的客户需求，保持买方市场环境下企业的竞争优势。

要实现良好的企业的管理，除了管理层的管理能力外，企业的工作流程、部门职责、风险预测等更是关键。而这些都可设计为 ERP 系统的功能模块，帮助企业来实现高效管理，这给企业所带来的价值是巨大且长远的。

8.4.3　客户关系管理系统

8.4.3.1　CRM 系统简介

客户关系管理（customer relationship management，CRM）是企业为提高核心竞争力，利用相应的信息技术以及互联网技术协调企业与顾客间在销售、营销和服务上的交互，从而提升其管理方式，向客户提供创新式的个性化的客户交互和服务的过程。CRM 是联系企业内、外信息的桥梁，通过建立良好的客户关系，可以提升客户的满意度，获得最新的客户需求，真正实现"以客户为中心"的经营目标。

CRM 的实施目标就是通过全面提升企业业务流程的管理来降低企业成本，通过提供更快速和周到的优质服务来吸引和保持更多的客户。作为一种新型管理机制，CRM 实施于企业的市场营销、销售、服务与技术支持等与客户相关的领域，极大地改善了企业与客户之间的关系。

CRM 系统构架通常有三层。第一层是部门级。在一个企业中，市场部、销售部和服务部三个部门与客户联系紧密，CRM 必须首先满足这三个部门的信息需求，在市场决策、销售的统一管理、客户服务质量等方面起到辅助作用。第二层是协同级。客户关系管理将企业的市场、销售和服务协同起来，建立起它们之间的沟通渠道，从而使企业能够在电子商务时代充分把握市场机会，也就是满足企业部门协同级的需求。第三层是企业级。通过收集企业经营信息，并以客户为中心优化生产过程，满足企业级的管理信息需求。

如今，云计算的全球化使得传统 CRM 软件逐渐被 Web CRM（又称为"在线CRM""托管型 CRM"和"按需 CRM"）超越，越来越多的客户倾向于采用 Web 来管理 CRM 等业务应用程序。

8.4.3.2　CRM 系统的功能

企业 CRM 系统通常包括市场管理、销售管理、客户服务和技术支持等方面的功能。

（1）市场管理功能。市场管理功能主要包括市场分析、市场预测和市场活动管理等功能，根据人口、区域、收入水平、购买行为等信息的统计分析结果，一是可以更好地识别和确定潜在的客户和市场定位，科学地制定出产品和市场策略；二是为新产品的研发、销售目标和计划提供预测性的参考信息；三是对企业的一些行为，如展览、促销等进行数据收集、统计分析、跟踪服务。

（2）销售管理功能。销售管理功能能帮助销售部门掌握复杂的销售路线，通过计算机处理重复性的工作，来实现降低出错率、提高工作效率、缩短销售周期的目的。另外，通过共享的数据库，及时获取产品和市场竞争的信息并保存重要的业务数据。

（3）客户服务功能。客户服务功能通过方便、及时、灵活多样的客户服务方式，与客户进行随时随地的面对面或远程交流，为客户进行周到、热情的高品质服务，并将客户的各种信息及时存入业务数据仓库以便信息共享。

（4）技术支持功能。技术支持功能为特定的客户进行个性化服务，技术人员通过对用户的使用情况进行跟踪，为用户提供预警服务，以确保用户安全使用产品。

8.4.3.3　e-CRM 系统

e-CRM 指面向电子商务的客户关系管理系统。电子化的 e-CRM 既能由内到外为企业提供自助服务系统，节省人力，降低运营成本，还可以由外到内地增进客户的满意程度，进而帮助企业扩大市场份额，提高获利的能力。相比于传统的 CRM，e-CRM 在交互方式、营销方式、响应速度、信息形态、信息成本、统计时隔、数据挖掘等方面都有较大的差异（表 8-2），也具有更多的优势。它主要包括如下四个方面。

（1）客户信息的采集。e-CRM 的客户信息资源管理的信息获取渠道主要是数字信息方式，获取的数据主要是从服务器获取的日志文件和从客户端获取的 cookies，这些数字信息资源具有载体形态数字化、传输手段网络化、存取方式虚拟化等特点，方便存储

表 8-2　CRM 与 e-CRM 的比较

	CRM	e-CRM
交互方式	传统人工交流方式为主	网络交流方式为主
营销方式	一对一营销	一对一营销与规模经济相统一
响应速度	受制于人员响应速度	即时响应
信息形态	语音、文字为主	电子形式信息为主
信息成本	较高	较低
统计时隔	每隔一段时间统计一次	即时更新、即时统计
数据挖掘	根据统计数据分析客户动向及需求	动态跟踪客户，客户信息更易内部共享

和利用。在这些数据中包含了点击流数据、浏览网页、浏览时间、用户会话、下载的内容等检索行为特征，通过对这些数据的挖掘与分析，不仅可以了解用户群的关注点和需求点，还可以了解单个用户的需求倾向。

（2）客户信息的存储与集成。为存储客户信息，e-CRM 系统要处理好静态数据和动态数据的关系。首先，在系统中创建一个客户基础数据，输入各项相关静态数据，得到一个相应的客户号；其次，在此基础上创建各客户的业务记录，就可方便地对动态数据进行记录、更新和使用。

客户信息的集成是指客户信息数据按照时间或空间的序列保存，在进行一定层次的划分后存储在数据库中，并能够提供对所有应用系统的统一的访问。e-CRM 还需要与企业内部和外部的业务系统进行集成。在查询、统计中使用集成后的数据，可以提高运行效率。

（3）客户信息的分析。e-CRM 的数据挖掘功能既可以分析用户需求，又可以根据用户需求和兴趣提取信息，这正是客户信息资源管理不可或缺的一项技术。e-CRM 对客户信息的分析方法一般有用户注册信息分析法、网络日志分析法、cookies 数据分析法等。

（4）客户信息的利用。客户信息本身并不直接带来收益，其价值的大小，取决于如何充分利用客户信息资源，开展提升企业价值的经营活动。e-CRM 可以利用客户信息资源分析出客户的不同需求与特征，从而为客户分类建模、客户定制产品、客户跟踪服务、新客户开发等一系列以客户为中心的企业经营行为提供信息支持。

8.4.4　基于 ERP 的知识管理系统

现有的 ERP 软件已经不仅局限于 MRP 和 CRP、文档管理、工作流技术、消息传递，经理信息系统（EIS）和商业智能（BI）也已经无缝集成在 ERP 套件中，进一步深化了 ERP，是进行知识管理的最有效的手段，形成了基于 ERP 的知识管理系统，如

图 8-6 所示。

　　ERP 系统在信息资源管理中的作用是让企业更加全面地获得企业的内部信息，并统一信息的格式规范。内部信息主要是 ERP 各子系统产生的信息，ERP 信息资源集成企业运作过程中各子系统（如财务管理、生产控制、市场营销等）所形成的各种信息流，逻辑地内含了企业所生产和需要的全部信息资源。这些信息资源及其积累代表着企业的过去、现状和未来，只有对它们实施知识管理，才能充分发挥其潜在价值。外部信息流汇集主要是面向竞争对手、竞争环境及其他的外部信息。从企业内部和外部获取的，分布在数据库、数据仓库和数据集市中的数据，采用联机分析处理、人工智能、群件等技术进行处理，再结合各层决策者的经验，通过知识创新的四种转化活动，就产生了解决特定问题、对企业创新至关重要的各类知识。

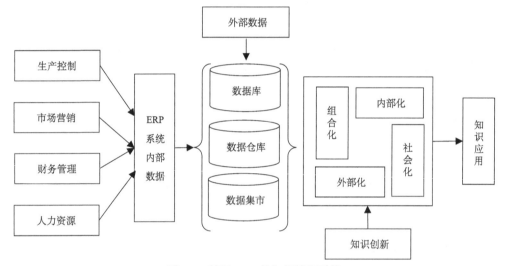

图 8-6　基于 ERP 的知识管理系统

　　知识社会化是指由共享的隐性知识创造出新的隐性知识，是个体之间分享经验、技巧的过程。个体通过观察、模仿、实践可以获得隐性知识。知识外部化是指隐性知识转化为显性知识。这个转化过程是知识创新过程的关键，可以通过隐喻、类比、模型等方法来实现。知识的组合化是由显性知识到新的显性知识的转化过程。显性知识可以通过文档、数据库、模型库等的共享、利用分类、重组等组合的方式，综合为新的知识。这是把一般概念转化为系统知识的过程。从显性知识转化为隐性知识，就是知识的内部化。这是一个通过做而学习的过程。个体将共享的显性知识与自己原有的知识结合，来更新个人脑中的模型，拓宽、延伸和重构自己的隐性知识系统。对于组织的知识创新过程来说，个人的隐性知识又需要与其他人员分享，即社会化，由此产生了新一轮的知识创新。由此可见，知识创新是一种螺旋上升的过程。

　　最后经过知识积累，进入知识的应用。知识创新过程经过组合化形成的显性知识系统，可采用文档化的方式保存在企业知识库；而隐性知识的最大特征是难以用明晰的符号系统表达，所以对持有隐性知识的关键员工，企业应予以特别关注，并着力培养他们对企业的忠诚度和归属感，鼓励其进行知识积累。

8.5　企业信息资源管理趋势

8.5.1　移动化与社交化

早期的移动互联网应用是由信息化团队牵头落地的。移动化趋势意味着智能终端将逐步替代 PC 成为个人计算中心，IT 系统的应用终端也逐步从 PC 过渡到智能终端上。移动化战略就是确保员工无论在哪里工作、使用哪种设备，都可以获得想要的信息。实施移动化战略需要具备三个要素：移动平台、移动终端系统和安全的企业商业信息系统。其中安全性是重中之重，服务提供商必须有能力提高接入速度和效率，有效地监控终端活动。系统的可持续性也不可忽视，必须确保不同产品之间的互相兼容，以保证系统稳定，这样才能提高公司的生产效率。

业务部门把业务迁移到移动应用平台上，鼓励员工用移动设备工作。这节省了企业的成本，提升了员工的满意度和生产力。企业管理者、内部员工、外部合作伙伴使用各种终端交流信息，使信息流通变得更加顺畅。随着 IT 消费化趋势的增强，消费者购买的移动终端成为企业信息系统的外延，实现了与客户的实时交互，大大提高了客户黏度。实时的信息传递可以产生巨大的商业价值。

社交媒体不仅实现了更便捷的即时反馈，还为社交网络应用和确立社会化企业时代创造了一个全新的环境。其中，信息用户既是客户又是创建者，而企业的创新也将比较容易发生在一个开放和非结构化的环境中。例如，不少企业已经通过 Facebook 收集客户资料和反馈信息，通过 iPad 进行移动办公，企业内部 CRM 转向了 Social CRM。通过 APP 可以将传统商业传播和客户服务延伸至移动互联网。

案例：移动办公，让沟通更高效、管理更便捷

受新冠肺炎疫情影响，不少企业都选择了居家办公，钉钉、企业微信、腾讯会议等移动办公软件充分发挥了它们的优势。移动办公软件不仅能满足人们居家办公的需要，更引发了办公模式的变革。

移动办公是云计算技术、通信技术与终端硬件技术融合的产物，成为继电脑无纸化办公、互联网远程化办公之后的新一代办公模式。移动办公这种全新的办公模式，可以让人们摆脱时间和空间的束缚，信息可以随时随地无障碍地、便捷地进行交互，工作将更加轻松有效，整体运作更加协调。

利用手机的移动信息化软件，建立手机与电脑互联互通的企业软件应用系统，可以摆脱时间和场所局限，随时进行随身化的公司管理和沟通，有效提高管理效率，推动效益增长。不同的移动办公软件往往可以满足不同场景的需求。综合来看，目前已有的移动办公软件具备考勤、动态消息推送、个人日程管理、企业通讯录、工作审批申请、在线会议等多种功能。近年来，居家办公、异地办公等移动办公需求的增长进一步扩大了移动办公软件的用户量和影响力。随着科技的不断发展，人们的办公场景将发生新的变化，越来越多的工作将会依靠

移动办公来完成，提高效率、增强协作。

8.5.2　云计算和云制造

云计算的理念是由专业计算机和网络公司（第三方服务运营商）搭建计算机存储和计算服务中心，把资源虚拟化为"云"后集中存储起来，为用户提供服务。从技术上看，云计算是虚拟化和网格计算等的延伸，但更为重要的是云计算理念本质上带来的是服务模式的转变。云计算为解决当前制造业信息化存在的问题提供了新的思路。而"云制造"就是将现有的制造业信息系统与云计算、物联网等技术相融合，实现各种制造资源的优化配置和集中统一的智能化经营管理，为制造业全生命周期提供可随时获取、按需使用、安全可靠、优质廉价的各种服务和技术支持。

云制造系统主要由云制造服务提供者、云制造服务使用者和云制造服务平台（中间件）组成。使用者通过该平台提出服务请求，提供者通过该平台提供相应的制造资源和制造能力服务。该平台装备有云端化技术、云服务综合管理系统、云安全设施以及云制造业务管理模式与技术等构件，它根据用户提交的服务请求，在上述构件的支持下寻找并提供符合用户需求的制造服务。

云计算和 SaaS 能够给企业带来更为灵活、随需取用的企业 IT 服务，更节省成本，提高资源的利用率。区域内各企业无须做任何 IT 投资及长期维护费用，只需按月支付固定服务费，就可享用一站式全套云服务（包括基础设施、网络专线设备、应用系统及运行维护等）。随着供应商扩展服务供给，服务将主要由外部提供。内部资源将会作为"中间人"，而不是提供者。这意味着企业 IT 中会有越来越多的外部化服务交付。因此 IT 轻资产模式渐渐流行起来。第一层即底层是一个计算模式；第二层是平台服务，提供一个平台让不同的服务器能在这个上面运行；第三层是应用服务，可以瞬间把小的组件联结在一起，形成一个应用；第四层是业务服务，包括销售管理、成本控制、客户关怀。

云计算和云制造正在改变我们的数据中心和应用系统的设计方式。在云计算环境下，IT 如何提高向用户的交付能力？用户依靠什么工具去获取、选择和使用应用系统？当新的模式出现时，云计算将对组织的业务流程产生什么影响？站在云技术竞赛弯道前面的企业还需要知道它的益处和不足是什么……这些问题是企业需要慎重考虑的。

8.5.3　工业 4.0 与智能工厂

工业 4.0 是德国 IT 专家于 2011 年提出的，其核心目的是通过应用信息物理融合系统（CPS），把虚拟空间和现实空间连接在所谓的"网络-实体生产系统"中，以便利用数字化的进步建设下一代工厂，推动制造业向数字化、智能化转型。在经济方面，能将预先设定结果的传统自动化转变为实时对用户需求变化和意外干扰做出回应、能自动学习和调整的机器和环境，从而推动大规模生产转向更具竞争力的定制生产。另一方面，通过物理方式进行远程操作，形成了设备的移动控制、维护和维修等软件解决方案。在社会方面，它的重点是构建社会伙伴关系，改善人机协作、就业问题。在生态方面，资源和能源效率一直是中心目标：工业 4.0 具有建立循环经济的潜力，这种循环经济使经济增长与资源消耗脱钩。工业 4.0 以人为本，其中包括社会和自然环境。

如今，有许多实现工业 4.0 基本原理的智能工厂（图 8-7）。机器、工具、工件和熟练工人之间的连接性在现有工厂中也取得了长足的进步。机器改造工作也在持续进行中，它们配备了价格划算的新传感器和无线配件等数字装备。越来越多的生产过程能通过多个传感器得到实时监控。生成的产品通过其数字孪生控制自己的生产。就像在市场上一样，它通过网络化生产系统的数字孪生系统选择符合客户需求的生产服务。物联网和人工智能在工业里的应用，把人、智能主体和机器互联起来，应用以服务为导向的架构，将来源不同的业务和数据编排成新的业务流程——所有这些将带来新机会，带来重大经济和社会的进步。

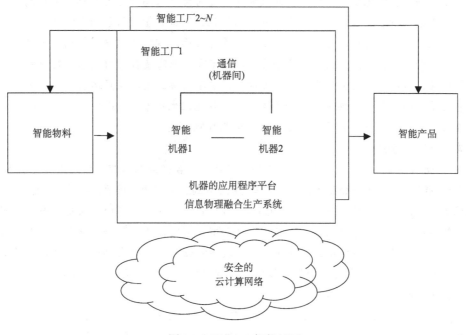

图 8-7　工业 4.0 智能工厂

2020 年德国工业 4.0 促进机构工业 4.0 平台的专家以"塑造全球数字生态系统"为题，提出到 2030 年的工业 4.0 愿景。工业 AI、边缘计算到"边缘云"、工厂 5G、团队机器人技术、自主内部物流系统和可信赖的数据基础架构，这六大趋势将对未来 10 年的发展产生决定性影响。

工业 AI 使第二波生产数字化成为可能。借助用于机器学习系统的培训数据，AI 系统不仅可以应用于预测性维护，还可用于质量控制。这意味着基于 AI 的零错误生产、自学和模块化将成为新一代智能工厂的特征。除了极高的灵活性外，还保证了极强的生产能力、较高的职业安全性、能源效率以及高水平的资源节约。此外，具有 5G 的高带宽和低延迟保证的边缘设备可以互连以形成本地边缘云，工人和具有不同技能的协作机器人组成团队，形成一种新的团队机器人技术形式。这种团队机器人技术的重点是在专家的指导下进行人机交互，人类专家与机器人协作完成复杂的生产任务。

目前工业 4.0 的潜力远远未被完全应用，软件和硬件的互操作性将起着决定性作用。将人工智能、大数据、BI 等技术深度融合，通过汇聚工业海量数据打造基于行业的工业互联网应用场景，让企业数据融合，实现生产设备智能运维、制造上下游协同、内外物流追溯、智能化生产等，持续释放数据的价值，真正赋能企业数字化转型，让制造更智能。

案例：智能工厂——让制造更智能

华制智能通过融合 AI、物联网、云计算、AR、大数据等技术，集成应用 IOT 物联网数采、物流自动化、智能生产、数字化驾驶舱等，可对生产状态进行智能感知和控制、实时分析、自动决策、精准执行，实现生产过程动态优化，制造和管理信息的全程可视化，提升企业在资源配置、工艺优化、过程控制及安全生产等方面的智能化水平，全面提高产品质量，降低生产运营成本，增强企业核心竞争力。通过汇聚工业海量数据打造基于行业的工业互联网应用场景，从根源解决企业因数据不互通、信息不对称造成的生产运营痛点，实现生产设备智能运维、制造上下游协同、内外物流追溯、智能化生产等，升级制造业企业的生产、管理及经营模式，联通企业上下游，真正赋能企业智能制造。

- **AI+智能制造**

在 2018 年德国汉诺威工业展上，华制智能就已联合德国人工智能研究中心（DFKI）发布了"AI+智能制造"的联合项目，深化人工智能在制造业的应用。该项目实现人工智能（AI）+增强现实（AR）设备远程运维。通过 IOT 与 AI 的结合，对工厂环境、设备状态、工艺参数等进行智能感知，并将海量数据集成应用，从而实现实时监控与预警，并可结合工业大数据分析，对设备进行预测性维护，结合 AR 实现设备远程运维。AI 与 AR 强强联合，预测即将发生故障的机器，技术人员通过 AR 眼镜实时了解现场状况并为现场作业人员提供远程指导，使故障在极短的时间内得以解决。

华制智能运用"AI+机器视觉"，不但实现了质量智能检测，通过 AI 算法还可推演质量缺陷根源，通过建立 AI 机理模型辅助生产优化，并通过立体仓库、AGV 小车等机器人，实现智能分拣和自动上料，最大化节省空间，降低人工成本，打造智能化的生产车间。

- **"数字孪生"三维智能工厂**

运用数字孪生技术，基于工厂的实景 3D 建模，一方面可以满足制造企业 360 度 24 小时漫游工厂；另外一方面也可以帮助企业管控人、物和环境，实现安全生产。

（来源：华制智能，乘浪 AI 时代，华制智能带您体验"智能工厂"，2020 年 8 月 28 日，https://www.sohu.com/a/415406666_478183）

（腾讯网，工业 4.0 十周年，工业 4.0 之父畅想下一个十年新一代"智能工厂"，2021 年 4 月 11 日，https://new.qq.com/rain/a/20210411A085BL00）

8.5.4　大数据与智慧企业

大数据可以挖掘出巨大的商业价值，这价值来源于如下方面：第一，对顾客群体细分，然后对每个群体量体裁衣般地采取独特的行动；第二，运用大数据模拟实境，发掘新的需求和提高投入的回报率；第三，提高大数据成果在各相关部门的分享程度，提高整个管理链条和产业链条的投入回报率；第四，进行商业模式、产品和服务的创新。大数据最大的魅力是让企业能够"看到"顾客，了解到他们具体的消费行为，节约大量获取客户信息的成本。

如何把大数据变成信息，再把信息变成知识，把知识变成决策，这需要有更多先进的数据处理、分析和挖掘能力。为此，企业需要做好两方面的工作。一是大数据的存储和管理，对各种来自不同地方、不同媒介和形式的数据进行采集、存储、管理和治理。二是大数据价值的分析挖掘和结果的可视化。传统的数据管理和分析方式主要是根据某种具体的管理需求或业务背景来收集和应用数据，且侧重于内部的结构化数据。而大数据的管理和分析则是对大量可反映人们的需求意向和行为方式的动态混合数据的分析利用过程。在移动化、社交化和云计算时代，数据社会化趋势明显，企业的数据来源不仅局限于企业内部的各个应用系统，还有来自电子商务平台、在线社交平台和移动商务等渠道的海量外部信息。所以，数据治理是大数据分析挖掘的基础，也是企业信息化建设的新任务。它包括技术、政策、标准和组织四个维度。

现在传感器已经广泛地嵌入各种设施设备中，我们对世界的感知也越来越快速和深入了，传感器可以让我们采集更多的企业运营环境数据。也可以通过 ERP 系统采集内部运作数据后进行分析，辅助企业决策。这些系统使我们有可能把企业管理变得更加智慧。建设智慧企业的目标需要从三方面入手。第一是大数据的处理和分析，这是提高洞察力的基础。不仅要管理好大数据，避免使它成为一个个的"信息孤岛"，还要从海量数据中把有用的信息挖掘出来，辅助决策。第二是智能运作，要求企业各种信息系统和设施相互连接，数据可以相互转换，需要有统一的标准。第三是要有动态的架构，以 SOA 为基础的流程架构和能动态部署的信息基础设施架构，这样就可以快速地响应和应对外部环境的变化。

习　题　8

一、单项选择题

1. 企业信息资源特点有（　　　）。

    A. 专业性　　　　　　B. 及时性　　　　　　C. 共享性　　　　　　D. 以上都对

2. 理解企业信息资源管理的目标，以下说法错误的是（　　　）。

    A. 信息资源管理把信息资产作为公司的战略资源

    B. 主要关心非正式的信息流和信息库藏

    C. 企业信息资源管理越来越关注隐私权、安全和知识产权保护问题

    D. 更加注意论证组织内信息网络的合理性

3. 企业信息化建设要贯彻（　　　）的原则。

    A. 统一规划　　　　　B. 阶段实施　　　　　C. 不断完善升级　　　D. 以上都对

4. 以下关于系统选型问题，正确的是（　　　）。

　　A. 在选型前要进行业务流程分析和信息流程分析

　　B. 应购买现成的系统

　　C. 为保证对本企业需要的满足，必须自行开发系统

　　D. 只有初次采用信息系统的企业面临系统选型问题

5. 企业信息资源管理系统的构建原则有（　　　　）。

　　A. 整体性　　　　　　B. 最优化　　　　　　C. 动态性　　　　　　D. 以上都对

6. e-CRM 的客户信息资源管理的信息获取渠道主要是（　　　　）。

　　A. 问卷调查　　　　　B. 客户访谈　　　　　C. 市场预测　　　　　D. 数字信息方式

二、问答题

1. 什么是企业信息资源管理？举一个企业应用系统的例子，说明其中的信息资源和信息资源管理。

2. 简述企业信息资源管理出现的背景和发展过程。

3. 阐述企业信息资源管理的主要内容、目标、任务和工作方式。

4. 试分析评述企业信息化的发展趋势。

5. 你对中国进行工业 4.0 的前景有何看法？

第9章　信息资源管理政策法规

学习目标

➢ 信息资源管理政策

➢ 信息资源管理法规

➢ 知识产权

导入案例：不正当竞争纠纷案

A公司与B公司的软件都属于社交类软件，二者存在竞争关系。B公司的软件上线之初和A公司进行合作。用户可以通过A公司软件账号登录B公司软件，用户注册时还要上传个人手机通讯录联系人，B公司通过与A公司的合作可以获得用户的ID头像、昵称、好友关系、标签、性别等信息。

A公司后来发现，B公司软件中存在大量非合法授权途径获取的A公司软件用户头像、名称、职业、教育等信息。之后A公司与B公司终止合作，但所涉及的用户信息没有在合理时间内删除。因此，A公司提起诉讼，主张B公司存在四项不正当竞争行为，要求B公司停止不正当竞争行为、消除影响并赔偿1000万元经济损失等。法院审理之后，认为B公司的行为危害到A公司软件用户信息安全，损害了A公司的合法竞争利益，对A公司构成不正当竞争。最终，法院判决B公司停止不正当竞争行为，消除影响，赔偿经济损失200万元及合理费用20余万元等。

上述案例是全国首例关于用户个人信息的社交网络平台不正当竞争纠纷案。对于社交媒体网络平台而言，用户信息是重要的竞争优势与商业资源，保护社交网络平台上的各类用户信息，不仅是互联网经营者开展正常经营活动、维持并提升用户活跃度、保持竞争优势的必要条件，也是对广大用户权益的尊重和保障。其他经营者在与社交网络平台开展合作时，不仅要合法获取社交网络平台的用户信息，也应妥善保护并正当使用用户信息。通过上述案例可见，企业在违规获取潜在竞争者的用户信息时，或将承担不正当竞争的法律责任。

不过，虽然A公司在上述案例中赢得了诉讼，法院仍然指出A公司对于涉及用户隐私信息数据的保护措施不到位，暴露出其作为网络运营者在管理、监测、记录网络运行状态，应用、管理、保护用户数据，应对网络安全事件方面的技术薄弱问题。《中华人民共和国网络安全法》对于个人信息的收集、共享、转让和公开披露以及个人信息安全事件处置等方面均提出了严格的要求，加强对于网络用户个人信息的保护，也提高了对企业安全技术能力的要求。

案例启示： 在这个信息创造价值的时代，用户信息是企业重要的商业资源。随着用户隐私信息泄露和窃取事件的日益增多，我国也在加快信息安全领域的立法进程。各类法规政策的相继出台既加强了对用户个人信息的保护，也对企业收集、获取、共享、转让和公开用户信息提出了更严苛的要求。任何企业和公民违反法律规定，都要承担相应法律责任。

9.1　信息资源管理政策法规概述

信息资源管理政策法规是信息资源管理的一个重要组成部分。近年来，随着信息和网络技术的迅猛发展，信息已渗透到人们日常生活的各个领域，成为社会经济、文化和生活领域的重要内容，对经济的发展也产生了重大影响。信息化网络化在给人们带来新资源和新推动力的同时，也使得人们在信息交流活动中的经济关系和社会关系日益复杂。信息资源是具有价值的资源，在产生、传递和交换的过程中，会遇到一些非正常或恶意竞争的行为，对这些行为必须进行规范和惩治，才能保障信息经济的健康发展，创造出更多的社会财富。解决这一系列问题的方法除了教育和道德约束外，有时还需要利用政策和法律的手段进行干预。而如何有效地处理好信息领域的各种经济社会关系，就是信息资源管理政策法规所要解决的核心问题。因此，了解和掌握我国信息资源管理方面的政策和法规的具体内容具有十分重要的意义。

9.1.1　信息资源管理政策法规的基本概念

信息资源管理政策法规是指用来调整信息在生产、搜集、处理、累积、存储、检索、传递和消费活动中发生的各种经济关系和社会关系的规则的总和，它以信息领域的各种经济关系和社会关系为调整对象。

信息资源管理政策法规包括信息政策、信息法以及调整信息领域经济关系和社会关系的行政法规、地方性法规、自治条例、单行条例、部门规章和地方政府规章等。

信息资源管理政策是国家用于调控信息产业的发展和信息活动的行为规范和准则，它涉及信息产品的生产、分配、交换和消费等环节，以及信息行业的发展规划、组织与管理等综合性的问题。信息资源管理法规是由国家立法机关批准制定，并由国家执法机关的强制力保证实施的，调节信息领域经济关系和社会关系的法律规范的总称。

9.1.2　信息资源管理政策与法规的区别

尽管信息资源管理政策和信息资源管理法规调整的都是信息领域的各种经济和社会关系，但它们却有着不同的侧重点，其区别主要表现在以下几个方面。

（1）信息资源管理政策运用行政手段，制定一定的政策内容，代表了政策制定者的利益和意志，不具备强制性。而信息资源管理法规则采用法律手段，代表国家的利益和意志，具有强制性。

（2）信息资源管理政策作为社会信息活动的宏观性指导原则，在执行过程中允许有灵活性，并且随着信息环境的变化而不断补充、修改和完善。信息资源管理法规是在长期实践和经验累积的基础之上确立下来的比较固定的行为规范，而且其制定、修改和废除都需要经过严格复杂的法律程序，因而稳定性较强。

（3）信息资源管理政策的基本功能是"导向"，即运用行政手段鼓励和支持社会的信息活动以达到信息政策目标，主要是对信息领域的各种活动起指导作用。信息资源管理法规的基本功能是"制约"，即运用法律手段限制和约束社会的信息行为以保护信息活动的健康发展，它对具体的行为起强制制约作用。

从以上信息资源管理政策和法规的区别可以看出，这两种调节手段在一定程度上起到了互相弥补、相辅相成的作用，二者缺一不可。信息资源管理政策对整个信息领域起宏观调控作用，对信息资源管理法规的制定和执行具有指导作用；而信息资源管理法规则是对信息资源管理政策的具体实现，对各种经济社会关系进行实际的调节。

9.1.3　信息资源管理政策法规的制定目的

（1）调整各方面权益。信息资源是具有价值的社会财富，在使用过程中存在着创造者、传播者、使用者的权利和利益的分配问题，他们都希望己方权利和利益最大化，因此容易产生一些纠纷和矛盾。政策和法规的制定就是协调上述权利和利益，使得权利和利益的分配在科学和合理的保障下进行，对于由此产生问题的处理能够有章可循、有法可依。信息资源的开发成本很高，而复制成本很低，没有知识产权的保护，开发者的劳动价值得不到体现，复制者反而获得了巨大的利益。因此，信息资源的权益必须得到公平的法律保护。

（2）提高信息资源利用的经济效益。通常，资源的最大效率配置是经济总体运行效率与社会福利提升的基础。信息资源利用效率，要看资源是否得到了合理的配置，从而产生出更大的价值，最大限度地满足人们的各种需要。政策和法规的规范作用，能够使信息技术的开发者获得专利权，从而补偿开发成本和实现盈利。专利的使用方因而获得技术，生产出满足社会需求的产品，社会福利得到提高，生产者也获得利润。

9.1.4　我国信息资源管理政策法规的发展状况

信息资源管理政策法规的发展是随着信息经济的发展而发展起来的。我国的信息资源管理政策法规主要是在 20 世纪 80 年代以后，随着信息产业的发展，参照发达国家相关法律，逐步发展起来的。

目前，我国已颁布多项信息资源管理相关的政策和法规，调整的内容涵盖从信息的收集到信息的加工利用，再到信息市场等多方面。具体有信息安全、信息环境、信息资源、信息人才、信息技术、信息产业、信息市场、信息网络、信息标准、知识产权等方面的法律和法规条款。虽然信息资源管理方面的政策、法规已经比较全面，但由于信息技术的发展以及信息资源管理涉及的经济关系和社会关系的复杂性，经常会出现一些新情况、新问题。因此，政策和法规也不是一成不变的，需要随着社会、经济、技术的发展而不断完善，才能适应新形势的要求，才能更好地起到调整、规范的作用，从而为信息资源的开发利用提供保障。

9.2　信息资源管理政策法规的体系结构

完善的政策和法规体系、系统的规则和规范，对于不合理行为和危害行为的制约非常重要，是信息经济健康发展和壮大的有力保障，使信息资源管理能够在安全的环境中实施，从而创造出更大的价值。

9.2.1 信息资源管理政策法规的制定原则

信息资源管理政策和法规体系由各个方面的政策和法规组成，涉及不同的领域和多方面的问题，它的制定需要遵循相关的原则，主要的原则如下：

（1）系统性、科学性原则。设计信息资源管理政策和法规需要从系统性原则出发，综合考虑问题，制定出尽可能全面的政策和法规，而不是单一的政策或法规。既要覆盖所有信息相关领域，并且这些政策法规之间可以相辅相成、互为补充，同时要注意逐级细化，各个层次的政策法规要上下兼顾。在信息政策法规设计时，既要体现国家和政党的意志，又要与实际情况相符合，应该采用科学的方法，实事求是，一切从实际出发，并注意信息资源管理政策法规体系层次分明、边界确切、内容恰当，系统地、科学地制定信息资源管理政策法规。

（2）经济性原则。信息资源管理政策和法规的制定过程要符合经济性原则，制定成本要小于社会收益。此外，政策法规的内容要有利于信息经济的健康发展，消除那些阻碍因素和破坏因素，鼓励那些对于推动信息经济发展有贡献的组织和个人，能够起到降低交易费用、提高经济效益、提供激励机制、减少不确定性以及促成合作等作用。

（3）协调性原则。信息资源管理政策和法规体系是整个社会大系统中的一个子系统，它是国家政策和法规体系的一个有机组成部分。因此在设计信息政策和法规体系时，应当立足于全社会，顺应时代，从信息、经济、科技、社会发展的共同需要出发，要和经济建设、科学技术和社会发展同步。一方面，在政策和法规体系的内部，各具体的政策和法规之间要相互促进、相互补充，不能出现相互抵触的现象；另一方面，在制定信息政策和法规时，应充分注意政策与法规的分工与协调，注意政策和法规与现行社会有关法律的协调一致。

（4）稳定性原则。信息资源管理政策和法规一旦制定，就要在一定时期内遵守执行，不能随意改动，要保持其相对稳定性，否则，随意更改就会损害政策和法规的威信，产生不良的影响。但是在适当的时候，可以按照国情和各行业部门的情况进行调整，这使政策法规呈现出一定的阶段性，但总体上还是要保持一定的连贯性。

（5）导向性原则。政策和法规的制定要有一定的导向，这是世界各国通行的做法。任何国家信息资源管理政策的制定都要以信息环境为依据，根据本国该时期社会经济发展的状况及需要优先发展的重点领域来制定信息政策。比如为加快信息经济的发展，可以为某些行业制定税收优惠政策等。信息资源管理政策法规体系应该在促进信息技术和信息网络的应用、推动信息产业的发展和信息资源的管理及开发利用、促进信息人才的培养、增强信息化在国民经济和社会发展中的主导作用等方面加以引导。

（6）周期性原则。每一项政策和法规都有其生命周期，一般一项政策和法规要经历政策法规需求分析、制定、公布、实施、评价五个阶段。信息资源管理政策法规也同样有其生命周期，不是一成不变的，仅在其生命周期内保持相对稳定性，当情况发生变化时，要用新的信息资源管理政策和法规来替代。

（7）前瞻性原则。政策和法规的制定要有一定的预见性，充分预见未来社会经济发展可能会产生的变化，使得当这些变化发生时，政策和法规仍然能够适用。由于政策和法规的制定过程需要一定的时间，使用执行过程中又要保持相当一段时间的稳定性，因此，前瞻性是必要的。

9.2.2　信息资源管理政策的内容体系

1993 年，莫尔在"面向 21 世纪的中国的信息政策和战略国际研讨会"上提出了一个分析信息政策的二维矩阵模型，用以确定信息政策的主要范围和问题以及不同信息政策之间的联系，勾画了信息政策设计和评价的基本框架，如表 9-1 所示。

表 9-1　信息政策矩阵模型

层次	要素				
	信息技术	信息市场	信息管理	人力资源	立法条例
产业层次					
组织层次					
社会层次					

莫尔矩阵模型包括三个层次（产业层次、组织层次、社会层次）和五个信息政策的要素（信息技术、信息市场、信息管理、人力资源和立法条例），描述了信息政策在产业、组织和社会三个不同的层面上的共同作用。

（1）产业政策层面。主要考虑在一国范围内与信息部门的发展相关联的政策问题，研究信息政策如何规范信息服务部门的发展。产业政策层面应该主要考虑如下问题：如何满足个人、企事业单位和其他利益阶层对各种信息的需求，如何制定合理的信息产业政策使用户能从中受益，如何促进信息的服务，特别是科学、技术和商业信息服务，使国家的产业发展更加顺利。

（2）组织政策层面。把信息作为一种资源加以管理和处理的方法，研究信息政策对机构内信息利用的影响，提高组织内部的效率和竞争力。信息组织政策的目标是让组织对信息资源进行管理和处理来确保组织机构能够有效地利用信息资源，提高生产力效益和竞争地位。主要内容是开发使用信息工具和标准，促进组织机构间及组织内部的开发和研究，促进信息传输和利用，并通过信息技术和工具实现资源共享，以此来提高效率和竞争力。

（3）社会政策层面。考虑与个人和社会团体相关联的信息需求与信息供给，研究人们利用信息的方式，确保公民能够有效地利用社会政治和经济信息，并获取社会所提供的利益。主要内容包括发展信息网络满足社会团体对信息的需求，开发服务于公民的公共信息服务系统，详细说明公民权利的范围和国家信息提供的责任，确保通信技术和其他技术障碍不再危及某些信息获取所应有的公平性原则等。

在制定政策的过程中，还应发展一些更具体的目标，如抵制信息垄断，政府的信息公开，保障公民方便和平等地获得信息的权利，发展信息网络以满足社会的信息需求等。

在每个层次上，都要研究决定信息利用方式的信息技术、信息市场、信息管理、人力资源和立法条例五个方面的因素。

（1）信息技术因素。包括通信设施、决策支持系统等政策目标。

（2）信息市场因素。信息市场不仅仅局限于商业信息的交换，而应面向所有的信息交换。

（3）信息管理因素。改进信息管理和信息利用的过程，扩展其范围。

（4）人力资源因素。通过教育和培训，提高公民的信息意识，促使人们拥有信息处理和利用信息获益的技巧和能力。

（5）立法条例因素。强调立法工具对实现信息政策目标的作用。

莫尔矩阵模型不仅区分了信息政策要素的不同层面，还描述了单个因素与层面之间及各个信息政策层次之间的互动关系，为信息政策的制定提供了一个很好的分析工具。同时，莫尔还根据信息流动的自由程度和信息流对社会经济发展的影响程度，区分了所谓"信息敏感"和"信息隔绝"两类国家，并且认为信息政策的制定在这两类国家都会产生深远的影响。莫尔认为，信息政策在现代社会的作用表现为通过发展信息产业和信息市场刺激经济的增长，但如果不对产业组织做适当的调整，不改变对信息自由流动和跨国数据流动的限制，信息政策的目标就无法实现。

作为对信息活动宏观调控的信息政策，应该在内容体系上对信息环境的诸多因素进行多角度不同层面的分析、综合、提炼和论证。政策的制定既要以事实为依据，又要有立场讲原则，既要兼顾国家的利益，又不能忽略政策与国际接轨和跨国协调。因此根据莫尔矩阵的思想和我国的实际情况，信息政策应包含以下八个方面的内容：信息产业政策、信息技术政策、信息市场政策、信息共享政策、信息网络政策、信息人才政策、机构管理政策、资金投入政策。

9.2.3 信息资源管理法规的体系结构

信息资源管理法规体系的基本框架组成如图 9-1 所示。它包含了两个层次：一方面是涉及产业、组织和社会层次的信息技术、信息人才、信息市场、信息资源等法律制度；另一方面是由上述法律制度分解出来的调整范围较狭窄、目标较明确的各种信息法规。信息基本法调整的是整个信息活动领域的社会关系，从全局的角度，导向性地规定了整个信息法规体系的立法宗旨、原则、调整对象及范围，对其他信息法规起到了宏观上的指导作用。信息基本法凌驾于各法律制度和法律规范之上，是立法的基础和准则，它侧重于对整个信息法规体系的构造、修改和补充起指导作用。

信息资源管理法规的具体内容主要包括：

（1）信息安全方面。为了保证信息活动各领域的正常发展，保障信息所有者、生产者、利用者的合法权益，需要对信息安全方面进行立法保护。具体范围包括对国家秘密、商业秘密、技术秘密等需要保密的信息进行加密保密，保护通信安全、网络安全、计算机系统安全及隐私权等。相关法规有《中华人民共和国电子签名法》《中华人民共和国计算机信息系统安全保护条例》《电子认证服务管理办法》《中华人民共和国商业秘密法》《中华人民共和国保守国家秘密法》《中华人民共和国国家安全法》《新闻出版保密规定》

《电信通信保密暂行规定》《中华人民共和国网络安全法》等。此外,《中华人民共和国统计法》《中华人民共和国审计法》《中华人民共和国刑事诉讼法》《中华人民共和国民事诉讼法》《中华人民共和国邮政法》《中华人民共和国反不正当竞争法》等法规的部分条款中也有信息安全的相关内容。

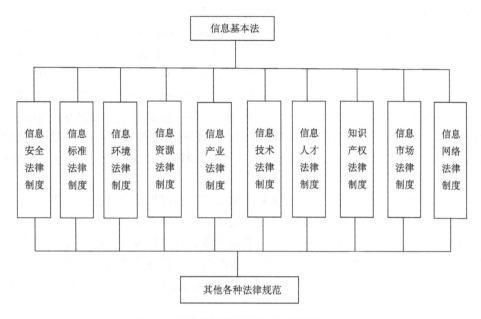

图 9-1　信息资源管理法规体系的基本框架

（2）信息标准方面。对信息活动各方面进行标准化的调控,规范信息活动,有利于信息活动更好地开展。包括一些技术标准、行业标准等方面的政策和法规。具体例子有《ISO 15489-1：2001 信息与文献　文件管理　第 1 部分：通则》《ISO 30300：2011 信息与文献　文件管理体系　基础与术语》《劳务信息工作规范》《信息安全技术　个人信息安全规范》等。

（3）信息环境方面。信息环境是指与信息的制作、加工、传递、转换等环节相关的活动环境,包括国家重大信息工程建设、信息法规与政策等方面。具体例子有《建立卫星通信网和设置使用地球站管理规定》《国际通信设施建设管理规定》《国际通信出入口局管理办法》《中华人民共和国计算机信息网络国际联网管理暂行规定》《中华人民共和国电信条例》《互联网域名管理办法》等。

（4）信息资源方面。此处的信息资源特指的是具体的信息内容,涉及信息资源搜索、管理、开发利用、配置、共享等问题。信息资源法律制度包括两部分,一是调控信息资源本身的政策法规,二是调控对信息资源进行各种信息行为的政策法规。具体例子有《互联网新闻信息服务管理规定》《中国图书进出口总公司进口书刊资料审批管理规定》《中华人民共和国档案法》《电子出版物出版管理规定》《航空工业部科学技术情报工作条例》《上海证券交易所关于加强上市公司信息网上披露有关工作的通知》《外国记者和外国常驻新闻机构管理条例》《关于严格遵照统一发布新闻的通知》《境外电视节目引进、播出管理规定》《中华人民共和国广告法》《出版管理条例》等。

（5）信息产业方面。信息产业法律制度是对属于信息产业的各个行业的活动及发展进行调控，包括电信业、邮政业、广播电视业、电影业、编辑出版业、发行业、咨询业、广告业、软件业、信息报道业等行业。具体例子有《电子信息产业调整和振兴规划》《进一步鼓励软件产业和集成电路产业发展的若干政策》《振兴软件产业行动纲要》《邮电部关于鼓励发展电信新业务的通知》《关于加速发展科技咨询、科技信息和技术服务业的意见》《国家科学技术情报发展政策》《中华人民共和国电信条例》《广播电视管理条例》等。

（6）信息技术方面。信息技术法律制度是对涉及信息产品、服务生产和利用的信息技术的应用、发展状况进行调控，包括信息技术的引进改造、开发应用、发展战略等问题。调整范围有计算机、信息系统、通信系统、软件、检索系统、数据库系统等领域。具体例子有《中华人民共和国计算机信息网络国际联网管理暂行规定》《计算机信息网络国际联网出入口信道管理办法》《专用网与公共网联网的暂行规定》《计算机软件保护条例》等。

（7）信息人才方面。信息人才法律制度是对生产和提供信息产品、服务的人才进行的培养、考核、认证进行规范，以保证信息活动的发展有强大的人力资源的支持。调整范围包括从事信息管理与信息系统专业、情报专业、图书馆专业、档案专业、编辑出版专业等行业人员的培养教育、资格认证和考核制度等。具体例子有《图书、档案、资料专业干部业务职称暂行规定》《出版专业人员职务试行条例》《新闻出版署关于重新核发记者证的通知》等。

（8）知识产权方面。信息产品、服务具有非物质性、非消耗性、非排他性等特殊属性，使得信息产品易于复制、传播，信息服务易于模仿，导致信息产品生产者的利益容易受到非法复制、非法传播等不法行为的损害。因此，为了保护信息生产者的积极性，有必要对知识产权专门立法进行保护。知识产权法律制度调整范围包括著作权、专利、商标、集成电路、植物品种保护及域名等方面。具体例子有《中华人民共和国专利法》《中华人民共和国著作权法》《集成电路布图设计保护条例》等。

（9）信息市场方面。信息市场法律制度目标是对信息产品、服务的提供、流通等市场行为进行规范，对信息市场进行管理，以提高信息市场的效率。调整范围包括电信市场、邮政市场、广播电视市场、电影市场、广告市场、出版市场、发行市场、咨询市场等。具体例子有《邮电部关于加强对电信服务和信息咨询服务监督管理的通知》《国务院办公厅关于认真做好音像市场集中治理工作的通知》《互联网信息服务管理办法》《互联网上网服务营业场所管理办法》等。

（10）信息网络方面。信息网络是信息传播的渠道，是信息安全管理和控制的主要对象，涉及信息资源领域多方面的社会和经济关系，必须对其相关的活动进行规范，才能保障其稳定运行，更好地服务于各个方面的需求。调整范围包括互联网、通信网络、企业内部网等信息网络的网络建设、网络管理。具体例子有《互联网信息服务管理办法》《中华人民共和国计算机信息网络国际联网管理暂行规定》《计算机信息网络国际联网出入口信道管理办法》《专用网与公共网联网的暂行规定》等。

【补充资料：个人信息保护相关法律和规范建立进程】

　　随着社会信息化进程的深入，个人信息成为整个网络空间中最为重要的数据类型，不仅关涉公民的私权利保护，也关系到公私领域对于个人信息的利用。虽然目前我国的消费者权益保护法、网络安全法、民法总则、刑法等诸多法律法规，都有关于个人信息保护的条款，然而，法律条款过于分散、缺乏统一操作标准。面对个人信息保护这一共性问题，单独的行业监管难以实现相应的顶层设计，在个人信息保护问题上，仍然需要统一立法实现顶层设计。目前我国关于个人信息保护方面的相关法律和规范建立进程如图 9-2 所示。

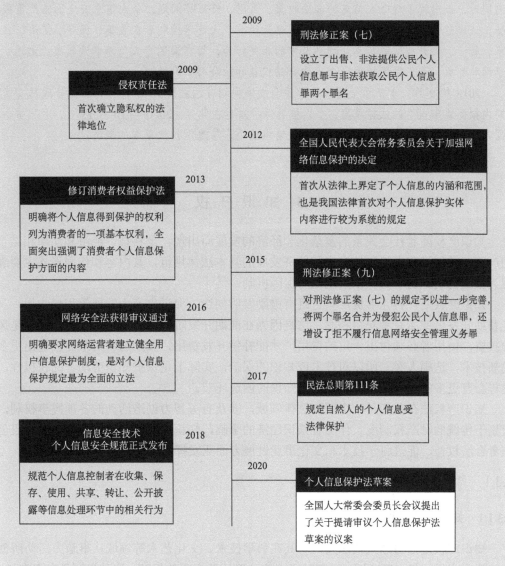

图 9-2　个人信息保护相关法律和规范的建立进程（按公布时间）

《中华人民共和国网络安全法》是为保障网络安全，维护网络空间主权和国家安全、社会公共利益，保护公民、法人和其他组织的合法权益，促进经济社会信息化健康发展而制定的法律。它于 2016 年 11 月 7 日在第十二届全国人民代表大会常务委员会第二十四次会议上通过，自 2017 年 6 月 1 日起施行。

《信息安全技术　个人信息安全规范》是全国信息安全标准化技术委员会 2017 年 12 月 29 日首次正式发布的规范，于 2018 年 5 月 1 日实施。近些年，随着信息技术的快速发展和互联网应用的普及，越来越多的组织大量收集、使用个人信息，给人们生活带来便利的同时，也出现了对个人信息的非法收集、滥用、泄露等问题，个人信息安全面临严重威胁。该规范针对个人信息面临的安全问题，规范个人信息控制者在收集、保存、使用、共享、转让、公开披露等信息处理环节中的相关行为，旨在遏制个人信息非法收集、滥用、泄漏等乱象，最大限度地保障个人的合法权益和社会公共利益。

2018 年 9 月，十三届全国人大常委会立法规划就已经提及 69 件"条件比较成熟、任期内拟提请审议"的法律草案，个人信息保护法也在此列。2020 年 10 月 13 日，十三届全国人大常委会委员长会议提出了关于提请审议个人信息保护法草案的提案。

9.3　知　识　产　权

知识产权随着社会关系的复杂化和经济的发展而出现，是科技、经济和法律相结合的产物，是促进和保障科技进步和经济发展的基本法律规范，其内容和作用形式主要表现为激励机制、调节机制以及规范与保障机制。

知识产权是一种无形资产。它既有鼓励发明创造、促进生产力发展等积极作用，又能帮助开发者或所有者获得利润。这是因为在前期开发阶段需要大量的投入，甚至是风险投资，使用者必须付出一定的费用，才能补偿开发费用，鼓励创新，从而创造出更多的新技术，造福人类。所以对技术或知识的保护，实际上是保护知识劳动者的积极性，这样会有更多的人、更多的投入进入知识的创造环节。

知识产权法在我国是一个新的法律领域，涉及有关智力创造活动的各项民事权利，有别于传统的财产权制度。伴随着知识经济的来临，知识产权法在保护我国智力成果创造者合法权益、促进科学技术和文化事业发展方面正发挥着重要作用。

9.3.1　知识产权概述

9.3.1.1　知识产权的概念

知识产权是指自然人或法人，对其在科学技术、文化艺术等领域从事脑力活动所创造的智力成果，在一定地域、一定时间内依法确认并享有的权利。这种权利具有专有性、排他性、地域性、时间性和公开性等特征。

知识产权是一种无形财产权，包括人身权利和财产权利，也可称为精神权利和经济权利。它的主要功能是保护知识拥有者和创新者的利益，它是法律赋予知识产品所有人对其智力创造成果所享有的某种专有权利。1967 年签订的《成立世界知识产权组织公约》规定知识产权包括以下各项智力创造成果的权利：

（1）与文学、艺术及科学作品有关的权利（指版权或著作权）。

（2）与表演艺术家的表演活动、录音制品和广播有关的权利（指版权的邻接权）。

（3）在一切领域创造性活动中产生的与发明有关的权利（指专利权）。

（4）与科学发现有关的权利。

（5）与工业品外观设计有关的权利。

（6）与商品商标、服务商标、商号及其他商业标记有关的权利。

（7）与防止不正当竞争有关的权利。

（8）一切来自工业、科学及文学艺术领域的智力创作活动所产生的权利。

作为世界贸易组织三大支柱之一的《与贸易有关的知识产权协定》从七个方面规定了对其成员保护各类知识产权的最低要求：版权及其邻接权、商标权、地理标志权、工业品外观设计、专利权、集成电路的布图设计、未经披露的信息（商业秘密）。

9.3.1.2　知识产权的分类

国际上通常将知识产权分为工业产权和著作权（也称为版权、文学产权）两大类。工业产权亦称"工业所有权"，包括专利权、商标权等。《保护工业产权巴黎公约》第一条第二款规定：工业产权的保护以发明专利权、实用新型、工业品式样、商标、服务商标、厂商名称、产地标记或原产地名称，以及制止不正当竞争作为对象。第三款规定：工业产权应作广义的解释，不仅适用于工业和商业本身，也适用于农业和采掘业以及一切制造品或天然产品，例如谷物、水果、矿泉水和牲畜等。

著作权的内容包括作者权与著作邻接权——发表权、署名权、修改权、保护作品完整权、使用权和获得报酬权。《世界版权公约》第一条规定：缔约各国承允对文学、科学、艺术作品（包括文字、音乐、戏剧和电影作品，以及绘画、雕刻和雕塑）的作者及其他版权所有者的权利，提供充分有效的保护。

9.3.1.3　知识产权的特征

一般来说，知识产权具有专有性、地域性和时间性三个主要的特征。专有性是指在一定时间内的独占排他权，即知识产权所有人的智力劳动成果未经其本人许可，任何人都不得使用和占有。地域性是指某一国法律所确认和保护的知识产权，只在该国领域内发生法律效力。时间性是指法律对知识产权的保护规定一定保护期限，知识产权只在法定期限内有效，超过保护期限的知识产权就进入公共领域，为人类共享。

9.3.2　我国知识产权制度的发展现状

我国知识产权制度建立较晚，只有 30 多年的历史，但是发展速度较快。我国政府高度重视知识产权工作，把提高自主创新能力作为调整经济结构、转变经济增长方式、提高国家竞争力的中心环节，把建设创新型国家作为面向未来的重大战略选择，基本建立了体系完整的知识产权法律制度，主要包括《中华人民共和国专利法》《中华人民共和国著作权法》《中华人民共和国商标法》等一系列知识产权保护法。我国设立了国家知识产权局、国家知识产权局专利局、国家市场监督管理总局、国家版权局、中国版权保护中心、国防专利局、中华人民共和国农业农村部、国家林业和草原局等作为负责知识产权的机构和组织。这些制度的建设和相应的管理机构设置，为知识产权的保障奠定了基础，为知识产权的创造和使用提供了保障，对我国的科学技术的发展起到了重要的作用。

2008 年国务院发布《国家知识产权战略纲要》，将"知识产权中介服务"作为未来发展战略重点之一，明确了到 2020 年把我国建设成为知识产权创造、运用、保护和管理水平较高的国家的战略目标，自此知识产权服务机构如专利、商标代理类机构在政策催化下快速发展，增速扩大。2008 年也由此成为知识产权服务业发展的新开端。

我国知识产权质量效益和运用水平不断提升。截至 2020 年底，每万人口发明专利拥有量达到 15.8 件，超额完成国家"十三五"规划目标。商标方面，我国有效注册商标量达到 3017.3 万件；累计注册区域品牌集体商标和证明商标 192 件、地理标志商标 6085 件，认定地理标志保护产品 2391 件，地理标志产品产值超过 1 万亿元。知识产权质押融资总金额达到 7095 亿元，比"十二五"期间翻了一番；知识产权使用费进出口额由 2015 年的 231.1 亿美元提升到 2019 年的 409.8 亿美元，年均增长 15.4%；评选出中国专利金奖 130 项，创造新增销售额超 1 万亿元；专利密集型产业增加值达到 11.5 万亿元，同比增长 7%。

9.3.3 专利权、商标权和著作权（版权）

和信息资源相关的知识产权包括多个方面，分别介绍如下：

（1）软件产品属于信息技术产品，属于信息资源范畴。软件产品的开发过程需要投入开发者的大量智力劳动，并且软件容易复制，其产品易于被盗用，因此必须对其进行保护。同时软件的使用也会增加社会福利，如操作系统软件，为人们提供了操作计算机系统的便利条件。软件产品可以申请两种知识产权，一种是专利权中的发明专利，另一种是著作权。

（2）硬件技术属于信息技术，也属于信息资源范畴，可以申请发明或使用新型专利。

（3）信息资源中的一些新的技术方法，如信息采集的技术方法、处理的技术方法等，如果是新的独特的技术方案，可以申请发明专利。

（4）文献、图片、立体图、动画、视频、音频信息属于常见的信息资源。它们是由劳动产生的知识产品，可以申请版权，受到保护。在信息搜集活动中，要注意是否有版权等信息内容，按照知识产权的规定去实行相应的信息采集和处理。

传统的知识产权包括专利权、商标权和版权，为了更好地运用知识产权来进行合理合法的信息资源管理，下面对它们进行简要介绍。

9.3.3.1 专利权

专利权简称"专利"，是发明创造人对特定的发明、创造在一定期限内依法享有的独占实施权。专利权的内容是专利法律关系的构成要素之一，是指专利权人依法享有的权利和应承担的义务，包括：

（1）专利权利。专利权人的权利包括独占实施权、许可实施权、转让权、标记权和放弃权等。

（2）专利义务。专利权人在享受权利的同时，也必须承担一定的义务。专利义务主要为：缴纳专利年费、接受专利的推广应用、充分公开专利内容和不滥用专利权等。缴纳专利年费是各国专利法普遍规定的义务。

我国于 1984 年公布专利法，1985 年公布该法的实施细则，对有关事项做了具体规定。专利法在 2008 年 12 月 27 日通过修改，新版自 2009 年 10 月 1 日起施行。第四次修订版自 2021 年 6 月 1 日起施行。

我国专利法第二条规定：本法所称的发明创造是指发明、实用新型和外观设计。发明，是指对产品、方法或者其改进所提出的新的技术方案。实用新型，是指对产品的形状、构造或者其结合所提出的适于实用的新的技术方案。外观设计，是指对产品的形状、图案或者其结合以及色彩与形状、图案的结合所做出的富有美感并适于工业应用的新设计。第四十二条规定：发明专利权的期限为二十年，实用新型专利权和外观设计专利权的期限为十年，均自申请日起计算。第四十三条规定：专利权人应当自被授予专利权的当年开始缴纳年费。在信息资源方面，信息技术的保护可以通过申请相应的专利来实现。

9.3.3.2　商标权

商标权是由商标法来保护的。我国商标法在 1982 年 8 月 23 日第五届全国人民代表大会常务委员会第二十四次会议通过，2013 年 8 月 30 日第十二届全国人民代表大会常务委员会第四次会议对其进行过修订。

商标权是商标专用权的简称，是指商标主管机关依法授予商标所有人对其注册商标受国家法律保护的专有权。商标法的第三条规定：经商标局核准注册的商标为注册商标，包括商品商标、服务商标和集体商标、证明商标；商标注册人享有商标专用权，受法律保护。第四条规定：自然人、法人或者其他组织在生产经营活动中，对其商品或者服务需要取得商标专用权的，应当向商标局申请商标注册。第八条规定：任何能够将自然人、法人或者其他组织的商品与他人的商品区别开的标志，包括文字、图形、字母、数字、三维标志、颜色组合和声音等，以及上述要素的组合，均可以作为商标申请注册。第五十七条规定：有下列行为之一的，均属侵犯注册商标专用权。

（1）未经商标注册人的许可，在同一种商品上使用与其注册商标相同的商标的。

（2）未经商标注册人的许可，在同一种商品上使用与其注册商标近似的商标，或者在类似商品上使用与其注册商标相同或者近似的商标，容易导致混淆的。

（3）销售侵犯注册商标专用权的商品的。

（4）伪造、擅自制造他人注册商标标识或者销售伪造、擅自制造的注册商标标识的。

（5）未经商标注册人同意，更换其注册商标并将该更换商标的商品又投入市场的。

（6）故意为侵犯他人商标专用权行为提供便利条件，帮助他人实施侵犯商标专用权行为的。

（7）给他人的注册商标专用权造成其他损害的。

【补充资料：商品权】

　　信息产品的商标权问题，也是企业应充分重视的问题。苹果的 iPad 商标问题，使得苹果公司付出了巨大的代价。

　　2000 年，唯冠国际实际控制的唯冠台北公司注册了 iPad 电脑在欧洲和世界其他各地的商标。2001 年 6 月和 12 月唯冠国际全资子公司唯冠科技先后申请注册了两项 iPad 中国商标（注册号为 1590557 和 1682310），使用范围包括计算机及计算机周边产品，随后推出自己的 iPad 电脑。2000 年，当时苹果并未推出 iPad 平板电脑。2006 年，苹果公司开始策划推出其 iPad 时发现，iPad 商标权归唯冠公司所有，2009 年，苹果公司与唯冠达成一项协议，唯冠台北公司将 iPad 全球商标以 3.5 万英镑价格转让给苹果。

9.3.3.3　著作权

　　著作权是指作品作者或者著作权人依法对文学、艺术和科学作品所享有的人身权利和财产权利的总称。

　　著作权的内容包括人身权和财产权两方面。人身权是指作品作者所享有的各种与人身相联系而无直接财产内容的权利，主要包括：发表权、署名权、修改权和保护作品完整权等；财产权指著作权人以某种方式使用作品而获取的物质利益，主要为：复制权、发行权、出租权、展览权和表演权等。

　　著作权的取得方式有两种：自动取得和注册取得。自动取得是指当作品创作完成时，作者因进行了创作而自动取得该作品的著作权。注册取得是指作品只有在登记注册后才能取得著作权，登记注册是取得著作权的必要条件。

　　随着计算机软件产业的不断发展，软件作为一种新的科学成果得到了著作权的保护，我国《计算机软件保护条例》（以下简称条例）于 2001 年 12 月 20 日公布，根据 2011 年 1 月 8 日《国务院关于废止和修改部分行政法规的决定》进行了第一次修订，根据 2013 年 1 月 30 日中华人民共和国国务院令第 632 号《国务院关于修改〈计算机软件保护条例〉的决定》进行了第二次修订。该条例分总则、软件著作权、软件著作权的许可使用和转让、法律责任、附则 5 章 33 条，自 2002 年 1 月 1 日起施行。

　　条例的第五条规定：中国公民、法人或者其他组织对其所开发的软件，不论是否发表，依照本条例享有著作权。

　　条例的第八条规定软件著作权人享有下列各项权利：

　　（1）发表权，即决定软件是否公之于众的权利。

　　（2）署名权，即表明开发者身份，在软件上署名的权利。

　　（3）修改权，即对软件进行增补、删节，或者改变指令、语句顺序的权利。

　　（4）复制权，即将软件制作一份或者多份的权利。

　　（5）发行权，即以出售或者赠予方式向公众提供软件的原件或者复制件的权利。

　　（6）出租权，即有偿许可他人临时使用软件的权利，但是软件不是出租的主要标的的除外。

　　（7）信息网络传播权，即以有线或者无线方式向公众提供软件，使公众可以在其个人选定的时间和地点获得软件的权利。

（8）翻译权，即将原软件从一种自然语言文字转换成另一种自然语言文字的权利。

（9）应当由软件著作权人享有的其他权利。

条例的第十四条规定：软件著作权自软件开发完成之日起产生。自然人的软件著作权，保护期为自然人终生及其死亡后 50 年，截止于自然人死亡后第 50 年的 12 月 31 日；软件是合作开发的，截止于最后死亡的自然人死亡后第 50 年的 12 月 31 日。法人或者其他组织的软件著作权，保护期为 50 年，截止于软件首次发表后第 50 年的 12 月 31 日，但软件自开发完成之日起 50 年内未发表的，本条例不再保护。

9.4　国内信息资源管理政策和法规

我国信息资源管理政策和法规的建设工作虽然起步较晚，但仍在稳步地推进和不断完善中，已经逐步形成了一个全方位、多层面的体系。

自 20 世纪 80 年代起，国务院及下属各部委等部门就为国家信息技术发展政策的形成做了大量基础性的调研、论证、起草工作，形成了初期的相关政策，如《通信技术政策》《关于加速发展微电子和计算机产业的对策》《关于加速建设和发展我国计算机信息系统的对策》《关于我国电子和信息产业发展战略的报告》《信息技术发展政策》《中华人民共和国电信条例》《通信工程质量监督管理规定》《关于加快发展科技信息服务业的规划纲要和政策要点》《信息市场管理条例》《中华人民共和国计算机信息网络国际联网管理暂行规定》等。这些初期的政策对中国信息技术和信息产业的发展起到了总结经验、调整策略和探索出路的作用。

进入 21 世纪以来，国际环境发生了翻天覆地的变化，处于大发展大变革大调整时期，全球治理体系和国际秩序变革加速推进，信息化成为当今世界发展的大趋势，是推动经济社会变革的重要力量。党的十九大报告中八次提到互联网，并围绕互联网与信息化战略做出了一系列重大安排。比如在信息化领域提出"网络强国、数字中国、智慧社会"三大目标，强调新型工业化和信息化的融合；在经济转型、结构优化、转换动能方面，强调互联网、大数据、人工智能与实体经济的深度融合；在推进现代社会治理新格局方面，提出社会治理的社会化、法治化、智能化、专业化目标。

2021 年，工业和信息化部相继发布了《"十四五"软件和信息技术服务业发展规划》和《"十四五"信息化和工业化深度融合发展规划》，可以作为中国当前发展信息产业的主要政策。

9.4.1　《"十四五"软件和信息技术服务业发展规划》（节选）

9.4.1.1　指导思想和发展目标

1）指导思想

以习近平新时代中国特色社会主义思想为指导，深入贯彻党的十九大和十九届二中、三中、四中、五中、六中全会精神，立足新发展阶段，完整、准确、全面贯彻新发展理念，构建新发展格局，以推动高质量发展为主题，以深化供给侧结构性改革为主线，深入实施国家软件发展战略，强化国家软件重大工程引领作用，补齐短板、锻造长板，提升关键软件供给能力，加快繁荣开源生态，夯实产业发展基础，提高产业链供应链现代化水平，坚持应用牵引、整机带动、生态培育，壮大信息技术应用创新体系，全面推进重点领域产业化规模化应用，持续培育数字化发展新动能，全面支撑制造强国、网络强国、数字中国建设。

2）基本原则

（1）创新驱动，价值导向。坚持创新驱动发展，加强产业基础研究，推进核心技术、关键产品、集成应用等体系化创新。强化软件价值导向，推动产业链、创新链、价值链协同发展。

（2）重点突破，协同推进。坚持需求牵引、问题导向，集聚优势资源，培育一批标志性产品和领军企业。深入推进创新协同、软硬协同、产用协同、企业协同、区域协同，打造合作共赢的产业体系。

（3）应用牵引，生态优化。坚持"好软件是用出来的"，完善包容试错、迭代升级的推广机制。坚持整机带动，引导行业开放应用场景，统筹推进重大应用。坚持生态培育，繁荣开源软件，完善公共服务，优化产业生态。

（4）安全可控，开放合作。坚持发展和安全并重，实现质量、规模、效益、安全相统一。坚持引进来和走出去，遵循软件产业发展规律，不断完善利益共享、风险共担、兼顾各方的合作机制。

3）发展目标

（1）产业基础实现新提升。软件内核、开发框架等基础组件供给取得突破。标准引领作用显著增强，"十四五"期间制定125项重点领域国家标准。知识产权服务、工程化、质量管理、价值保障等能力有效提升，以企业为主体的协同创新体系基本完备，建成一批高水平软硬件适配中心。

（2）产业链达到新水平。产业链短板弱项得到有效解决，基础软件、工业软件等关键软件供给能力显著提升，对船舶、电子、机械等制造业数字化转型带动作用凸显。金融、建筑等重点行业应用软件市场竞争力明显增强，形成具有生态影响力的新兴领域软件产品，到2025年，工业APP突破100万个，长板优势持续巩固，产业链供应链韧性不断提升。

（3）生态培育获得新发展。培育一批具有生态主导力和核心竞争力的骨干企业，到2025年，主营业务收入达百亿级企业过百家，千亿级企业超过15家；建设2~3个有国际影响力的开源社区，培育超过10个优质开源项目；高水平建成20家中国软件名园；软件市场化定价机制进一步完善；建成一批国家特色化示范性软件学院。国际交流合作全面深化。

（4）产业发展取得新成效。增长潜力有效释放，发展质量明显提升，到2025年，规模以上企业软件业务收入突破14万亿元，年均增长12%以上。产业结构更加优化，基础软件、工业软件、嵌入式软件等产品收入占比明显提升，新兴平台软件、行业应用软件保持较快增长，产业综合实力迈上新台阶。

9.4.1.2　主要任务和保障措施

1）主要任务

规划中提出了"十四五"期间的主要任务包括：①推动软件产业链升级；②提升产业基础保障水平；③强化产业创新发展能力；④激发数字化发展新需求；⑤完善协同共享产业生态。

2）保障措施

（1）健全组织实施机制。健全组织协调机制，在政策、市场、监管、保障等方面加强部门联动，完善产业运行监测体系，推动重大政策、重点工程落地。加强央地协同，定期评估规划落实情况，引导地方结合实际，制定相关政策，确保规划各项任务落实到位。统筹政府和市场关系，推动资源配置市场化，进一步激发市场活力，推动有效市场和有为政府更好地结合。构建政产学研用协作机制，汇聚各方资源，加快产业创新发展。

（2）加大财政金融支持。依托国家科技计划等，补齐产业短板，提升基础能力。落实软件企业税收优惠政策，持续完善惠企举措。结合产业发展需要，研究完善有关会计准则。充分发挥创业投资支持创新创业作用，鼓励社会资本设立软件产业投资基金，为软件企业提供融资服务。鼓励地方加强对软件产业发展的支持，针对软件首版次应用、软件名园创建、适配中心建设、特色化示范性软件学院建设等给予资金奖补。加快发展知识产权质押融资等金融产品服务，支持企业积极申请科创板、创业板上市。

（3）打造一流人才队伍。加强软件国民基础教育，深化新工科建设，加快特色化示范性软件学院建设，创新人才培养模式，大力培养创新型复合型人才。鼓励职业院校与软件企业深化校企合作，推进专业升级与数字化改造，对接产业链、技术链，培养高素质技术技能人才。建设国家软件人才公共服务平台，充分发挥人才引进政策优势，完善人才评价激励机制，加快引进高层次人才和团队。

（4）强化安全服务保障。开展软件数据安全、内容安全评估审查，加强软件源代码检测和安全漏洞管理能力，提升开源代码、第三方代码使用的安全风险防控能力。鼓励第三方服务机构，积极提升软件安全咨询、培训、测试、认证、审计、运维等服务能力。开展工业信息安全防护能力贯标，持续完善国家工业控制系统信息安全态势感知网络，鼓励产业链开展典型工业控制系统的联合攻关和集成应用，提升工业控制系统本质安全水平。

（5）深化国际开放合作。充分发挥多双边国际合作机制的作用，支持企业在技术研发、标准制定、产品服务、知识产权等方面开展深入合作，不断完善互利共赢的全球软件产业合作体系。鼓励国内龙头企业加快拓展国际市场，建立健全开发、销售、运营和服务体系，扩大产品和服务出口，带动更多中小企业"走出去"，支持专业机构为软件企业海外发展提供人才、法务、专利等综合服务。加大招商引资力度，吸引国际软件企业来华投资兴业，鼓励跨国公司、科研机构在国内设立研发中心、教育培训中心，联合开展项目开发和人才培训。

9.4.2 《"十四五"信息化和工业化深度融合发展规划》（节选）

9.4.2.1 指导思想和发展目标

1）指导思想

坚持以习近平新时代中国特色社会主义思想为指导，深入贯彻党的十九大和十九届二中、三中、四中、五中、六中全会精神，立足新发展阶段，完整、准确、全面贯彻新发展理念，构建新发展格局，紧扣制造业高质量发展要求，以供给侧结构性改革为主线，以智能制造为主攻方向，以数字化转型为主要抓手，推动工业互联网创新发展，培育融合发展新模式新业态，加快重点行业领域数字化转型，激发企业融合发展活力，打造数据驱动、软件定义、平台支撑、服务增值、智能主导的现代化产业体系，全面推进产业基础高级化、产业链现代化，为实现"新四化"的战略目标奠定坚实基础。

2）基本原则

（1）坚持市场主导。发挥好市场在资源配置中的决定性作用，更好发挥政府在环境营造、生态构建中的政策引导作用，破解融合发展的体制机制约束，形成融合发展的市场化模式，促进供给和需求在更高水平上实现动态平衡。

（2）坚持创新驱动。发挥新一代信息技术的创新活力，激发数据要素的转型动力，按照问题导向、应用牵引、系统突破的思路，着力补短板、锻长板，以集成创新加速产业变革、管理优化和战略转型，促进质量变革、效率变革和动力变革。

（3）坚持系统推进。充分释放各方主体活力，发挥大型企业、龙头企业的标杆引领作用，打造资源富集、应用繁荣、产业进步、治理有序的平台化共建共享新生态，促进大中小企业、产业链上下游、跨行业跨领域融通发展。

（4）坚持开放合作。通过新一代信息技术融合应用推动生产、分配、流通、消费各环节在国内市场实现良性循环，形成对全球资源要素的引力场，深化国际合作，构建互利共赢的开放合作新格局。

3）发展目标

到 2025 年，信息化和工业化在更广范围、更深程度、更高水平上实现融合发展，新一代信息技术向制造业各领域加速渗透，范围显著扩展、程度持续深化、质量大幅提升，制造业数字化转型步伐明显加快，全国两化融合发展指数达到 105。

（1）新模式新业态广泛普及。企业经营管理数字化普及率达 80%，企业形态加速向扁平化、平台化、生态化转变。数字化研发设计工具普及率达 85%，平台化设计得到规模化推广。关键工序数控化率达 68%，网络化、智能化、个性化生产方式在重点领域得到深度应用。

（2）产业数字化转型成效显著。原材料、装备制造、消费品、电子信息、绿色制造、安全生产等重点行业领域数字化转型步伐加快，数字化、网络化、智能化整体水平持续提高。

（3）融合支撑体系持续完善。新型信息基础设施建设提档升级，数字化技术快速进步，工业大数据产业蓬勃发展，工业互联网应用成效进一步显现，两化融合标准体系持续完善，产业基础迈向高级化。

（4）企业融合发展活力全面激发。工业互联网平台普及率达 45%，系统解决方案服务能力明显增强，形成平台企业赋能、大中小企业融通发展新格局。

（5）融合生态体系繁荣发展。制造业"双创"体系持续完善，产业链供应链数字化水平持续提升，带动产业链、创新链、人才链、价值链加速融合，涌现出一批数字化水平较高的产业集群，融合发展生态快速形成。

9.4.2.2　发展重点和保障措施

1）主要任务

规划中提出了未来五年期间的主要任务包括：①培育新产品新模式新业态；②推进行业领域数字化转型；③筑牢融合发展新基础；④激发企业主体新活力；⑤培育跨界融合新生态。

2）重点工程

规划中提出了制造业数字化转型行动、两化融合标准引领行动、工业互联网平台推广工程、系统解决方案能力提升行动、产业链供应链数字化升级行动五大重点工程。

3）保障措施

（1）健全组织实施机制。强化部际、部省、央地间协同合作，统筹推进工业互联网创新发展、制造业数字化转型、智能制造、工业大数据发展等重点工程和行动计划。各地要结合实际制定出台配套政策规划，落实规划总体要求、目标和任务，打好政策"组合拳"。发挥科研院所、行业组织、产业联盟等多元主体的桥梁作用，明确职责分工，强化协同联动。优化完善两化深度融合发展监测分析、绩效评估和监督考核机制，定期开展规划实施的跟踪评估工作，确保规划有效落实。

（2）加大财税资金支持。充分利用重大专项、制造业转型升级基金等机制，加大对数字"新基建"、工业互联网平台建设推广、两化深度融合共性技术研发及产业化等工作的财政支持。鼓励有条件的地方按照规定设立专项资金，探索建立多元化、多渠道社会投入机制，加强对中小企业数字化转型的资金扶持。落实好税收优惠政策，为制造企业创造良好发展环境。

（3）加快人才队伍培养。会同研究院所、行业组织协同推动两化深度融合、工业互联网、数字化转型等领域国家人才的培养，加快建立多层次、体系化、高水平的人才队伍。依托工业互联网平台工程实训基地、应用创新推广中心和创新合作中心等创新载体，打造产学研融合、区域协调联动和公益商业配合的人才培养模式。鼓励企业创新激励机制，建立适应两化深度融合发展需求的人事制度、薪酬制度和评价机制，完善技术入股、期权激励等人力资本收益分配机制，充分激发人力资本的创新潜能。

（4）优化融合发展环境。建立部门间高效联动机制，依托互联网平台、大数据平台等，推动跨部门、跨层级、跨区域的数据共享和流程互通，持续强化融合发展推进合力。放宽新产品、新模式、新业态的市场准入限制，清理制约人才、资本、技术、数据等要素自由流动的制度障碍，强化竞争政策的基础性地位。推动相关行业在技术、标准、政策等方面充分对接，强化知识产权保护，打造有利于两化深度融合的外部环境。多形式开展宣传推广和培训交流，提升政府、企业、行业组织、科研院所等各类参与主体对两化深度融合的认识水平，强化互联网思维、大数据思维，增强利用新一代信息技术创新各项工作的本领。

（5）加强国际交流合作。充分利用双多边国际交流合作机制，深化两化深度融合、工业互联网、开源软件、供应链金融等领域的国际合作，加强国际标准化工作，开展知识产权海外布局。扩大制造业对外开放，鼓励外资企业在境内设立研发机构。落实"一带一路"倡议，支持优秀企业、产品、技术全球化协作，加强融合发展"中国方案"的国际推广。

习　题　9

一、单项选择题

1. 下列哪一项不是信息资源管理政策和法规的区别？（　　　）
　　A. 是否有强制性　　　　　　　　　　B. 相辅相成，缺一不可
　　C. 是否起导向作用　　　　　　　　　D. 是否稳定性强，不易更改

2. 莫尔矩阵模型的三个层次分别是（　　　）。
　　A. 行业层次、组织层次、社会层次　　B. 产业层次、组织层次、国家层次
　　C. 产业层次、组织层次、社会层次　　D. 产业层次、企业层次、社会层次

3. 《中华人民共和国网络安全法》属于（　　　）的信息资源管理法规。
　　A. 信息安全方面　　　　　　　　　　B. 信息标准方面
　　C. 信息网络方面　　　　　　　　　　D. 信息技术方面

4. 下列不属于知识产权特征的是（　　　）。
　　A. 专有性　　　　　B. 地域性　　　　　C. 时间性　　　　　D. 共享性

5. 《中华人民共和国专利法》属于（　　　）的信息资源管理法规。
　　A. 信息产业方面　　　　　　　　　　B. 信息人才方面
　　C. 信息技术方面　　　　　　　　　　D. 知识产权方面

二、问答题

1. 信息资源管理政策法规的制定原则有哪些？
2. 简述莫尔矩阵模型的基本原理。
3. 信息资源管理法规包含哪些具体内容？
4. 简述知识产权的概念及其分类。

参 考 文 献

彼德·圣吉, 2018. 第五项修炼[M]. 北京: 中信出版社.

陈新中, 李岩, 谢永红, 等, 2002. Web 挖掘研究[J]. 计算机工程与应用, 38(13): 42-44.

丹尼尔·贝尔, 1984. 信息社会的社会结构[M]. 北京: 科学技术文献出版社.

杜栋, 2002. 信息管理学教程[M]. 北京: 清华大学出版社.

冯惠玲, 2006. 政府信息资源管理[M]. 北京: 中国人民大学出版社.

甘仞初, 2000. 信息资源管理[M]. 北京: 经济科学出版社.

高纯德, 2001. 信息化与政府信息资源管理[M]. 北京: 中国计划出版社.

顾丽梅, 2003. 信息社会的政府治理: 政府治理理念与治理范式研究[M]. 天津: 天津人民出版社.

国务院, 2016. 国务院关于印发政务信息资源共享管理暂行办法的通知[EB/OL]. [2016-9-19]. http://www.gov.cn/zhengce/content/2016-09/19/content_5109486.htm.

何绍华, 孙高建, 2010. 政府信息资源集成管理研究[J]. 图书情报工作, S2: 183-185, 240.

胡昌平, 2001. 信息服务与用户[M]. 武汉: 武汉大学出版社.

胡昌平, 2001. 信息管理科学引论[M]. 北京: 高等教育出版社.

胡继武, 1995. 信息科学与信息产业[M]. 广州: 中山大学出版社.

黄梯云, 2011. 管理信息系统[M]. 4 版. 北京: 高等教育出版社.

李兴国, 2007. 信息管理学[M]. 北京: 高等教育出版社.

李兴国, 2011. 信息管理学[M]. 3 版. 北京: 高等教育出版社.

马费成, 2014. 信息资源开发与管理[M]. 2 版. 北京:电子工业出版社.

马费成, 赖茂生, 2014. 信息资源管理[M]. 2 版. 北京: 高等教育出版社.

孟广均, 等, 2003. 信息资源管理导论[M]. 北京: 科学出版社.

山田进, 1987. 情报资源管理概论[M]. 东京: 欧姆社.

孙建军, 2003. 信息资源管理概论[M]. 南京: 东南大学出版社.

泰勒, 1984. 科学管理原理[M]. 北京: 中国社会科学出版社.

王方华, 等, 1999. 知识管理论[M]. 太原: 山西经济出版社.

王景光, 2002. 信息资源管理[M]. 北京: 高等教育出版社.

威尔伯·施拉姆, 等, 1984. 传播学概论[M]. 陈亮, 等译. 北京: 新华出版社.

维纳, 1963. 控制论[M]. 郝季二, 译. 北京: 科学出版社.

维纳, 2009. 控制论: 或关于在动物和机器中控制和通信的科学[M]. 北京: 科学出版社.

乌家培, 1993. 信息与经济[M]. 北京: 清华大学出版社.

乌家培, 1999. 信息经济与知识经济[M]. 北京: 经济科学出版社.

杨文士, 张雁, 1994. 管理学原理[M]. 北京: 中国人民大学出版社.

叶鹰, 2004. 信息检索: 理论与方法[M]. 北京: 高等教育出版社.

岳剑波, 1999. 信息管理基础[M]. 北京: 清华大学出版社.

张凯, 2013. 信息资源管理[M]. 3 版. 北京: 清华大学出版社.

张燕飞, 严红, 1998. 信息产业概论[M]. 武汉: 武汉大学出版社.

张玉利, 2004. 管理学[M]. 天津: 南开大学出版社.

赵泉, 2003. 信息管理基础[M]. 北京: 机械工业出版社.

钟义信, 2002. 信息科学原理[M]. 3 版. 北京: 北京邮电大学出版社.

周鸿铎, 2000. 信息资源开发利用策略[M]. 北京: 中国发展出版社.

周三多, 等, 2000. 管理学[M]. 北京: 高等教育出版社.

周毅, 孙帅, 2015. 政府信息资源管理研究:视域及主题深化[M].上海:复旦大学出版社.

朱晓峰, 2009. 政府信息资源生命周期管理[M]. 南京: 南京大学出版社.

Cronin B E, 1985. Information Management from Strategies to Action[M]. London: Aslib.

Etzioni O, 1996. The world-wide web: quagmire or gold mine?[J]. Communications of the ACM, 39(11): 65-68.

Hartley R V L, 1928. Transmission of information[J]. The Bell System Technical Journal, 7(3): 535-563.

O' Rourke J, 1970. Information resources in Canada[J]. Special Libraries, 61(2): 59-65.

Shannon C E, 1948. A mathematical theory of communication[J]. The Bell System Technical Journal, 27(3): 379-423, 623-656.

Smith A N, Medley D B, 1987. Information Resource Management[M]. Cincinnati (Ohio): South-Wlestern Publishing Co.

von Bertalanffy L, 1972. Zu einer allgemeinen Systemlehre//Bleicher K, Organisation als System[M]. New York: Springer, 31-45.